古代歷史文化 研究輯刊

十九編

王明蓀 主編

第 **28** 冊

明清即墨藍氏家族文化研究（上）

張華清 著

國家圖書館出版品預行編目資料

明清即墨藍氏家族文化研究（上）／張華清 著 — 初版 — 新
北市：花木蘭文化事業有限公司，2018〔民107〕
目 4+224 面；19×26 公分
（古代歷史文化研究輯刊 十九編；第 28 冊）
ISBN 978-986-485-424-0（精裝）
1. 藍氏 2. 家族史 3. 明代 4. 清代
618   107002323

ISBN-978-986-485-424-0

古代歷史文化研究輯刊
十九編　第二八冊　　　　　　　ISBN：978-986-485-424-0

明清即墨藍氏家族文化研究（上）

作　　　者　張華清
主　　　編　王明蓀
總 編 輯　杜潔祥
副總編輯　楊嘉樂
編　　　輯　許郁翎、王筑　美術編輯　陳逸婷
出　　　版　花木蘭文化事業有限公司
發 行 人　高小娟
聯絡地址　235 新北市中和區中安街七二號十三樓
　　　　　　電話：02-2923-1455／傳眞：02-2923-1452
網　　　址　http://www.huamulan.tw 信箱 hml810518@gmail.com
印　　　刷　普羅文化出版廣告事業
初　　　版　2018 年 3 月
全書字數　356124 字
定　　　價　十九編 39 冊（精裝）台幣 100,000 元

明清即墨藍氏家族文化研究（上）

張華清　著

作者簡介

張華清，男，漢族，1978年生於山東省棗莊市。文學博士，歷史學博士後，現爲山東工藝美術學院服裝學院辦公室主任。研究領域爲社會史、古代漢語、古典文獻及傳統文化等。主持教育部人文社會科學研究青年基金項目一項、山東省社科聯項目一項；獨立完成2011～2020國家古籍整理出版規劃項目子課題一項；參與國家重大招標課題一項、山東省社科項目一項、山東省宣傳部課題一項。出版《國語譯注》一部（2014），編寫《古代漢語》學習輔導與習題集一部（2006）；在《孔子研究》、《管子研究》等核心期刊發表文章十餘篇。

提　　要

　　即墨藍氏家族，是明清時期山東地區發跡較早、延續時間較長、文化成就突出的文化世家之一。在長期的發展過程中，一方面，該家族在自身建設、子弟教育、科舉仕宦、文學創作諸多方面都取得了輝煌成就，形成了豐富的家族文化成果。另一方面，該家族在抵禦外來入侵，維護地方穩定，賑濟貧困鄉鄰，推動地方發展等方面均作出了突出貢獻，成爲明清時期即墨地區五大家族之一。

　　但是，由於家族自身及社會歷史等原因，藍氏家族的盛名掩而不彰，家族優秀文化成果沒有得到系統整理和有效地應用，相關家族文獻多收藏在藍氏族人手中，散佚破損情況十分嚴重。目前，雖有藍氏家族後人及即墨地方文化工作者著手整理刻印與初步研究，但成果較少，質量不高。

　　有鑑於此，本書對即墨藍氏家族文化進行專題研究。一方面，追溯藍氏家族的祖籍及起源，系統梳理藍氏家族的發展脈絡和軌跡；深入分析家族經濟、家族教育、家族婚姻、家族交遊及區域文化等因素在藍氏家族發展中所起到的重要作用；全面總結藍氏家族興衰成敗的歷史原因及家族管理維繫方面的成功經驗。另一方面，系統整理藍氏家族在家族文化方面的建樹和成就，挖掘藍氏家族文化精髓，爲當代社會文化建設與社會發展提供有益借鑒。

山東省社科聯人文社會科學課題

目次

緒　論

　　近年來，家族文化研究成爲學術研究的熱門課題之一，並湧現出一批卓有成就的家族文化研究學者，出版了一系列的家族文化研究成果。這些研究成果，有的以個體家族爲研究對象，有的開展家族間的對比研究；有的著眼於家族文學研究，有的著眼於家族的學術研究；有的以整個家族爲研究對象，有的以家族中某個族人爲研究對象；有的研究整個家族文化，有的選取家族發展的某個階段開展文化研究。雖然家族文化研究取得一定成績，但是，各類家族文化研究成果，根據各個家族的實際情況，選擇研究內容，設定框架結構，擬定研究方法，帶有很大的隨意性和偶然性，缺乏家族文化研究的理論指導。同時，部分研究者對什麼是家族文化，家族文化包含哪些內容，如何開展家族文化研究等問題存在模糊認識。鑒於以上原因，本書選擇明清即墨藍氏家族文化作爲研究對象，一方面系統梳理藍氏家族的發展歷史、總結其家族文化成就，探索藍氏家族在家族管理與維繫方面的成功經驗；另一方面，以藍氏家族文化研究爲基礎，探討和研究什麼是家族文化，家族文化研究的範疇，家族文化研究的方法，家族文化研究需要解決什麼問題等。爲明確相關概念，理清本書脈絡，現就相關問題作如下說明。

一、家族文化研究的相關概念界定、研究範圍及學科歸屬

　　開展家族文化研究，必須要弄清四個問題，即家族文化的概念界定、家族文化的研究範疇、家族文化要解決的問題、家族文化研究的學科歸屬。弄清這四個問題，是開展家族文化研究的基礎。

（一）家族文化的概念界定

這裡涉及到兩個概念，即「家族」和「文化」。家族，是我國古代社會中一個重要社會組織，是指具有血緣關係的人組成一個相對穩定的社會群體。《說文・宀部》：「家，居也。從宀豭省聲，古牙切。」〔註1〕家就是指有房屋，有牲畜，能夠獨立生活運營的社會基層單位。族，《說文・㫃（yǎn）部》：「族，矢鋒也。束之族族也。從㫃從矢。昨木切。」〔註2〕矢鋒，就是箭頭。《說文》中也提到了「束之族族也」，有「聚集」意。家族，就是把一個個「小家」聚集在一起所形成的「大家」，就叫家族。換言之，家族就是家的聚集組合。但是，聚集成族的家，不僅具有血緣關係，而且相對比較集中的居住在某一個比較穩定的區域。

「文化」，是當今社會使用率較高的一個概念，人們張口閉口都在談文化，如傳統文化、佛教文化、道教文化、地域文化、社區文化、旅遊文化、飲食文化、服飾文化、茶文化等等。那麼，到底是什麼是文化，人們給它下過不下兩百個定義，但至今仍沒有足以使大家信服的說法。要準確把握「文化」的確切含義，還要從「文」、「化」和「文化」的本義入手。文，《說文・文部》：「文，錯畫也，象交文。」〔註3〕即相互交錯的筆劃、花紋，引申為文理、花紋、文采。化，《說文・匕部》：「化，教行也。」〔註4〕即，化是一種教育引導的行為，是一個過程。後來，「文」和「化」兩個詞逐步走在一起，《周易・賁卦・象傳》中說「關乎天文，以察時變；觀乎人文，以化成天下。」而西漢劉向《說苑・指武》篇中才首次將「文化」連用，稱：「聖人之治天下也，先文德而後武力。凡武之興，為不服也。文化不改，然後加誅」。「文化」一詞本為動詞，從結構上講，與「綠化」、「美化」相同，是「化而使之文」的意思。即通過人為的活動或者行為使某某事物有紋理、有色彩，或者說有文采。後來，人們也把「化而使之文」的成果稱為「文化」，成了「人文化成」的簡稱。這樣「文化」一詞便成了名詞。所謂「人文化成」，就是人通過自身的行為作用於自然、社會及人自身而形成的成果。那麼家族文化，就是家族通過自身的行為作用於自然、社會及家族本身所產生的一切成果。某地某個家族的文化，通俗地說就是某個家族生活在某個地方所留

〔註1〕許慎：《說文解字》，中華書局，1978年，第150頁。
〔註2〕許慎：《說文解字》，中華書局，1978年，第141頁。
〔註3〕許慎：《說文解字》，中華書局，1978年，第185頁。
〔註4〕許慎：《說文解字》，中華書局，1978年，第168頁。

下來的全部痕跡。也就是說這個家族通過自身的行爲在此地留下的所有痕跡、創造的所有成果的總和。就本書《明清即墨藍氏家族文化研究》而言，就是對即墨藍氏家族在明清兩代所留下的一切痕跡、創造的成果的總結和研究。當然，爲了研究的需要，本書還對藍氏家族明代以前的歷史作了追溯和梳理。

（二）家族文化的研究範疇

瞭解了家族文化的概念，那家族文化研究的範疇便比較明晰了。但是，一個家族涉及到的內容實在是太多了。細分起來，包括家族起源、家族祖籍、家族經濟、家族教育、家族科舉、家族仕宦、家族文學、家族學術、家族管理、家族維繫、家族祭祀、家族宅院、家族祠堂、家族林地、家族牌坊、家族交友、家族婚姻、家族公田、家族書院、家族塾師家族發展歷史、家族子嗣傳承、家族文獻積累、家族社會影響、家族代表人物、家族日常生活等等。這些因素共同作用，實現了家族的持續發展，創造了輝煌的家族文化。而這諸多因素又不是平等、並列的關係。它們雖然都是家族文化的因子，但是卻有主有次，有因有果，地位和作用各不相同，但又相互作用，缺一不可。如家族科舉、家族文學、家族仕宦、家族學術是並列因素，而家族教育和它們便構成因果關係，正是系統嚴格的家族教育，才會產生輝煌的家族科舉、家族文學、家族仕宦、家族學術成就；家族教育又包括了家族倫理教育、家族科舉教育、家族榮譽教育等；而家族書院、家族塾師又是開展家族教育的前提；而建設書院、聘請塾師，有需要有經濟作爲基礎；而家族經濟的發展又離不開時代政治經濟。這些錯綜複雜的因素一起構成了家族文化研究的全部內容。

（三）家族文化研究要解決的問題

家族文化研究既要梳理家族發展歷史、總結家族發展成果，又要探討家族在教育管理維繫方面的經驗教訓，爲社會主義文化建設提供借鑒。細分起來，主要有以下幾個方面：第一，考察家族祖籍、起源，追溯家族的發展脈絡和軌跡；第二，全面分析家族經濟、家族教育、家族交際及其與區域文化及其他等因素在家族文化發展中的重要作用；第三，深入探討家族興衰成敗的歷史原因及家族管理維繫方面的成功經驗；第四，全面整理家族在文化方面的建樹和成就，挖掘其文化精髓，爲當前教育、管理提供借鑒。

（四）家族文化研究的學科歸屬

家族文化研究的內容非常豐富，在一定程度上可以說涉及到許多學科領域。家族發展史，屬於歷史學範疇；家族文學，屬於文學研究範疇；家族文獻整理，屬於文獻學研究的範疇；家族教育，屬於教育學研究的範疇；家族書畫作品，屬於藝術學研究的範疇；家族宗廟祭祀等，屬於社會學研究範疇；家族日常生活，又是社會史研究的範疇。而家族文化本身，也是文化學研究的一部分。正如凱祥在《中國家族文化引言》中說：「中國人歷來就有「家國」觀念，即所謂「國家」——家便是縮小的國，國便是放大的家。」〔註5〕那麼，家族文化，在一定程度上說，便是對縮小版的中國文化。而凱祥在《中國家族文化引言》中進一步稱：「走進家族，便是走進中國的必由之路。」〔註6〕也就是說，開展家族文化研究，是深入進行中國文化研究的必由之路。這高度概括了我國古代社會中家與國的關係。從中我們也看到了家族文化與中國文化的密切關係。鑒於家族文化研究的特殊性和重要性，它應該被單獨列出作為一門專門的學問來對待。在加強具體家族文化研究的基礎上，應積極開展理論研究，構架家族文化研究科學體系。

二、即墨藍氏家族概況及藍氏家族文化研究相關問題

明清時期，是山東地區文化家族發展的鼎盛期。據不完全統計，在這一時期，三代以上科舉入仕的家族多達 200 餘家，其中在國內政治舞臺上嶄露頭腳、頗具影響的文化世家就有 60 餘家。這些家族，多是經過累世蓄積成為一方大族，又通過讀書科舉踏入仕途，進而重視家族教育，強化家族管理，注重家族文化積累，逐步形成「科舉興族，詩書傳家」的家族發展模式。並借助家族婚姻、家族交遊等途徑拓寬家族發展渠道，提高家族地位，擴大家族影響，確保家族持續穩定發展。其中，即墨藍氏家族就是明清時期山東地區著名文化世家中的一個。

（一）即墨藍氏家族概況

即墨藍氏家族自南宋末年由昌陽（今山東省煙臺市萊陽市）舁山遷至即墨，至清代末年，在長達七百餘年的發展歷程中，形成了以盟旺山、瑞浪、石門、百里為主幹的龐大的家族。早在元代初年，即墨藍氏家族就曾將才輩

〔註5〕凱祥：《中國家族文化》，百花洲文藝出版社，2013年，引言。
〔註6〕凱祥：《中國家族文化》，百花洲文藝出版社，2013年，引言。

出，以武功顯赫一方。清同治版《即墨縣志》記載，元代即墨籍將才共 12 人，而藍氏一族就占 11 人〔註7〕。《即墨藍氏族譜》中的遠代世系〔註8〕記載，元初藍氏先人藍珍因追隨元世祖忽必烈攻取樊襄有功，任武義大將軍，總領監軍。其餘授千戶、百戶、鎮撫、防禦、察官、教諭、勸課官者 20 餘人。由此可見，元代初年，在地處偏狹的即墨縣城，藍氏家族已堪稱一方望族。但是，此後藍氏家族卻一度沈寂。至元代末年，已淪爲普通的農耕家族。直至明代初期，由於社會穩定，經濟發展，藍氏家族盟旺山一支才以農耕起家，迅速發展起來。經過一世祖藍文善、二世祖藍景初的苦心經營，到三世祖藍福盛、四世祖藍銅時，即墨藍氏家族已經成爲富甲一方的大族，並開始重視科舉文教，建塾延師，培養子弟。而五世祖藍章得益於良好的家族教育，二十五歲舉鄉薦，三十二歲中進士，成爲即墨藍氏家族乃至明清即墨五大家族的第一位進士，並成功踏上仕途，取得了突出的仕宦成就。藍章在科舉科宦方面的成功，開創了明清時期藍氏家族發展的第一次高峰，使藍氏家族遠紹元初輝煌，由一個富足的農耕家族轉變爲文化世家。此後，在明清四五百年間，藍氏家族（盟旺山一支）在科舉仕宦、文學創作、家族建設等方面成就突出，創造了輝煌的家族歷史和豐富的家族文化。而藍氏家族瑞浪、石門、百里三支相對遜色，雖有少數族人通過科舉走上仕途，但成就甚微，也未發現有文學作品存世。

因此，即墨藍氏家族雖然具有七百餘年的發展歷史，且分盟旺山、瑞浪、石門、百里四支，但因其元初的輝煌歷史短暫且缺少史料記載，而瑞浪、石門、百里三支各方面成就不高，所以，本書主要是對明清時期藍氏家族的盟旺山一支進行專題研究。下文中，直接把藍氏家族盟旺山支簡稱爲「藍氏家族」。

作爲明清即墨地區五大家族之一，藍氏家族秉承「詩書繼世，忠孝持家」的家訓，注重家族倫理教育，始終把崇孝悌、睦宗族、重仁愛、尊禮法、濟危困等作爲家族的行爲標準和教育子女的訓條，並形成了優良的家風門規；藍氏家族堅持耕讀持家、科舉興族，共考取進士 5 人（含武進士 1 名），舉人 12 人（含武舉人 1 名），貢生、廩生、增生、庠生、武生等二百餘人，以藍章、

〔註7〕 即藍德、藍珍、藍順、藍福興、藍旺、藍貴、藍就、藍春、藍青、藍革故、藍仕忠。

〔註8〕 指即墨藍氏家族的早期世系，相對於後來以藍文善爲一世祖的即墨藍氏家族新世系而言。

藍田和藍潤、藍啓延父子相繼進士蟬聯，最爲著名；藍氏家族通過科舉、祖蔭等形式，共培養出大小官吏 100 餘人。藍氏家族的官員忠君愛民，勤於政事，清廉耿正，剛直不阿。尤其是藍章、藍田父子，在明朝正德、嘉靖年間，俱以直節見稱，其氣節文章，卓然爲一世表。除藍章、藍田父子外，還有藍再茂、藍深、藍潤、藍啓延、藍用和、藍順方等也都政績卓著。因此有民謠稱讚藍氏家族曰：「九水九曲九道彎，九個御史下江南」；藍氏族人喜好結社吟詠、著書立說。可謂文人學者輩出，著作詩文紛呈。藍氏家族文人隊伍龐大，作品豐富，文學水平頗高。據《即墨藍氏族譜》記載，藍氏族人中有作品問世者約有 50 餘人，著作和文學作品共計 130 餘卷。其中藍章、藍田、藍困、藍因、藍潤、藍啓肅等文學成就斐然，而藍田文學成就尤爲突出。其中藍章的《八陣合變圖說》、藍田的《北泉集》被收錄於《四庫全書》，藍潤的《聿修堂集》、藍啓肅的《清貽居集》被收入《四庫存目叢書》。另外《即墨縣志藝文志》、《山左明詩鈔》、《即墨詩乘》、《國朝山左續鈔補鈔》等也收錄了藍氏族人大量詩文作品。

即墨藍氏家族歷史悠久，文化底蘊深厚、成果豐碩。但是，豐富的家族文化成果卻沒有得到系統整理和有效利用，目前藍氏家族文化成果面臨著兩大問題：

一方面，藍氏家族文化成果流佈不廣，長時間掩而不彰。究其原因，主要有四個方面：

第一，官職不高，正史無傳。即墨藍氏家族，雖然族人爲官忠君愛民、勤政清廉，深得民心，但藍氏官員多性格耿介，剛直不阿，難免得罪權貴，造成仕途受挫。因此，藍氏官員仕途昌達、官高位顯者較少。其中官職較高、仕途顯達的是藍章和藍潤。藍章宦海沉浮三十年，政績突出，尤其在平定陝西漢中叛亂中功勳卓著，以南京刑部右侍郎致仕，後贈資善大夫，爲正二品。藍潤歷升山西右布政使、湖廣左布政使，爲從二品，終遭誣陷而被罷官。二人正史中均無傳。藍田因爲廷諍大禮，下獄受杖，後又彈劾權臣，被誣陷下獄而免職。正史中雖有傳，但附於《明史‧葉應驄傳》後，極其簡略。即墨藍氏族人其他從政者，多是知州、縣令、訓導等基層地方官吏。他們雖有惠政令名，但難以進入正史，其事蹟多見於地方縣志或藍氏家譜。藍氏族人不能進入正史，使藍氏家族影響受到限制，勢必影響即墨藍氏家族文化成果的傳佈。

　　第二，家道中衰，作品散佚。即墨藍氏家族雖是一方大族、文化世家，但家族經濟卻並不富足。尤其是七世八世階段，藍氏家族家道衰落，藍氏先人著作散佚情況嚴重。清人楊還吉《勞山遺稿序》記載，藍啓蕭曾感歎先人著作散失，痛心地說：「自我先侍御無祿，家世中衰，兩世手澤蕩焉無存。傳家者惟侍御一集，今集中所載多司寇公命作，而司寇之話言卒闕未見。予小子竊用疚心。」〔註9〕從中可見，七世八世家道中衰時期，藍氏先人尤其是藍章、藍田著作大量散失。

　　第三，珍視家藏，秘不示人。珍藏族譜、家乘、族人作品等家族文獻，秘不示人，是不少家族的普遍做法。有些家族就明確規定，家族文獻不得外傳。即墨藍氏雖然沒有明確規定，但是大多數藍氏家族文獻，外人也難得一見。康熙年間楊還吉就曾經為難以見到藍章的文章而感歎，稱：「若《侍御集》，吾固得而誦之矣。司寇之文采不少見，何哉？莫為之後，盛而不傳。吾嘗誦此言也，是亦後起之責也。」〔註10〕以至於直到今日，即墨藍氏家族不少族人的著作仍然是手抄本，世人尚未得一睹。這使得即墨藍氏家族著作、文獻長期在族內狹小圈子裏流佈，不得外傳。這嚴重影響了藍氏家族文化成果的傳播。

　　第四，即墨地區本身就偏處一隅，遠離當時的主流文化圈，因此即墨藍氏家族的文化成果也很少受到學界和文化界的關注。

　　另一方面，即墨藍氏家族文學作品及家族文獻散佚嚴重。藍氏家族文人數量眾多，族人著作及家族文獻十分豐富，但散佚情況也非常嚴重。據藍氏家族文獻記載，即墨藍氏家族擁有一支百餘人的作家群體，其中50餘人有作品或作品集問世。但目前有作品存世的僅有42人。即使這42人中，作品散佚情況也是比較嚴重。如《藍氏族譜》中記載，藍章的著作有：《勞山遺稿》1卷、《西征題稿》10卷、《西巡錄》10卷、行稿數卷、《武略總要》1卷、《八陣圖說》1卷。至其六世孫藍啓蕭時，散失已是相當嚴重。藍啓蕭在《先司寇事略》中稱藍章：「所著《八陣圖說》行於世，遺詩僅三四篇，文章一規先正，可考者亦僅七八篇，俱載於後。」〔註11〕藍啓蕭在《先侍御集

〔註9〕〔清〕楊還吉：《少司寇勞山藍公遺稿序》，藍章《勞山遺稿》，藍氏家刻本，康熙二十九年（1690），第1頁。

〔註10〕〔清〕楊還吉：《少司寇勞山藍公遺稿序》，藍章《勞山遺稿》，藍氏家刻本，康熙二十九年（1690），第1頁。

〔註11〕〔清〕藍啓蕭：《先司寇事略》，藍章《大嶗山人集》，藍氏家印本，1996年，

後》再次感歎稱：「先司寇疏稿幾百首，而可考者數首而已，況其他哉！不肖之歆獻蓋又不止於先稿云。」〔註12〕藍田著述豐富，其中《白齋表話》2卷、《隨筆》1卷、《續筆》1卷，現均已散佚。其奏疏50餘條，現僅存《糾劾姦佞大臣疏》1篇；藍史孫《四朝恩命錄》1卷、南皮知縣贈按察藍再茂《家訓》1卷，臨淮知縣藍深《家訓》1卷，藍重穀《即墨節婦錄》、《即墨志稿》、《餘澤續錄》2卷，這些都是研究即墨地方及藍氏家族歷史的重要史料，可惜現在都已散佚。藍沭著有《詩稿》1卷，現僅存詩歌《君馬黃》1首；藍啓晃著有《文印堂語錄》1卷，現存詩歌3首，文只存1篇《義莊記》；藍啓亮著有《省可軒遺詩》1卷，現存詩歌6首；藍啓延著有《延陵文集》1卷，現存詩歌4首；藍重祐著有《蓬萊遺詩》1卷，現存七言律詩2首；藍重穀著有《餘澤續錄》、《即墨節婦錄》、《即墨志稿》等，今僅存詩歌2首，其他作品均已散佚。

藍氏家族作爲即墨地方望族，族人交遊廣泛，家族成就卓著，朝廷封賞、地方褒獎以及與親友書信往來等，形成了數量龐大、內容豐富的家族文獻。但這些文獻散佚也非常嚴重。以藍章爲例，其十三世孫藍水在《大嶗山人集跋》中，對有關藍章的家族文獻散佚情況作了記載，稱：「另外，遺失尚多，如楊邃庵《送赴留都序》、華陽書院詩文等。最可惜者，彭澤與先侍郎公書大約有二百首，裝爲二卷，存仁珍處，當時伊有家難，未向之借抄。文革時，此二卷與以上所有墨蹟，俱化爲烏有。先侍郎公及先侍御公，皆好文藝，凡知交贈送詩文及書札等，皆裝成卷冊，有工書者，則裝白卷倩爲書。所見者，有段炅與劉天民草書，皆各書其詩，書法絕工，段書存仁玠處，文革時散失。劉書，現存即墨博物館。如此者蓋甚多，或已化爲灰燼，或已落他人手，每念『手澤存焉世襲藏』之語，不禁憮然。」〔註13〕可見，即墨藍氏家族史料散失嚴重，如不及時整理研究，將會流失殆盡。

由此可見，開展明晴即墨藍氏家族文化研究，一方面在於保存即墨藍氏家族文獻，避免進一步散佚；另一方面，在於系統挖掘藍氏家族優秀的文化成果，推進山東地區家族文化研究。

第25頁。

〔註12〕〔清〕藍啓肅：《清貽居集》，藍氏家印本，2012年，第114頁。

〔註13〕〔明〕藍章：《大嶗山人集》，藍氏家印本，1996年，第43～44頁。

（二）藍氏家族文化研究的現狀及相關史料

1、即墨家族文化研究的現狀

對於即墨藍氏家族文化成果，前人做了部分整理、輯佚及評議工作。目前，藍氏族人、即墨地方文化工作者也在進一步進行材料整理、著作出版等方面的基礎性工作，但成果不多，系統深入研究不夠。

關於藍氏家族文化的早期研究，主要集中在對藍氏家族文獻的整理編纂及對藍氏族人的詩文、著作的整理和評價上。整理和研究者，多是藍氏族人及藍氏族人的親友。藍氏族人多次整理先人著述和家族文獻，或手抄，或刻印。如藍史孫（第七世）整理編纂了《四朝恩命錄》，較爲全面地記載了藍氏家族早期的輝煌與榮譽。其孫藍再茂（第九世）在此基礎上，進一步整理藍氏先人功業勳名，藍再茂之子藍潤編纂成《餘澤錄》。後來，藍重穀（第十二世）繼而整理編纂了《餘澤續錄》。這些家族文獻，較爲全面地梳理了藍氏家族的發展歷史，記述了藍氏家族所取得的光輝成就和巨大榮譽，是藍氏家族文化研究的重要史料。

藍氏族人也對先人的著作進行過系統整理。在選編和整理過程中，整理者本人或邀他請人以序言或跋語等形式，對先人詩文著作進行鑒賞評價，這就形成了藍氏家族文化研究的早期成果。如明萬曆年間，藍思紹整理《藍侍御集》，請潘允端撰寫序言〔註14〕；崇禎五年（1632），藍再茂整理《東歸唱和》，請梁招孟撰寫序言〔註15〕；康熙二十九年（1690），藍啓肅重新校印《勞山遺稿》、《藍侍御集》，邑人楊還吉撰寫了《勞山遺稿序》；藍啓延續補《皇清鄉貢進士考授內閣中書舍人藍公年譜》中對藍啓肅整理、刻印先人的著作事宜作了較爲詳細地記載，稱：「於先人手澤尤加意珍藏，搜先司寇公詩文數首，抄錄成帙，剞劂以永其傳，爲今《勞山遺稿》。先侍御公集舊刻本，年遠殘缺，且字句多訛，重加校正，又於邑之文獻故家得文數十篇、詩百餘首，分類成集，比舊加增」〔註16〕；雍正元年（1723），張謙宜選編《勞山遺稿》並作《勞山遺稿序》；雍正元年（1723），馮文炌爲藍啓肅《清貽居集》作序；藍啓蕊著有《逸筠軒詩集》，萊陽宋澄嵐作《逸筠軒詩序》。《四庫全書》、《四庫存目叢書》、《續修四庫全書》、《即墨縣志》及各類詩文集，對藍氏家族文

〔註14〕肖冰主編：《藍田詩選》，青島出版社，1992年，第7頁。

〔註15〕肖冰主編：《藍田詩選》，青島出版社，1992年，第11頁。

〔註16〕〔清〕藍啓肅：《清貽居集》，藍氏家印本，2012年，第19頁。

獻和文學著作也多有採擷，並給予客觀公正的評價。

目前，藍氏家族文化研究者主要有兩類，即藍氏後人和即墨地方文化工作者。他們所做的工作，主要是對藍氏家族史料和族人作品、著作進行整理、出版及局部研究。

藍氏族人的研究情況。目前，藍氏族人中開展家族文獻整理和研究的，主要是藍氏第十八世藍水及其孫藍信寧。藍水，原名槙之，中年改為水。是即墨藍氏家族文化的堅守者，長期致力於藍氏家族文化及嶗山文化的整理與研究，擅長詩歌創作。著有《嶗山志》等地方研究史料，現有《東厓詩集》等作品存世。曾選編藍氏先賢作品集。如民國二十七年（1938）藍水先生搜集整理並刊印了藍田《北泉集》。2003 年，嶗山藍家莊藍氏後人藍孝惠先生又重新刊印，只印了 250 本，數量少，非常珍貴。1996 年藍水整理印行的藍章《大嶗山人集》，是現今藍章研究最全面的資料。同時，藍水分別為其十三世祖藍章和十二世祖藍田作《藍章年譜》和《藍田年譜》。藍信寧，即墨藍氏家族第二十代，藍水先生嫡孫。他系統整理藍氏家族文獻，搜遺補缺，並且整理出版了藍章《八陣合變圖說》、藍再茂《世鷹堂遺稿》、藍湄《素軒詩集》、藍啓肅《清貽居集》、藍啓華《學步吟》、藍啓蕊《逸筠軒詩集》、藍中高的《海莊詩集》、藍中珪《紫雲閣詩》、藍用和《梅園遺詩》、藍橙《醉夢吟小草》、藍恒矩《下車錄》等，使藍氏家族史料和著作得以面世，為人們學習、瞭解和研究藍氏家族文化作出了貢獻。

地方文化工作者研究情況。地方文化工作者，在即墨藍氏家族文化研究中，主要工作是選編、收錄了部分藍氏先人的作品。1992 年出版的肖冰、孫鵬、江志禮主編的《藍田詩選》，以藍水整編《北泉集》為基礎，又從藍氏後人處搜集佚詩數十篇。於正倜在《即墨有藍田──〈藍田詩選〉序》中稱：「這次編選，修訂了原集中的明顯謬誤，又在藍田十二世後人藍水老先生的協助下，搜集了流散的詩作 52 首，增補於各篇中去。」〔註 17〕應該說，《藍田詩選》是現今收集藍田詩歌最全的版本，統計共有詩歌 505 首（包括聯句詩）。清初，青州馮琦選編《海岱會集》，共收錄各類體裁詩歌 479 首，但未收錄藍田的作品。為此，隋同文編注、劉序勤輯錄的《海岱會集》（注釋本）又從別處（即墨藍氏二十世孫藍信寧處）搜集藍田詩作 38 首一併編入，此外還編入藍田與劉澄甫、楊慎的聯句詩 33 首，這樣本書共收詩歌 556 首。2002 年，鄭

〔註 17〕肖冰主編：《藍田詩選》，青島出版社，1992 年，第 4 頁。

友成主編的《萬古嶗山千首詩》，收錄藍氏先賢十六人的各類體裁詩歌 88 首。
2005 年，姜洪吉、辛修慧、肖冰等主編的《即墨歷代詩選》，收錄藍氏先賢二
十三人的各類體裁詩歌 134 首。2010 年，江志禮主編的《即墨市文化志》，收
錄藍氏先賢文章 2 篇，詩作 5 首。

2、即墨家族文化研究相關史料

即墨藍氏家族長期以來，注重家族文獻積累，為開展藍氏家族文化研究
提供了豐富的史料，主要資料有三大類：

第一類，史書、縣志。即墨藍氏族人進入明清正史的僅有藍田一人，而
且事蹟非常簡略。因此，藍氏家族事蹟多見載於地方縣志。明清時期，即墨
地區共三次撰修縣志，即明萬曆版《即墨縣志》、清乾隆版《即墨縣志》和清
同治版《即墨縣志》。其中清同治版《即墨縣志》記載藍氏族人數量多，而且
內容比較豐富。

明萬曆版《即墨縣志》載藍氏人物 2 人：藍章（載節義傳）；藍田（載節
義傳）。

清乾隆版《即墨縣志》載藍氏人物 15 人：藍福盛（載孝義）；藍銅（載
孝義）；藍章（載名臣）祀名宦、鄉賢；藍田（載名臣）祀鄉賢；藍因（載文
學）；藍芝（載懿行）；藍思繼（載孝義）；藍再茂（載勳績）祀名宦、鄉賢；
藍深（載勳績）祀鄉賢；藍潤（載勳績）祀鄉賢；藍啓晃（載孝義）；藍啓肅
（載孝義）；藍啓延（載勳績）；藍昌後、藍昌倫（載孝義）。

清同治版《即墨縣志》載藍氏人物 22 人：藍福盛（載孝義）；藍銅（載
孝義）；藍章（載名臣）祀名宦、鄉賢；藍竟（載孝義）；藍田（載名臣）祀
鄉賢；藍因（載文學）；藍國（載勳績）；藍芝（載懿行）；藍思繼（載孝義）；
藍再茂（載勳績）祀名宦、鄉賢；藍深（載勳績）祀鄉賢；藍潤（載勳績）
祀鄉賢；藍啓晃（載孝義）；藍啓肅（載孝義）；藍啓延（載勳績）；藍重蕃
（載懿行）；藍昌後、藍昌倫（載孝義）；藍中高（載懿行）；藍仕宷（載孝
義）；藍用和（載懿行）；藍順方（載勳績）。《即墨縣志》中對藍氏族人的著
作也多有收錄，僅同治版《即墨縣志》收錄即墨藍氏族人的詩文就有 22 篇，
著作 27 部。

另一方面，藍氏族人在外地為官，為當地名宦，被載入任職地方縣志。
如藍章曾任安徽潛山縣令，被縣志載入名宦之列。順治甲午年（1654），潛山
縣重建藍公祠，縣令鄭遹玄作《重建藍公祠序》，稱藍章：「癸巳秋重修潛

志，見於名宦紀中。」〔註18〕

第二，藍氏家譜和單篇家乘。明清時期，即墨藍氏（盟旺山支）先後七次撰修、增修族譜。第八次續修始於 2003 年，2007 年刊印。這些族譜較爲詳細和全面地記錄了藍氏家族的發展及基本狀況，是藍氏家族研究的重要史料。另外，藍氏還有相當數量的單篇家乘。這包括藍氏人物年譜、傳記、行狀、祭文、壽序、挽詩等等，現存數百篇。

第三，藍氏族人的著作。即墨藍氏族人的作品，既是本書研究的對象，又是本書研究重要的參考史料。即墨藍氏族人有作品存世者 42 人，著作 130 餘卷。包括正式出版物、家印本和手抄本。正式出版物數量較少，主要集中在《四庫全書》、《四庫存目叢書》和《續修四庫叢書》中收集的藍章的《八陣合變圖說》、藍田的《北泉集》、藍潤的《聿修堂集》及《即墨縣志》中收錄的部分藍氏族人作品。另外，還有大量作品和文獻是以手抄或者家印本的形式流傳。這些文獻，都是我們研究即墨藍氏家族文化成就的重要史料。

三、本書所要解決的問題及研究方法

（一）本書所要解決的問題

一方面，本書以明清時期山東即墨藍氏家族爲研究對象，追溯藍氏家族的祖籍起源及發展軌跡；探討家族經濟、家族教育、家族婚姻、家族交遊、家族祭祀、族譜撰寫及區域文化等因素在藍氏家族發展中所起到的重要作用；總結藍氏家族興衰成敗的歷史原因及家族管理維繫方面的成功經驗；系統整理藍氏家族的主要文化成就，挖掘藍氏家族的文化精髓，爲當代社會文化建設和社會發展提供有益借鑒。另一方面，以即墨藍氏家族爲例，系統探討什麼是家族文化，家族文化研究包括哪些內容，如何開展家族文化研究等問題，以初步建立起家族文化研究的理論框架。

（二）本書所運用的研究方法

研究的對象及要解決的問題，直接決定了研究方法。本書探討了藍氏的祖籍問題，對藍氏落戶即墨及早期發展作了追溯，重點從家族教育、社會交往等方面，對藍氏家族文化進行研究分析，對這些問題的分析考證，主要是要靠有關文獻記載。因此，文獻學方法是本書重要的研究方法；藍氏家族作

〔註18〕 〔清〕鄭通玄：《重建藍公祠序》，藍潤《餘澤錄》，藍氏家刻本，順治十六年，卷二，第 68 頁。

家眾多，作品豐富，文學成就是其家族的主要成就之一。因此，分析文學作品、總結文學成就也是本書的重點之一，這就離不開文學分析的方法；統計學方法也是本書研究的方法之一。由於藍氏家族文化研究是一個全新的課題，不僅沒有可供參考的研究成果，就連藍氏族人科舉人員名單、仕宦人員名單、藍氏族人文學作品的數量等數據信息都需要認真統計。因此，統計學方法也是本書的重要方法。

第一章　即墨藍氏家族的歷史蹤跡

作爲明清時期山東即墨地區五大家族之一，即墨藍氏家族起家早，歷史長，影響大，文化積澱深厚，文化成果豐碩。系統考察和追溯藍氏家族起源及祖籍，梳理藍氏家族發展脈絡，劃定藍氏家族發展階段，對全面考察藍氏家族興衰發展，探討藍氏家族文化形成原因，總結藍氏家族文化成就，挖掘藍氏家族文化精髓，都具有重要意義。

第一節　即墨藍氏家族的起源及祖籍

即墨藍氏家族是全國藍氏大家族中的重要一支。目前，藍姓人口雖不足全國人口的 0.02%，卻廣泛分佈在山東、浙江、湖南、福建、廣西，安徽、湖北、江蘇、廣東、四川等地，今漢、壯、佘、回、滿、瑤等民族均有此姓。

近年來，撰修族譜之風盛行，各地藍氏家族後人也紛紛整理家族文獻，著手續修族譜。其中不少族譜，對藍氏家族的起源問題作過追溯。更有甚者要編纂藍氏家族總譜，力圖建立起、甚至編排出整個藍氏家族完整的傳承世系。其實，各地藍氏家族，出現早晚不同，民族不同，關係親疏不同，來源不一。強行建立總譜，牽強附會地構架家族發展世系，這種做法既不可取，也沒有必要。但是，即墨藍氏家族作爲一個具體的地方家族，考證它的起源和祖籍問題，進而梳理其歷史淵源與發展軌跡，對深入研究該家族的發展歷史和文化成果，還是非常有必要的。

一、即墨藍氏家族的起源

關於藍氏家族的起源，眾說紛紜，總結起來大約有四種主要觀點：

1、出自賜姓。據《藍氏族譜》記載，藍姓的受姓始祖是昌奇公。昌奇公為炎帝神農氏第十一世孫，是榆罔之子。

2、出自嬴姓。據《姓氏考略》、《竹書紀年》所載，戰國中期，秦公室公子向為藍君，藍即藍田（今屬陝西），子孫便以地名為氏。

3、據《戰國策》、《通志‧氏族略》所載，中山大夫藍諸之先祖食采於藍田，後代便以采地名為氏。

4、出自羋姓。據《百家姓考略》所載，楚公族食採於藍邑，其後人便以邑名為氏。

第一種說法，認為藍姓受姓始祖為炎帝神農氏第十一世孫昌奇。宋元以來，私家修譜的風氣盛行，不少家族在撰修族譜時，一味求古追遠，毫無根據地攀附追認古代先賢為本姓祖先，以提高本族的社會聲望。錢大昕就曾對這些家譜作過這樣的評價：「宋元以後，私家之譜，不登於朝，於是支離傅會，紛紜蟠駁」〔註1〕。《藍氏族譜》中「藍姓受姓始祖為炎帝神農氏第十一世孫昌奇」的觀點，正屬於這種攀附先賢為祖先以提高本族地位的情況。神農氏本身就是個傳說人物，他的有無尚待考證，他的十一世孫更是無從考證。因此，這個觀點不足取信。第二、三、四種說法，認為藍氏姓氏來源於祖先所任國名或者受封的采邑名，有合理的成分。但只是根據歷史文獻片言隻語、或根據某一家譜推演臆斷，缺乏更有力的文獻支持。

但是有一點確信無疑，那就是秦漢至隋唐期間，藍姓在長期的繁衍播遷過程中，形成了三大郡望：中山郡、東莞郡、汝南郡。

1、中山郡，漢代設置，治所在盧奴（今河北定州），轄境相當今河北狼牙山以南，保定、安國以西，唐縣、新樂以東，滹沱河以北地區。

2、東莞郡，漢為城陽郡，晉改稱東莞，治所在莒（今山東莒縣），後改名東安，轄境相當今山東臨朐、沂水、蒙陰、沂源等地。

3、汝南郡，漢代設置，治所在平輿（故城在今河南平輿北），轄境相當今河南淮河、潁河之間。

隋唐之後，藍姓部分人口南遷，在福建、廣西、廣東、浙江、雲南、貴州等地繁衍生息。總起來看，藍姓起源於北方，逐步形成了中山、東莞、汝南三大中心，並在全國範圍內發展起來。即墨藍氏家族，距東莞望郡為近，

〔註1〕　〔清〕錢大昕：《巨野姚氏宗譜序》，《潛研堂文集》，卷二十六。

古人安土重遷，非大故不遷徙。因此，雖然《即墨藍氏族譜》僅能將藍氏家族歷史追溯到南宋末年（由昌陽丱山遷入即墨），但概可推斷即墨藍氏家族應起源於東莞望郡，散延到昌陽（今山東省煙臺市萊陽）丱山，繼而遷入即墨，並在即墨地區發展壯大。

二、即墨藍氏家族的祖籍

關於即墨藍氏家族的祖籍問題，即墨地方史志中缺略無載，僅可從藍氏族譜中尋得蛛絲馬蹟。據即墨藍氏家族文獻記載，藍氏家族首次撰修族譜當在明萬曆四十二年（1614）。當時組織撰修族譜的藍氏家族九世祖藍再茂，在《即墨藍氏族譜敘》中提到了即墨藍氏家族的祖籍問題。其文曰：「我藍氏，故昌陽丱山人。自南宋間徙居即墨。」〔註2〕藍再茂的這種說法，最早可追溯到藍氏家族《盟旺山祖林碑記》。這是元泰定元年（1324）膠州學正邢世英爲即墨藍氏家族盟旺山祖林撰寫的碑記。其中有：「春、就裔出昌陽丱山祖宅，自先公徙居黃埠，以至於此」〔註3〕之語。這是關於即墨藍氏祖籍問題最早的文獻記錄。文中明確指出，即墨藍氏自昌陽丱山遷入，即藍氏祖籍——昌陽丱山。

昌陽即現在的山東省煙臺市萊陽市。昌陽始置於漢代，其命名來源於昌山。王丕煦主纂民國二十四年版《萊陽縣志》，其中《古蹟》部分記載：「昌陽城在縣南二十五里，昌山之陽也」，又稱「昌山在縣東南二十四里，山南有昌陽城故址。」而《萊陽縣志·沿革》詳細記載了昌陽的設置、劃歸以及更名爲萊陽的有關情況：

> 漢置五縣，曰昌陽、曰盧鄉，屬東萊郡；曰挺、曰觀陽，屬膠東國，而隸於青州部；曰長廣，屬琅琊郡，而隸於徐州部。東漢益長廣屬東萊郡，改挺、觀陽屬北海國，遂並隸青州部。晉省觀陽，以長廣、挺、昌陽屬長廣郡，以盧鄉屬東萊國，隸青州部。南宋因之，北魏復置觀陽，屬東牟郡，而並隸於光州部。隋省挺、長廣，復以昌陽、觀陽屬東萊郡，隸青州部。唐省盧鄉、觀陽，以昌陽屬萊州東萊郡，隸河南道。五代唐避李昌國諱，更名萊陽。宋因之屬萊州，隸京東東路。金隸山東東路。元屬般陽路總管府，隸山東東

〔註2〕〔明〕藍再茂等：《即墨藍氏族譜》，清宣統辛亥（1911）年版，第1頁。
〔註3〕〔明〕藍再茂等：《即墨藍氏族譜》，清宣統辛亥（1911）年版，第16頁。

西道。明升登州爲府，萊陽屬焉。大清因之。

由此可見，昌陽始設置於漢代，五代唐時，因避李昌國之諱而更名爲萊陽。《盟旺山祖林碑記》稱藍氏家族「裔出昌陽舁山祖宅」，藍再茂在家譜序中稱「故昌陽」，均指稱萊陽古名——昌陽。

而「舁山」，歷代《萊陽縣志》中均無此名。今人有以膠東地區「舁山」與「乳山」發音相近，認爲「舁山」即現在的乳山。這種說法與文獻記載不符。《漢書·地理志》：「東萊郡，高帝置，屬青州。縣十七：掖、𣽤、平度、黃、臨朐、曲成、牟平、東牟、育犁、昌陽、不夜、當利、盧鄉、陽樂、陽石、徐鄉。」其中，「育犁」，高玉山於《漢代育犁故城考辨》認爲，即是今乳山。同時指出，「公元二十九年（東漢建武五年），存在了二百三十多年的育犁縣併入牟平縣，此後再沒有作爲縣名出現過」。〔註4〕從中我們可以看到，育犁（今乳山）與昌陽（今萊陽）是並列的縣，後育犁併入牟平，歷代幾乎沒有變動。

《乳山市志·建縣前境域歸屬》也對乳山的歸屬作過追溯：

> 唐武德四年（621），屬河南道登州東牟郡觀陽縣。貞觀元年（627），改屬萊州文登縣。麟德二年（665），屬登州牟平縣。五代因之。宋時，屬京東東路登州牟平縣。金時，屬山東東路寧海州牟平縣。元初，屬益都路寧海州牟平縣。明洪武元年（1368），牟平縣省入寧海州，屬山東省登州府寧海州。

由上文可見，宋時，乳山地區屬於屬京東東路登州牟平縣；金時，屬山東東路寧海州牟平縣。而萊陽，宋時屬萊州，隸京東東路。金時，隸山東東路。歷史上乳山地區不曾屬於萊陽（古昌陽）。因此，舁山爲乳山之說不成立。

那麼，舁山到底是什麼地方？民國二十四年版《萊陽縣志》給我們提供了一些信息，其中《山川》篇有關於萊陽縣的鄉社和坊的記載：

> 1、迎仙鄉：眾水社、王宋社、淳于社、蕭家莊社、房疃社、五龍社、陶漳社、廢坊社、呂疃社、官莊社；2、望石鄉：玩底社、房屋社、大林社、榆山社、瓦馬社、埠上社、南務社、塹頭社、寨頭社、店上社、平蘭社……15、在城六坊：忠正坊、宣化坊、杏壇坊、

〔註4〕高玉山：《漢代育犁故城考辨》，《魯東大學學報》，2010年第四期，第二十七卷。

迎仙坊、賢古坊、東北關。

　　從上可知，萊陽鄉社和坊等基層單位共計 152 個，應該涵蓋了整個萊陽地區的行政設置區域，其中有「榆山社」。《萊陽縣志・山川》記載：「榆山在縣東南六十里。」

　　綜上所述，由於史料不足，我們僅可推斷「昇山」或者是「榆山」之誤，或者「昇山」僅是一個並不知名的小地方，因而不見載於史志。

第二節　即墨藍氏家族的遷徙與早期發展

一、即墨藍氏家族的遷徙

　　即墨藍氏家族自昌陽昇山遷出，先在即墨黃埠暫住，繼而在盟旺山一帶定居，至三世祖藍福盛時，因兄弟分居，藍福盛一支遷至即墨縣城，藍氏家族逐步形成了盟旺山和即墨縣城兩地發展的格局。

（一）遷出昌陽

　　關於藍氏家族遷出昌陽的時間，即墨藍氏族譜有所記載。藍氏九世祖藍再茂〔註 5〕於萬曆四十二年組織族人撰修《即墨藍氏族譜》，並撰寫《即墨藍氏族譜敘》。敘中稱：「我藍氏，故昌陽昇山人，自南宋間徙居即墨」。〔註 6〕而《即墨藍氏族譜・序言》中進一步將時間確定爲南宋咸淳年間（1265～1274），稱：「藍氏故居昇山，自南宋咸淳年間遷居即墨之黃埠」。〔註 7〕這種說法與《盟旺山祖林碑記》所載時間基本一致，足以說明藍氏家族是於南宋末年由昌陽遷入即墨。而藍田在《壽李母太孺人八十序》（代其父藍章作）中稱武義將軍藍琇〔註 8〕爲藍氏家族遷入即墨之祖，稱：「余先世居昌陽，武毅將軍公始遷即墨」。〔註 9〕這種說法與藍氏家族《盟旺山祖林碑記》及藍氏族

〔註 5〕　藍再茂歷經明清兩朝，其主要生平事蹟多發生於明代，故書中各注釋中將其標注爲「〔明〕藍再茂」。

〔註 6〕　〔明〕藍再茂等：《即墨藍氏族譜》，清宣統辛亥（1911）年，第 1 頁。

〔註 7〕　〔明〕藍再茂等：《即墨藍氏族譜》・序言批語，清宣統辛亥（1911）年，第 16 頁。

〔註 8〕　「武義將軍」，藍氏家族文獻中也作「武毅將軍」。琇，古同「珍」，藍氏家族文獻中也作「珍」。

〔註 9〕　〔明〕藍田：《藍侍御集》，《四庫全書存目叢書》集部第 83 冊，齊魯書社，1997 年，第 220 頁。

譜中記載「黃埠祖最早遷入即墨」的說法不符，不知其據何而論，故而不予採信。

（二）暫留黃埠

藍氏家族，從昌陽舁山先遷至即墨縣東北之黃埠（今即墨市田橫鎮房家村、黃龍莊村一帶），短暫停留後，方遷至即墨盟旺山一帶。《盟旺山祖林碑記》稱：「春、就裔出昌陽舁山祖宅，自先公徙居黃埠，以至於此」。〔註10〕盟旺山祖林，是將藍氏家族黃埠祖墳遷於盟旺山時所建，時為元代中期，故又稱元代祖林。藍氏家族在黃埠停留了多久呢？根據《盟旺山祖林碑記》所記藍氏家族遠代世系，略可推知：

一世舁山祖：昌陽舁山人，遷葬盟旺山祖塋墓。疑原葬舁山，遷葬年時不可考。

二世黃埠祖：昌陽舁山人，遷居即墨之黃埠，遷葬盟旺山祖塋墓。疑原葬黃埠。

三世祖公：黃埠人，遷至盟旺山。配辛氏，葬盟旺山祖塋墓。生二子。〔註11〕

從上文可見，一世舁山祖生於舁山，葬於舁山，而遷葬至盟旺山；二世黃埠祖，生於舁山，遷於即墨黃埠，葬於黃埠，而遷葬盟旺山。二世黃埠祖是藍氏家族遷徙至即墨黃埠的始祖；三世祖生於黃埠，遷至盟旺山，葬於盟旺山。即自三世祖始，藍氏正式落戶盟旺山。也就是說，僅二世祖、三世祖兩代人在黃埠生活過，多則數十年，少則十數年而已。

（三）落戶盟旺

藍氏家族在黃埠作短暫停留後，最終在盟旺山附近定居下來。藍氏家族遷入盟旺山的時間，從《盟旺山祖林碑記》中可以推斷。《盟旺山祖林碑記》中提及：「祭主春、就，觀親祖塋碑石塵埃，不顯其跡。立塋五十餘年，塋外骸骨之多，祭祀不便。」〔註12〕該碑記寫成於元泰定元年（1324），其中提到盟旺山祖林「立塋五十餘年」。據《即墨藍氏族譜》遠代世系所記，上文提及的藍春、藍就，為藍氏家族遠代世系第五代。一世為舁山祖公，二世為黃埠祖，三世祖為遷入盟旺山始祖。盟旺山祖林，為藍氏家族遠代世系三世祖遷

〔註10〕 〔明〕藍再茂等：《即墨藍氏族譜》，清宣統辛亥（1911）年，第16頁。
〔註11〕 〔明〕藍再茂等：《即墨藍氏族譜》，清宣統辛亥（1911）年版，第9頁。
〔註12〕 〔明〕藍再茂等：《即墨藍氏族譜》，清宣統辛亥（1911）年，第16頁。

往盟旺山時立塋，到藍春、藍就（遠代世系第五世）時僅隔四世一代（參見
附表《即墨藍氏家族遠代世系表》）。粗略推算，至藍春、藍就時，盟旺山祖
林也就數十年的歷史。這與祖林碑所言「立塋五十餘年」正相吻合。由此，
推斷元代祖林創建約在 1274 年前後。

　　據上文推斷，三世祖遷至盟旺山約在 1274 年之前，即南宋末年。二世祖
葬於黃埠，而遷葬盟旺山，故而其卒年必在 1274 年之前。而二世祖出生在昇
山，為遷入黃埠始祖。略可推斷，二世祖遷入黃埠當在 1274 年前數年或十數
年。這與《即墨藍氏族譜・序言》稱「藍氏家族於南宋咸淳年間（1265 年～
1274 年）遷入即墨」的說法基本相符。

（四）徙居城中

　　即墨藍氏家族發展至明代初年，至三世祖〔註13〕藍福盛時，因兄弟分家，
藍福盛主動讓出祖產，遷至縣城定居。王鴻儒在《大明贈通議大夫南京刑部
右侍郎藍公神道碑銘》中記載：「後，兄弟求異居，公（藍福盛）以先業讓之。……
徙居城中，起高樓寢處其上，瞻雲對山，綽有高趣。」〔註14〕從中可見，藍
福盛因兄弟分產而遷居縣城，開闢了藍氏家族即墨縣城一支。這也是即墨藍
氏家族中最重要的一支。

二、即墨藍氏家族的早期發展

　　藍氏家族，自南宋末年自昌陽昇山遷入即墨，至元代中後期，約一百餘
年時間，這是藍氏家族的早期發展階段。這一階段，即墨藍氏家族以農耕持
家，聲名不聞於鄉里。宋元易代之際，即墨藍氏家族以武功起家，先後有 30 餘
位族人走上仕途。一時間，藍氏家族成為當時即墨城最為顯赫的家族之一。

（一）即墨藍氏家族的昔日輝煌

　　元代初年，即墨藍氏家族以武功發跡，曾一度出現繁盛顯赫的局面。王
鴻儒在《大明贈通議大夫南京刑部右侍郎藍公神道碑銘》〔註15〕中記載了即

〔註13〕 藍再茂在撰修族譜時，由於世系斷代，將前面講的昇山祖、黃埠祖七代定為
藍氏家族元代世系，而將藍文善定為確切世系的一世祖，構建起具有明確世
系傳承的藍氏家族新譜系。而藍福盛為新世系的三世祖。

〔註14〕 〔明〕王鴻儒：《大明贈通議大夫南京刑部右侍郎藍公神道碑銘》，藍潤《餘
澤錄》，藍氏家刻本，順治十六年，卷一，第 2 頁。

〔註15〕 〔明〕王鴻儒：《大明贈通議大夫南京刑部右侍郎藍公神道碑銘》，藍潤《餘
澤錄》，藍氏家刻本，順治十六年，卷一，第 2 頁。

墨藍氏家族當時的輝煌，稱：

> 元初，有諱琇者，仕至武義將軍，總領監軍。攻襄樊，克有大
> 功焉。……子孫由是授千戶、百戶、鎮撫、防禦、察官、教諭、勸
> 課官者二十餘人。

清人魏天賞在爲藍氏家族九世祖藍再茂撰寫的《賀藍老先生七十有一初
度序》〔註16〕中也有類似的記載：

> 考其家譜，自元以武略顯。當時賜爵武義大將軍，總領監軍，
> 一門多膺世賞，積德累仁，以迄於明，源遠流長。

而在即墨藍氏家族《盟旺山祖林碑記》中，更是詳細記載了當時藍氏族
人的姓名與官職。據統計，有元一代藍氏家族上至武義將軍總領監軍藍琇，
下至里正、社長等基層小吏，竟達34人之多：

藍正　里正

藍琇　武義將軍，總領監軍，攻取襄樊有功

藍成　益都路委差

藍順　百戶　攻取海州有功

藍恩　充委差

藍德　防禦軍官

藍榮　充委差

藍用　辦課局官

藍旺　充濰州禿魯花千戶

藍茂　醫學教諭

藍琮　本縣人吏

藍福（藍氏族譜缺，據《即墨縣志》補）興樞密院札管軍百戶

藍深　本縣勸課官

藍貴　百戶

藍雲　千戶

藍元　社長

藍就　運糧百戶

藍春　尚書省札膠河漕運管軍總把

〔註16〕〔清〕魏天賞：《賀藍老先生七十有一初度序》，藍潤《餘澤錄》，藍氏家刻本，
　　　　順治十六年，卷四，第36頁。

藍和　某〔註17〕學某使

藍仁　辦課局官

藍希賢　部札典書

藍某某　中書省札某司典書

藍秀　本縣人吏

藍福　里正

藍錄　社長

藍某某尚書省札管軍官

藍青　管軍彈厭（《許志》錦衣衛百戶）

藍革　左衛都鎮撫

藍仲祥　蒙古生員

藍士（《即墨縣志》作仕）忠　百戶

藍敬　某長

藍和　社長

藍寶　本縣人吏

藍某才（藍貴孫）受脫脫遼王聖旨行幹脫某某

　　其中尤其以「將才」居多。清同治版《即墨縣志》「將才」篇中，共計收錄元代即墨籍將才12人，藍氏一族就占11人。他們是：

藍德　防禦軍官

藍琇　武義將軍、總領監軍，平襄樊有功

藍順　管丁壯軍百戶，攻取海州

藍福興（琇子），管軍百戶

藍旺　濰州禿魯花千戶

藍貴　百戶

藍就　運糧百戶

藍春　膠河漕運把總

藍青　管軍彈厭《許志》錦衣衛百戶

藍革故　左衛都鎮撫

藍仕忠　管軍百戶

　　可見，即墨藍氏家族在元代初年便以武功起家，有過輝煌歷史，上至武

〔註17〕部分藍氏族人名諱或官職，藍氏家族文獻失記，文中以「某某」代替。

義將軍藍琇,下至基層小吏,共培養大小官吏凡 30 餘人。其中除人吏、裏正、社長、勸課官等基層小吏和從事文教的人員外,多是將才武官,如將軍、千戶、百戶、鎮撫、把總等。即墨藍氏家族這種崇尚武功的傳統,始終貫穿於家族發展中,對明清即墨藍氏家族仕途發展也有著重要影響。

(二)即墨藍氏家族的遠代世系

即墨藍氏家族的早期發展缺乏文獻記載,元代早期及之前的歷史基本不可考證。元代邢世英的即墨藍氏家族《盟旺山祖林碑記》,對元代中後期以來的藍氏家族早期世系傳承作了梳理,成為我們研究藍氏家族早期世系發展彌足珍貴的史料。可惜,因年久損壞,《盟旺山祖林碑記》多有文字缺失、字跡模糊之處,尤其是人名的缺失,較大地影響了藍氏家族早期世系的梳理。萬曆四十二年(1614),藍再茂等撰修《即墨藍氏族譜》,他在《即墨藍氏族譜敘》中也提及到這種情況,稱:「遠祖諱琇,仕元至武義將軍,其墓前世系碑立於泰定甲子。記云『祖塋碑石塵埃,不顯其跡』,是宋以來已茫乎無可考矣。而世系碑復歷年久遠,序次多缺。」〔註18〕所以,即墨藍氏家族早期的世系雖基本可考,但存在遺漏和缺失。現就其可考者梳理如下:

表1-1　即墨藍氏家族遠代世系表〔註19〕

世次	排行或名字																						
一世	祖公																						
二世	大公																						崧
三世	正		二公	三公		四公	五公	六公	七公											德			
四世	某興	深		大公	二公				成			順							恩	榮			
五世									元	就		春	和	三	四	福	祿	三		用	二	旺	茂
六世									仁	希賢	三									諒		琮	二
七世									秀														

〔註18〕〔明〕藍再茂等:《即墨藍氏族譜》,清宣統辛亥(1911)年版,第 1 頁。

〔註19〕因碑文殘缺,加之當時記載存在遺漏,故而世系表中大部分人員只有排行,沒有名字。表格中根據藍氏族譜所記以「大公」、「二公」或「二」、「三」等數字表示;名字中有文字缺失或不清的,以「某」來表示。

　　由圖可見，即墨藍氏家族遠代世系基本可以考證的僅有七代，且大部分族人名諱失記，只能以一、二、三等排序來代替。所幸藍氏家族文獻中提及的早期的藍氏族人藍玤、藍春、藍就等有所記載，以此也略可窺見藍氏家族遠代世系梗概。而康熙癸酉年（1693）夏，藍氏十一世藍啓延抄錄了《盟旺山祖林碑記》，並對藍氏家族遠代世系作了進一步解析，使藍氏家族遠代世系傳承更爲清晰。其文稱：

　　　　按元碑立於泰定甲子，斷缺中猶可考者。祖公，蓋盟旺山始遷祖。云自祖公傳之諱秀者，凡七世，以下無考，迨處士公世系乃詳，舊譜因以爲一世祖，即司寇公高祖也，遞傳至今已十三世；贈司寇公生於明永樂二十年壬寅，爲三世祖次子，狀誌墓表皆云幼孤。三世祖贈司寇公神道碑文但云享年五十四歲，生卒年月俱未之載。自洪武元年戊申，至永樂壬寅，凡五十五年，以此推之，三世祖爲洪武中年人，二世祖爲元順帝末年人，順帝在位三十五年。則一世祖爲元順帝時人明矣。考順帝元統元年癸酉，上溯泰定甲子纔十年，一世祖世次或與秀祖同行，或即在七世之下，其間縱遠不過一世耳。

　　文中，藍啓延對藍氏家族的遠代世系和新世系進行分析，並從時間上推斷兩者之間的關係，認爲遠代世系最後一代（第七代）與新世系第一代爲同輩或相差一輩，從而基本實現了使藍氏家族遠代世系與新世系的銜接與貫通。

（二）即墨藍氏家族新世系的確立

　　即墨藍氏家族的新世系，是相對於上文所稱的藍氏家族遠代世系而言。新世系的確立當在明代。明代以前，也可以說是藍氏家族五世祖藍章、六世祖藍田之前，藍氏家族雖然有過輝煌，但家族史料存留極少，更無家譜。明初，倭寇入侵即墨、萊陽諸城，大肆屠殺，生靈塗炭。喪亂之下，藍氏家族世系多有失考。直到藍章、藍田時期，由於他們父子進士蟬聯，又以擅長文學和爲官清廉、剛直不阿著稱，故而被載入史冊。再加上藍章、藍田父子交遊廣泛，並注重家族文化建設，保存了不少家族文獻。所以，《即墨藍氏族譜·序言》稱：「藍氏故居异山，自南宋咸淳年間遷居即墨之黃埠，夷考歷世淵源，由宋及元，异山黃埠祖譜牒無存。至明成化嘉靖間，我盟旺山族祖司寇公、侍御公相繼顯達，勳名載在史冊，故藍氏始有譜焉。」〔註20〕

〔註20〕〔清〕藍志樸：百里支《即墨藍氏族譜》序言，2007年版，第3頁。

　　事實上，藍章、藍田時期，藍氏家族雖然在政治上嶄露頭角，家族文獻也有所積累，但藍氏家族尚未著手撰修族譜。直到萬曆四十二年（1614），藍氏家族九世祖藍再茂等才首次整理家族文獻，撰修《即墨藍氏族譜》。藍氏族人修撰家譜，態度嚴謹，實事求是，既沒有沾染當時追攀祖籍名望的陋習，也沒有虛誇溢美之辭，只是根據存世材料，如實修撰。因為藍氏家族文獻至「一世祖處士公始可得而詳也」（藍再茂語），所以本次修譜是以藍文善為藍氏家族盟旺山一支一世祖，從而確立了即墨藍氏盟旺山支的明確的發展世系。

　　據盟旺山支《藍氏族譜》載，其一世祖為藍文善，其長孫藍福盛（三世），為藍氏盟旺山支長支，因兄弟分家，藍福盛主動讓出祖產，遷至即墨城裏十字街西路北定居，從此藍福盛一支主要在即墨縣城發展。次孫藍福進，為藍氏盟旺山支老二支，至四世分為八支，乏嗣者四支，分為諱錦公派、諱釗公派、諱鉢公派、諱鑽公派，其後代多居泉頭、港東、藍家溝、南楊頭，太祉莊等。諱錦公派一支遷往遼寧長興島，形成了長興島支派。藍福盛子藍銅、藍鎧又分為兩支，藍銅為老長支之長支，藍鎧為老長支之二支，為諱鎧公派，居磨市。藍銅支至五世藍章、藍竟、藍奇，分為三支，藍章為老長支長支之長支；藍竟為老長支長支之二支，為宣義公派，居城陽女姑山北莊、即墨范哥莊等；藍奇為老長支長支之三支，為承事公派，居林青、陡陡山、蘆山、葦簾、女姑山北莊、後樓、古廟頭、小水等。藍章一支到八世藍思紹、藍思繼、藍思統、藍思緒時分為三支，藍思紹為長支。藍思繼為孝行公派，居西障、王家園、喬哥莊、嶗山書院村、范哥莊、瑞汪村、石灰窯等。藍思統無後。藍思緒為指揮公派，居莊頭、藍家溝等。藍思紹支到十一世藍啓晃、藍啓肅、藍啓先、藍啓亮、藍啓延時分為五支，藍啓晃為蒙陰公派，居瑞汪等村；藍啓肅為中書公派，居西障村、嶗山北宅藍家莊、城陽李家女姑等；藍啓先為拔貢公派，居中障村、泉頭村、藍家溝、嶗山北宅藍家莊，新建村、考院村等；藍啓亮為蔭官公派，居藍家溝；藍啓延為西和公派，居九六夼、石門笏立頭等。

　　自萬曆四十二年至今，藍氏盟旺山支先後八次撰修、增修族譜。至今，藍氏家族盟旺山支已經發展至二十六世，整個藍氏家族世系清晰，昭穆井然。

第三節　即墨藍氏家族的興衰變遷

明清兩朝是即墨藍氏家族發展史上最輝煌的時期。藍氏家族遠紹元初餘暉，力田起家，科舉興族，在科舉仕宦、文學創作、家族建設等方面都取得了突出成就，逐步由農耕家族轉型爲文化仕宦家族，成爲即墨地區的一方巨族。在家族發展過程中，藍氏家族注重家族教育，加強家族管理，積累家族文獻，並形成自己特有的家學門風。同時，作爲即墨地區起家最早，持續時間最長的家族，藍氏家族在開啓即墨地區明清科舉、仕宦的序幕，豐富和加強即墨地區文化建設，維護地方穩定等方面都作出了突出貢獻，以自己輝煌成就和突出貢獻，贏得了明清兩代朝廷、地方政府及社會各界的廣泛讚譽，與周、黃、楊、郭四族共同構成明清時期即墨地區五大家族。

一、累世蓄積

一世祖藍文善到四世祖藍銅時期，是即墨藍氏家族的累世蓄積階段。這一階段，正處於元末明初，雖社會動盪，戰亂頻仍，但即墨地區地處偏遠，遭受戰亂影響較輕。尤其是明朝初年，一方面，國家統一，社會安定，政府採取休養生息的政策，輕繇薄賦，鼓勵農耕。特別是隨著明初沿海地區衛所的設置和全國移民大潮的到來，即墨迎來了新的發展機遇。一方面，明洪武二十一年（1388），設置鰲山衛，並相繼設置了雄崖所、浮山所，即墨成爲海防重鎮。大批軍戶和民戶相繼移居即墨。據明萬曆《即墨縣志》卷四《賦役·徭役》記載，洪武十四年即墨縣的總戶數爲 11231 戶，其中軍戶爲 6290 戶，占總戶數的 56%。另一方面，從建文元年（1399 年）至建文四年（1402 年），朱棣同其侄子朱允炆爲爭帝位雙方軍隊大戰了 3 年，史稱「靖難之役」，在這場戰爭中河北省南部、山東省西部、河南、江蘇等省爲主要戰場，雙方軍隊在山東西部及河北南部一帶進行了殘酷的「拉鋸戰」。當地居民除在戰爭中死亡外，大部逃亡。靖難之役」主戰場在山東西部、河北一帶，即墨偏處一隅，相對比較安定，因而有不少逃避戰亂的「流民」流入即墨。給即墨帶來大量的勞動力，使即墨的荒田得到開墾。同時，即墨充分發揮交通便利條件，開通海運港口。這些措施使即墨地區經濟得到迅速恢復和發展，即墨經濟逐漸走上繁榮。另一方面，政府大力推行科舉制度，選拔任用賢能之士，這爲普通地主乃至農耕家族通過科舉走上仕途開闢了道路。即墨藍氏家族，正是在這種大的歷史背景下發展崛起的家族。就藍氏家族本身來看，藍氏家族雖然

在元代初年曾一度顯赫，但至元末明初，往日光輝已經蕩然無存，又變成了一個普通的農耕家族。他們以農耕持家，教導子弟讀書習文，經過累世蓄積，爲家族再次崛起奠定了堅實的經濟基礎和文化鋪墊。可以說，藍氏家族的再度起家，凝聚著藍文善至藍銅四代人的不懈努力。

一世：藍文善　二世：藍景初

即墨藍氏家族一世祖藍文善、二世祖藍景初，生活在元代末年。藍氏家族十一世藍啓延根據藍氏家族《盟旺山祖林碑記》推斷稱：「二世祖爲元順帝末年人，順帝在位三十五年，則一世祖爲元順帝時人明矣。」〔註21〕他們均是普通的農夫，靠著辛勤勞作積累家資，雖生平幾乎沒有值得稱述的功績，但爲藍氏家族的發展繁榮奠定了一定的經濟基礎。所以，當藍氏家族五世祖藍章入仕顯達後，請人爲父（藍銅）祖（藍福盛）撰寫行狀、墓誌銘時，也只能稱一世祖、二世祖「有隱德」或「隱於農」而已。如王鴻儒稱：「（藍福盛）祖諱文善，考爲景初，性慕幽貞，跡安潛隱，積累既久。」〔註22〕官賢稱：「（藍銅）世爲東萊即墨巨族，高曾咸有隱德。」〔註23〕周經稱：「（藍銅）祖曾以上皆隱於農。」〔註24〕

三世：藍福盛

藍福盛，字世榮，藍景初之子，藍文善之孫。據藍啓延推斷，他當爲「明洪武中年人」。他爲藍氏家族發展作出多方面的重要貢獻：他帶領子弟辛勞耕作，勤儉持家，爲家族積累了財富；他讓產於兄弟，遷居縣城，開闢了藍氏家族發展的新領地。王鴻儒稱藍福盛：「率子弟力田治生，以資雄於一邑。斥其贏餘，周貧恤孤，負者不計也。後，兄弟求異居，公以先業讓之。……徙居城中，起高樓寢處其上，瞻雲對山，綽有高趣」。〔註25〕周經稱他：「獨能力田致富」。〔註26〕劉健稱他：「以力穡致富爲大家」。〔註27〕藍福盛又是藍氏

〔註21〕〔明〕藍再茂等：《即墨藍氏族譜》，清宣統辛亥（1911）年版，第19頁。

〔註22〕〔明〕王鴻儒：《大明贈通議大夫南京刑部右侍郎藍公神道碑銘》，藍潤《餘澤錄》，藍氏家刻本，順治十六年，卷一，第2頁。

〔註23〕〔明〕官賢：《明故義授七品散官累贈通議大夫南京刑部右侍郎藍公行狀》，藍潤《餘澤錄》，藍氏家刻本，順治十六年，卷一，第8頁。

〔註24〕〔明〕周經：《明贈文林郎貴州道監察御史藍君墓表》，藍潤《餘澤錄》，藍氏家刻本，順治十六年，卷一，第14頁。

〔註25〕〔明〕王鴻儒：《大明贈通議大夫南京刑部右侍郎藍公神道碑銘》，藍潤《餘澤錄》，藍氏家刻本，順治十六年，卷一，第2頁。

〔註26〕〔明〕周經：《明贈文林郎貴州道監察御史藍君墓表》，藍潤《餘澤錄》，藍氏

家族中率先涉獵文史，開啓家族文教的人。他「旁通方外之典」（王鴻儒語），籌建書舍，注重教育，爲藍氏家族向文化世家轉軌拉開序幕；藍福盛熱心地方事務，他智勇雙全，敢於擔當。曾馳馬荷戈，擊退賊寇，捍衛了即墨的安危，卻淡泊名利，功成身退。這既體現了藍氏家族自元代以來崇尚武功的傳統，又彰顯了藍福盛忠君愛國、恤民重義的情懷。爲維護即墨地方安定作出貢獻，提高了藍氏家族在地方上的聲望；藍福盛扶貧濟困，樂善好施，慷慨好義，開啓了藍氏家族仁愛忠義的優良家風。

四世：藍銅

藍銅，字宗濟，號義齋，又號東村翁，藍福盛次子，爲即墨藍氏家族發展作出突出貢獻，是藍氏家族發展史上里程碑式的人物。

藍銅擅長經營，精於持家。他在其父藍福盛創下基業的基礎上，通過經商致富，並廣置田產家業，使藍氏家族成爲富甲一方的大族。劉健爲他撰寫的墓誌銘稱：「（藍銅）娶同邑於氏，又得賢內助，由是家日益裕。間攜貨走江湖，屢獲厚利。歸，以其資營居第，完美右一邑。又益市近膏腴田爲裕後計，視其父祖時加數倍焉」。〔註28〕周經也在爲其撰寫的墓表中記載：「（藍銅）尤善治生，其配於氏，又克勤儉以相之，由是得以興。販江湖懋遷有無，而產道日益饒裕，田園膏腴，屋宇華潤，甲於一邑」〔註29〕。

藍銅注重教育，培養子弟。他興建書屋，延請名師，教導子弟，培養出藍氏家族的第一位進士藍章。首先，興建書屋。藍銅在東厓農舍的基礎上，興建書屋，積累圖書，教導子弟讀書習文，走科舉興族之路，對藍氏家族的教育和發展起到重要作用。楊循吉在《東厓書屋詩序》中稱：「侍御即墨藍公文繡未第時，有藏修之所，在其城東一里，曰東厓書屋者，其先祖之所創也。厓本高阜巍然，與山嶺類，其下有甘井可溉蔬，旁多腴田可耕，故公之大父築以農舍。至尊翁義齋先生，以其背山面水，足於幽清之致，乃建屋蓄書，俾公讀其中，遂取進士，擢顯官，既爲厓之耿光矣」〔註30〕；其次，教

　　　　家刻本，順治十六年，卷一，第14頁。

〔註27〕　〔明〕劉健：《明故義官藍君墓誌銘》，藍潤《餘澤錄》，藍氏家刻本，順治十六年，卷一，第11頁。

〔註28〕　〔明〕劉健：《明故義官藍君墓誌銘》，藍潤《餘澤錄》，藍氏家刻本，順治十六年，卷一，第11～12頁。

〔註29〕　〔明〕周經：《明贈文林郎貴州道監察御史藍君墓表》，藍潤《餘澤錄》，藍氏家刻本，順治十六年，卷一，第14頁。

〔註30〕　〔明〕楊循吉：《東厓書屋詩序》，藍潤《餘澤錄》，藍氏家刻本，順治十六年，

導子弟。四世祖藍銅粗通文史，劉健在《明故義官藍君墓誌銘》中稱他：「君幼失怙，讀書僅通大義」。〔註31〕因此，藍銅親自教導兒子藍章讀書，成爲藍章的啓蒙老師。藍啓肅在《明少司寇兼御史中丞大勞山翁藍公年譜》中記載：「（藍章）八歲失恃，（藍銅）朝夕教以讀書，恒論究古人忠孝，闡發其聰明」。〔註32〕再次，延請塾師。爲更好地培養兒子藍章讀書，藍銅還延請當地名儒盧繼宗教導兒子。藍啓肅在《明少司寇兼御史中丞大勞山翁藍公年譜》中又稱：「（藍章）弱冠命學易於鄉先生紹先盧公，祁寒盛暑必篝燈」。〔註33〕經過系統而又嚴格的教育培養，藍章終於取得了科舉的成功，先後考取舉人、進士，並成功踏入仕途。藍章科舉及仕途的成功，是藍銅重視教育，嚴格要求的結果。所以劉健在《明故義官藍君墓誌銘》中指出：「凡章之有今日，皆君（藍銅）嚴教之所致也。」〔註34〕

藍銅慷慨好客，廣泛交遊。藍氏子弟慷慨好客、喜好交遊的傳統，自藍福盛始，至藍銅更爲突出。劉健在《明故義官藍君墓誌銘》中稱藍銅：「性喜朋友，仗義疏財。邑東三里許置別墅，環置花草而元爽殊甚。凡邑之名山秀水，歷歷在目。每天日晴霽，輒招所知以往，觴詠竟日，因相與舉洛中故事爲耆英之會，邑中士大夫無不至者」。〔註35〕由此可見，由於藍氏家族在地方上的聲望，加之藍銅熱情好客，當時藍氏家族已經成爲即墨士大夫結集聚會的場所。社會名流的彙集，不僅拓寬了藍氏家族的交際圈，擴大了藍氏家族的影響，也爲藍氏家族營造了濃厚的文化氛圍。

藍銅仗義疏財，周貧濟困。藍銅繼承其父藍福盛的作風，周貧濟困，熱心地方事務。劉健在《明故義官藍君墓誌銘》中記載了他一系列的善行義舉，稱：「邑嘗大浸，鄉鄰稱貸者千餘石，明年稍熟，昆仲輩將持券責其償，君慨然曰：『人甫回生，寧忍爲是耶！』悉取其券焚之，鄉鄰德之，至今不已。成

卷三，第 6 頁。

〔註31〕〔明〕劉健：《明故義官藍君墓誌銘》，藍潤《餘澤錄》，藍氏家刻本，順治十六年，卷一，第 12 頁。

〔註32〕〔清〕藍啓肅：《明少司寇兼御史中丞大勞山翁藍公年譜》，藍章《大嶗山人集》，藍氏家印本，1996 年，第 26 頁。

〔註33〕〔清〕藍啓肅：《明少司寇兼御史中丞大勞山翁藍公年譜》，藍章《大嶗山人集》，藍氏家印本，1996 年，第 26 頁。

〔註34〕〔明〕劉健：《明故義官藍君墓誌銘》，藍潤《餘澤錄》，藍氏家刻本，順治十六年，卷一，第 12 頁。

〔註35〕〔明〕劉健：《明故義官藍君墓誌銘》，藍潤《餘澤錄》，藍氏家刻本，順治十六年，卷一，第 12 頁。

化丙午，歲又祲，有輸粟冠帶之令，君即輦粟若干石以輸，蒙恩授七品散官，故人稱爲義官云。」〔註36〕藍銅的嘉行善舉，救助了貧弱鄉鄰，維護了地方安全穩定。不僅得到了鄉鄰的敬重，也被即墨當地授予七品散官，其事蹟被載入乾隆版《即墨縣志‧孝義》篇。

可見，元末明初，即墨地區戰亂較少，社會穩定。藍氏家族經過藍文善、藍景初、藍福盛、藍銅四代人的辛勤努力，至藍銅時，藍氏家族已經成爲即墨地區富甲一方的大族，並開始注重家族教育，爲家族的崛起打下了堅實的經濟、文化基礎。

二、再度崛起

五世藍章、六世藍田、藍囦、藍因時期，是即墨藍氏家族繼元初興盛之後的再度崛起階段。經過藍文善至藍銅四代人的不懈努力，至五世藍章時，藍氏家族迅速崛起，實現了跨越式發展。藍章先後考取舉人、進士，並順利走上仕途，從而拉開了藍氏家族科宦興族的序幕。他的三個兒子藍田、藍囦、藍因也各有建樹，尤以文學見長，時人稱之「藍氏三鳳」。而藍田成就最爲突出，與其父親藍章一起，在科舉、仕宦、文學等方面都取得了突出成就：父子進士蟬聯，名動一時；父子爲官，剛正不阿，不避權貴。藍章忤逆閹黨，藍田逆鱗進諫，聲聞朝野，以直節著稱；父子均以文學見長，藍田成就尤高，名重齊魯。一時間，藍氏家族藍章、藍田父子四人熠耀生輝，創造了明清藍氏家族發展的第一次輝煌，實現了家族的再度崛起。

五世：藍章

藍章，字文繡，晚號大崂山人，四世祖藍銅長子。明景泰四年（1453）生，成化十三年（1477）甲辰科舉人，成化二十年（1484）春闈舉進士。藍章是藍氏家族第一個通過科舉走上仕途的人。他忠君愛民，勤於政事，宦海沉浮三十年，最終以南京刑部右侍郎致仕，後贈資善大夫，是藍氏族人中官職最高、成就最卓著的一個。嘉靖帝欽題「懭厥身修」以示褒獎，死後御賜兆塋，命入祀鄉賢，可謂恩榮殊厚。藍章著有《西巡錄》、《西征題稿》、《武略總要》、《大崂山人遺稿》、《八陣合變圖說》等。其《八陣合變圖說》被收入清《四庫全書》子部。其事蹟載於《即墨縣志》、《即墨人物志》、《萊州府

〔註36〕〔明〕劉健：《明故義官藍君墓誌銘》，藍潤《餘澤錄》，藍氏家刻本，順治十六年，卷一，第12頁。

志》及《山東通志》等。

六世：藍田、藍困、藍因

藍田，字玉夫，也作玉甫，號北泉，藍章長子。少有才名，被目為「小聖人」，名重齊魯。其文名與關中康海、山右馬理相鼎峙，而行義尤高。明嘉靖二年（1523）癸未科二甲第 61 名進士，初授河南道監察御史。曾因議大禮受杖，呻吟枕席月餘，幾乎喪命。復起，任陝西巡按，沿用其父藍章的做法，革除弊政，鎮撫變亂，惠民一方。同時，藍田又以文學見稱，先後參加麗澤社、海岱詩社，與著名詩人楊慎、張含、邊貢、劉澄甫等相互唱和，一生吟詠不輟，著述豐富，是藍氏家族中文學成就最高的一個。著有《藍侍御集》、《北泉集》、《東歸唱和》、《白齋表話》、《隨筆》、《續筆》及奏疏五十餘份，其《北泉集》被收入清《四庫全書》。藍田入祀即墨鄉賢，《明史》、《山東通志》、《即墨縣志》等有傳。

藍困，字深甫，號南泉，又號巨峰，藍章次子，明選貢生。藍困科舉成就不高，以選貢生而終。因此，他一生居家閒處，無緣仕途。民國二十七年藍氏家印本《北泉集》（附《南泉遺詩》）中稱：「藍困，明貢生。康對山先生撰東泉序有云：北泉侍御與弟深甫、徵甫皆擅才譽，能文詞，人或擬為『藍氏三鳳』。深甫雖俯就選貢，尚未大售所負」。〔註 37〕藍困善詩，著有《巨峰詩集》一卷。

藍因，字徵甫，號東泉，藍章第三子。為官清廉，剛直不阿。以詩文、書法見長，著有《京兆詩集》一卷。清乾隆版《即墨縣志·文學》稱藍因：「與兩兄田、困齊名，詩文書為世所重。以父蔭除知江寧，居官清嚴，人莫敢干以私，升慶陽府通判，致仕歸。」〔註38〕

除藍章父子外，藍章之弟藍竟、藍奇也多有孝行義舉。尤其是藍竟的子孫在德行、科舉和仕途等方面取得了很好的成就。清同治版《即墨縣志·孝義》稱：「藍竟，銅次子，任義官。幼失恃，事父至孝。凶年貸粟貧者，里黨稱之。次子奇，邑庠弟子員。藍竟子：長曰國，陰陽學訓術。次曰圓，太學生。繼黃氏，生子一人，曰圖，太學生。藍竟之孫：芝，陰陽學訓術。芸，醫學訓科。芳，義官。蕙、芮、葵皆邑庠生。荷，省祭。曾孫：長正業，省

〔註37〕〔明〕藍田：《北泉集》，藍氏家印本，民國二十七年，第 112 頁。

〔註38〕尤淑孝：乾隆版《即墨縣志》，中國和平出版社，2005 年點校本，卷九，第175 頁。

祭。次光業、振業、大業，皆邑庠生。〔註39〕

由此可見，這一時期，在藍章的影響和教導下，藍氏家族普遍重視對子弟的教育，讀書科考成為家族的共識，形成了科舉興族、詩書傳家的優良傳統。並在科舉、仕宦、文學等方面都取得輝煌的成就，創造了明清藍氏家族史上第一次發展高峰。

三、短暫中衰

七世藍柱孫、藍史孫，八世藍思紹、藍思繼、藍思緒、藍思統兩代，是即墨藍氏家族的短暫中衰階段。

縱觀我國古代家族發展歷史，子嗣與人丁問題，是影響和制約家族發展的重要因素。即墨藍氏家族的短暫中衰，主要原因是子嗣晚出，人丁不繁。藍氏家族五世祖藍章〔註40〕有三子：藍田、藍困、藍因，為第六世。三人或是子嗣晚出，或者乏嗣，使得藍章支系瀕臨斷嗣。後藍田過繼族子藍葵為子，更名為藍柱孫。又數年，在藍田五十一歲時，副室胡氏舉一子，即藍史孫，這才是藍田支系得以延續。嘉靖三十四年（1555），藍田病逝，時年七十九歲。藍田的去世，嚴重削弱了藍氏家族的影響，也宣告了藍氏家族第一次發展高峰的結束。天不護祐，在藍田去世後的數年間，藍田的嗣子藍柱孫、子藍史孫相繼病逝，這對藍氏家族來說，無異於雪上加霜，使藍氏家族發展出現嚴重斷層。但萬幸的是，藍史孫雖然英年早逝，但他卻留下了四個兒子：藍思紹、藍思繼、藍思統、藍思緒。也正是這些遺孤使得藍氏家族得以繼續並發揚光大。藍史孫去世後，其妻欒氏苦心撫育藍思紹等四個遺孤。藍柱孫遺有二女，也由欒氏一併撫育成人。欒氏一人撫養六個孩子，支撐維繫著藍氏家族，其艱難狀況可想而知。邑人周如砥在《七世貞節欒孺人八世孝行公合傳》中記載了藍思繼對母親欒氏撫孤艱辛和當時家族境況的描述，稱：「顧念母早歲遘愍，徒以予藐諸孤，不獲從先君子地下，稱未亡人者三十年。毋論母子伶仃，形影相弔，撫摩煦育，劬勞萬端。自王父、父相遞殞世，門祚中衰。維時，繼兄弟越在襁褓，不克問家人產，而二庶子弗恃。伯之二遺孤女，亦未有所適，諸難駢興，不啻鞅掌。母獨從閫內經營之，……

〔註39〕林溥：同治版《即墨縣志》，中國和平出版社，2005 年點校本，卷九，第 248頁。

〔註40〕即墨藍氏家族的主要成就集中於「藍福盛－藍銅－藍章－藍田」一支系，其他支系影響較小，於此不再贅述。

亦惟予兄弟之故。」〔註41〕藍氏家族十一世藍啓延在《先高祖母旌表貞節欒孺人事略》也記載了欒氏艱難維繫家計，苦苦支撐藍氏家族的狀況：「後五年，（藍史孫）亦以疾卒，年僅三十有四。時庚申八月也，孺人年三十九。遺子四，副室史出者二，長十歲，幼者才七八歲、三五歲耳。孺人哀慟幾絕，誓以身殉，既而慨然曰：『吾從夫子於九原，以死報夫子，義也。門無期功之親，此煢煢者屬之何人？況藍氏祖、父世爲名臣，而忍使藐諸孤零落無依乎？是不仁也，吾守以俟耳！』與史氏矢志苦節，衣食教誨，以母兼父。越五年乙丑，史又先亡，孺人傷感倍甚，曰：『吾爲藍氏婦，翁姑、夫子相繼賓天，姒娣無人焉！吾與汝同心共守，冀終身相倚，長養孤兒以報夫子，今汝又先亡矣，命也，何言汝之子吾子也。』恩勤篤至，不異所生，自稱未亡人二十五年，撫植諸孤成立。」〔註42〕

　　儘管藍氏家族命運多舛，境況艱難，但欒氏始終沒有放鬆對藍思紹等的教育。邑人楊鹽在《八世贈按察公孝行公指揮公合傳》中稱欒氏：「賦性慈惠，貞淑治家，嚴而有法，孀居撫養二子。既稍成立，嘗訓之曰：『汝先人幾世爲官，汝當淬勵進身，不墮汝之家聲，乃爲孝耳。』時人聞其言，咸稱歎比之孟母等云。」〔註43〕在欒氏的苦心撫育下，這個時期藍氏家族雖然進入低迷階段，但在以下幾個方面仍然取得了一定成就，對家族的持續發展作出貢獻：

1、培養教育子弟

　　藍思紹兄弟四人在母親的苦心教導下「努力業儒」〔註44〕，各有所成：藍思紹，明禮部儒士；藍思繼，太學生，以孝聞名。母卒，廬墓三年，縣志有傳；藍思統，明衡府禮士；藍思緒，明兵馬司指揮。時人盛讚欒氏母子「有賢母，有肖子，可謂不墜家聲」。

2、繼承家族傳統

　　忠孝節義本爲一體。子孝彰顯母賢，賢母培育孝子，二者相得益彰。欒

〔註41〕〔明〕周如砥：《七世貞節欒孺人八世孝行公合傳》，藍氏家藏刊本，光緒丙戌增修《即墨藍氏族譜》，卷五，第21頁。

〔註42〕〔清〕藍啓延：《先高祖母旌表貞節欒孺人事略》，《藍氏族譜》不分卷，河北大學圖書館藏清鈔本，第27頁。

〔註43〕〔明〕楊鹽：《八世贈按察公孝行公指揮公合傳》，藍氏家藏刊本，光緒丙戌增修《即墨藍氏族譜》，卷五，第19頁。

〔註44〕〔明〕楊鹽：《八世贈按察公孝行公指揮公合傳》，藍氏家藏刊本，光緒丙戌增修《即墨藍氏族譜》，卷五，第19頁。

氏殫精竭慮，以自己苦節撫孤行爲感染教育兒子，藍思紹兄弟以恪盡孝道報答母親的苦心撫育。藍母死後，藍思繼廬墓三年，哀傷之狀無以言表。邑人周如砥《七世貞節欒孺人八世孝行公合傳》稱：「藍母捐館舍三歲矣，蓋藍仲子廬墓焉。飯乾齧衣，冬夏一蓑。昕夕操鍤，掘土覆墓上，而臥不設裀簟。榮榮薪境，三歲未已也。邑大夫安、邑馬侯聞而心嘉其焉。人且甚憐其苦節，時臨存屬茨間。屬隆冬，風雪淒厲，而仲子一蓑外無它襲衣。」〔註45〕真可謂「有賢母，有孝子」。他們的節孝風範，與藍章、藍田忠正直節相映生輝，對藍氏家族後人產生重要影響。周如砥讚歎稱：「嗚呼！司寇公嘗以直道忤中貴人，風節凜然。而侍御公大禮抗議，直聲動輦轂下，彼所謂以忠義名其家者。至公從子芝，行服墓次，孝聞東諸侯國，時已謂其不忝忠臣之裔，矧越五十年而復有仲子者承之哉！繇斯以譚仲子之孝，匪直光其母德而已也。」〔註46〕

3、贏得家族榮譽

欒氏矢志守節、艱辛撫孤的嘉行及藍思繼克盡孝道的孝舉，受到了即墨當地及鄉里百姓的尊重。對於藍思繼等的孝行，「邑大夫安，邑馬侯聞而心嘉其焉」，並親臨問候。邑人周如砥爲他撰寫了《七世貞節欒孺人八世孝行公合傳》，邑人楊鹽爲他撰寫了《八世贈按察公孝行公指揮公合傳》。崇禎六年，巡按御史謝三賓題太學生藍史孫妻欒氏貞節、太學生廬墓孝子藍思繼母子節孝，奉旨建坊旌表。藍思繼事蹟被載入清乾隆、同治版《即墨縣志·孝義》篇。他們的嘉行義舉，豐富了藍氏家族文化內涵，影響著藍氏家族的家風門規，爲藍氏家族增添了新的榮譽。

然而，藍柱孫、藍史孫的早逝，仍然不可避免地造成了藍氏家族子弟教育的缺失，從而導致這一時期藍氏家族無論是在科舉仕宦，還是在文學創作，以及家族自身建設等方面的成就，都難與藍章、藍田時期相提並論。因此，這個時期藍氏整個家族處於短暫中衰階段。

七世：藍柱孫、藍史孫

藍柱孫，原名葵，號少泉，藍田嗣子，明選貢生。初試萊郡督學，拔置

〔註45〕〔明〕周如砥：《七世貞節欒孺人八世孝行公合傳》，藍氏家藏刊本，光緒丙戌增修《即墨藍氏族譜》，卷五，第21頁。

〔註46〕〔明〕周如砥：《七世貞節欒孺人八世孝行公合傳》，藍氏家藏刊本，光緒丙戌增修《即墨藍氏族譜》，卷五，第22頁。

十庠第一。善詩，著有《少泉遺詩》。可惜英年早逝，遺有二女，由其弟藍史孫妻欒氏撫育成人。

藍史孫（1527～1560），字汝直，號守泉，藍田次子，明太學生。據《藍氏家傳》稱：藍史孫自幼聰穎過人，能夠繼承家學，弱冠爲廩生，遇小試輒考十學第一，以選拔貢成均，考取例，當銓公鑒時，事不原官，告歸里，當道請謁，概弗見。日惟坐臥一小樓，飲酒賦詩，詩成輒焚之。非大事不出戶庭，雖邑人亦罕見識面焉。生於明嘉靖六年，卒於嘉靖三十九年，年三十四歲。著有《守泉詩集》、《四朝恩命錄》。藍史孫遺有四子：藍思紹、藍思繼、藍思緒、藍思統，由其妻欒氏撫育成人，各有所成。其妻欒氏，苦節撫孤，崇禎六年建坊旌表，載通志。縣志有傳。

八世：藍思紹、藍思繼、藍思統、藍思緒

藍思紹（1551～1624），號如泉，藍史孫長子，明禮部儒士，加銜光祿寺署丞。有二子：長子藍再茂，次子藍愈茂。後因其孫藍潤貴，詔贈通議大夫、江南按察使。

藍思繼，號述泉，藍史孫次子，早爲鼇庠弟子員，以孝義名聞鄉里。他長於經營，精於世故，而又樂善好施，熱心地方事務。後因病去世，年六十五。同邑周如砥、楊鹽、周如錦分別作《七世貞節欒孺人八世孝行公合傳》、《八世贈按察公孝行公指揮公合傳》、《祭藍述泉太學文》，記載其生平事蹟。

藍思統，明衡府禮士。

藍思緒，明兵馬司指揮。

四、持續發展

九世至十三世時期，是即墨藍氏家族持續發展階段。經歷了七世、八世兩代的中衰，在九世祖藍再茂的帶領下，藍氏家族重新振作精神，外抵侵侮，內振家聲，整飭家族，培養子弟，扭轉了中衰的低迷局勢，實現了家族的復興，並創造了藍氏家族發展史上的第二次發展高峰。

這一時期，藍氏家族共考取進士 3 人，舉人 4 人，貢生、庠生、監生等數十人。尤其以藍潤、藍啓延父子進士蟬聯，最爲著名；共培養大小官吏共計 23 人，其中以藍潤職務最高，曾任山西右布政使、湖廣左布政使，位居從二品。藍再茂、藍深、藍啓延、藍重祐爲地方縣令，其餘多爲州縣學正、教

論和訓導等教育方面的官員；湧現出一批優秀的家族文人，在即墨乃至明清文壇上嶄露頭角，顯示出卓越的才華，如藍再茂、藍潤、藍湄、藍啓肅、藍啓蕊、藍啓華、藍中珪、藍中高、藍中瑋等；創作了一批優秀的文學作品並結集成冊，如藍潤的《聿修堂集》、藍湄的《素軒詩集》、藍啓肅的《清貽居集》、藍啓華的《學步吟》、藍啓蕊的《逸筠軒詩集》、藍中珪的《紫雲閣詩》、藍中高的《海莊詩集》等。其中藍潤的《聿修堂集》載入清《四庫存目叢書》，藍啓肅的《清貽居集》爲《續修四庫全書》收錄。

可見，這一時期，即墨藍氏家族在科舉、仕宦、文學等方面都取得豐碩成果，實現了家族的全面、持續的發展與繁榮。

九世：藍再茂

藍再茂（1583～1656），字青初，藍思紹長子。生於明萬曆十一年，卒於清順治十三年，享年七十四歲。他外抵侵凌，內振家聲，整修藍氏家族祖塋祠堂，續修族譜家乘，修繕書院學堂，教育培養子弟，賑濟貧困族人，爲家族復興作出突出貢獻，被即墨藍氏家族尊爲「中興之祖」。藍再茂在維護地方穩定，修繕即墨城防，周濟貧弱鄉鄰、推進地方文化等方面都發揮了重要作用，受到即墨地方政府和百姓的尊重和愛戴，死後入祀即墨鄉賢。藍再茂曾任南皮縣令，政聲卓著，深得民心。著有《實政錄》、《讞牘初刻》、《世鷹堂集》等。有二子，長子藍深，次子藍潤，各有所成。

十世：藍深、藍潤、藍湄、藍漪、藍泿

藍深（1606～1674），字毓宗，號明水，藍再茂長子。有孝行，陶元淳《臨淮令藍公傳》稱：「公少喪母，事繼母沈淑人曲意奉養。侍南皮公疾，日夜視湯藥，積旬月不懈，親爲嘗糞，糞甘則籲天號泣，請以身代。已而，竟不起，順治丙申閏五月也。哀毀擗踴，水漿不入口三日，迄終喪無失禮。每遇忌日，必哭於墓所乃去，終其身未嘗間也」〔註47〕順治辛卯年（1651），以恩貢生任江南臨淮知縣。在任期間，訓練民兵，抵禦海寇，鼓勵商貿，體恤民情，多有惠政。後因不忍草菅人命取悅上級，遂辭歸故里。藍深善文工書，著有《家訓》一卷。卒後，入祀即墨鄉賢。虞山陶元淳、萊陽宋璉分別爲他作《臨淮令藍公傳》。其事蹟也被載入《即墨縣志・勳績》篇。藍深有二子：嗣子藍啓晃，次子藍啓肅，皆有賢名。

〔註47〕〔清〕陶元淳：《臨淮令藍公傳》，《藍氏族譜》不分卷，河北大學圖書館藏清鈔本，第30頁。

　　藍潤（1610～1665），字海重，號梟渚，順治二年（1645）舉人，三年（1646）進士。原名滋，順治十年（1653），諭旨改名爲潤。選庶常，歷陞侍從。曾任江南上江督學使、福建右參政、廣東左參政、江南按察使、山西右布政使、湖廣左布政使。在任期間，勤政廉潔，清除積案，注重文教，提拔俊彥，深得順治皇帝青睞。後遭誣陷罷官，不久病故。藍潤以文學見稱，著有《枲政紀略》、《餘澤錄》、《聿修堂集》等。其《聿修堂集》被載入清《四庫存目叢書》集部。由於在科舉和仕宦、文學等方面取得的重要成就，藍潤入祀即墨名宦、鄉賢，其傳載於《通志》、《熙朝新語》等。

　　藍潤有四子，長子藍啓先，拔貢生。次子藍啓晃（出嗣藍深）。三子藍啓亮，廩生。四子藍啓延，康熙庚辰年（1700）進士，任西和縣令，以勞卒於官。

　　藍湄，字伊水，號素軒，康熙己卯年（1699）歲貢生，官曲阜縣訓導。爲文古奧，詩則沖淡和雅，深爲宋澄嵐賞識。著有《素軒詩集》一卷。

　　藍漪，藍世茂長子，字德充，號滄溟，明諸生。著有《耐寒齋詩稿》。有三子：長子藍啓蕊，庠生。次子藍啓屬，武生。三子藍啓華，庠生。其中長子藍啓蕊、三子藍啓華善詩，參與山左大社，與宋繼澄、宋璉、黃培等相互唱和，頗得宋繼澄讚賞。藍啓蕊有《逸筠軒詩集》、藍啓華有《學步吟》存世。

　　藍涺（1614～1658），藍世茂次子，字澄海，明崇禎辛巳年（1641）武進士。歷任南京金陵守備，神威營坐營都司，誥授昭勇將軍。明朝滅亡後，隱居於嶗山華樓山南天門西麓峪，構築茅廬，取室名爲「讀書樓」，以書畫經籍自娛以終老。著有《射法》1卷，今不存。

　　十一世：藍啟晃、藍啟肅、藍啟延、藍啟蕊、藍啟華

　　藍啓晃，字復元，號惺庵，藍深嗣子（本爲藍潤次子，因藍深早年無子嗣，故而過繼給藍深爲子）。康熙甲寅年（1674）歲貢生，官蒙陰縣訓導，致仕歸。謝永貞《司訓藍公傳》稱：「先生幼穎悟，好學問，經書子史淹貫精熟，試輒冠其儕伍，哀然知名，於時無如。工於文而拙於遇，屢困秋闈，僅以甲寅歲貢訓導蒙陰。終知先生者，咸爲先生惜。」〔註48〕

　　藍啓肅，原名啓晃，後改啓肅。字恭元，號惕庵，又號竹林逸士，藍深

―――――――――
〔註48〕〔清〕謝永貞：《司訓藍公傳》，《藍氏族譜》不分卷，河北大學圖書館藏清鈔本，第36頁。

次子。他自幼聰慧過人，以文名世。三十二歲中舉人，此後雖六赴春闈，終未及第。一生大多時間賦閒家居，以吟詠唱和爲事。其詩歌描物寫境，不染時俗；兼師眾長，不拘格套；獨闢蹊徑，抒發性靈，在清初詩壇上別具風采，成就斐然。其詩歌結集爲《清貽居集》，被《續修四庫全書》收錄。部分詩歌作品被載入《山左詩鈔》、《國朝詩餘別裁》等。

藍啓蕊，字子開，號元方，清諸生。他雖生活清貧，但博學好古，性情雅致，以詩歌和書法見長。藍啓蕊也參與了黃培丈石齋詩歌唱和，著有《逸筠軒詩集》一卷。宋澄嵐在《逸筠軒詩序》中稱：「元方兄弟世家子，然所處貧。元方好博古，鑒別書畫器物，每不爽毫末。尤善書與詩，著筆高雅，於古人不少遜。余嘗過其齋，僅可容一二人，所布置硯楮琴書及花草玩物，皆有別致。」〔註49〕德州盧見曾稱：「先生少孤，事母以孝聞，扶弱弟俾得成立，爲學能文，而享年不永，惜哉！」〔註50〕

藍啓華，字子美，號季方，清諸生，工書法，善作斗大書。鄞縣董曉山《即墨五友記》載：「余晤子厚（黃坦）前一日，坐季方（藍啓華）書室，上下今古，且以詩、古文示予，蓋聞其少即了了，弱不勝衣，而一足稍病跛，顧腕力獨健，能作斗大書。」〔註51〕藍啓華也參與了黃培丈石齋詩歌唱和，著有《學步吟》一卷、《餘堂集》四卷，另有《白石居詩稿》1卷。

藍啓延，字益元，一字延陵，號退庵，藍潤四子。康熙丁卯（1687）舉人，考授內閣中書，康熙庚辰年（1700）進士，敕授文林郎，初任廣東乳源縣知縣，愛民如子，清正廉潔，薦循良第一，因丁憂去職。後任陝西西和知縣，廣開文教，革除宿弊，深受百姓愛戴。值西陲用兵，調督軍餉，以勞卒官。著有《延陵文集》。事蹟見於《即墨縣志》、錢陳群《西和知縣藍公啓延傳》等。

十二世：藍重穀、藍重祜、藍重蕃、藍昌倫、藍昌後、藍重煜

藍重穀，字念貽，號息齋，清諸生。因子藍中玭獲贈堂邑縣訓導，終年七十四歲。與同邑胡嶧陽相友善，諸城張雯稱其爲「有道仁人」。著有《即墨志稿》六卷，《濠上雜著》1卷，《藍氏家乘》6卷，《餘澤續錄》2卷，多

〔註49〕〔清〕藍啓蕊：《逸筠軒詩》，藍氏家印本，2013年，第1頁。
〔註50〕〔清〕盧見曾：《國朝山左詩鈔》，《山東文獻集成》第一輯第41冊，山東大學出版社，2006年，第546頁。
〔註51〕藍信寧：《重刊學步吟序》，藍啓華《學步吟》，藍氏家印本，2013年，第1頁。

散佚。

藍重祐，字承錫，號淡成，又號蓬萊居士，清廩貢生。任正紅旗教習，考授知縣。他爲人豪爽，交遊廣泛。邑人周祚顯稱：「公（藍重祐）喜賓客，好壯遊，旅京師久，輿馬僕隸甚都家居，日召故人會飲，非大風雨，戶外屨常滿，粢脯酒漿，雖有倉卒客，咄嗟而辦，無不豐潔」。〔註52〕著有《蓬萊遺詩》。

藍重蕃（1686～1762），字念宗，號半園，藍啓肅子，清附監生。其父藍啓肅早亡，母周氏躬親教導，故而事母孺慕終身。他周貧濟困，樂善好施，事之關宗祀涉敦睦者，以身先之。編修縣志、家乘，著有《東匡雜說》、《藍氏家乘》。有五子：長子藍中昭，廩生。次子藍中文，廩生。三子藍中琮，庠生，著有《竹窗錄》。四子藍中珪，歲貢生，任高苑縣訓導，著有《紫雲閣詩集》。五子藍中高，著有《海莊詩集》。

藍昌後，字斯貽，號西岩。康熙丁卯年（1687）舉人，授文林郎，官德州學正，歿於官，事蹟載《德州志》，著有《西岩遺詩》。

藍昌倫，字斯廣，號彞庵。康熙丙申（1716）歲貢生，官壽張縣訓導，勑授修職佐郎。藍氏家乘載：「公善文詞，工吟詠，而繪事尤爲擅長，論者謂氣魄沉雄，當不在法黃山（法若眞）之下，然以歿於官，而傳者甚少。」〔註53〕著有《靜愉齋詩草》。

藍重煜，字憲武，諸生。著有《上錄詩草》1卷。

十三世：藍中瑋、藍中珪、藍中高、藍中璨

藍中瑋，字奎荐，號墨溪山人，乾隆庚辰（1760）歲貢生。著有《匣外詩草》一卷。

藍中珪，字汝封，乾隆戊子（1768）歲貢生，官至高苑縣訓導。著有《紫雲閣詩集》，有乾隆五十七年高苑縣學署刻本，今山東博物館有收藏。

藍中高（1720～1778），字季登，號海莊，乾隆癸酉年（1753）拔貢，族中有不舉火者，以資相助，不計有無。修家譜，獨力任之。官日照教諭，課諸生黜華崇實。卒於官，柩歸日，士林挽送至百里外。著有《海莊詩集》、《南遊草》。

〔註52〕〔清〕周祚顯：《藍母呂孺人八十壽序》，《藍氏族譜》不分卷，河北大學圖書館藏清鈔本，第163頁。

〔註53〕藍人玠：《藍氏家乘》，手抄本，第52頁。

藍中璨，字瓗玉，號芸圃，乾隆甲午（1774）歲貢生。著有《依雲居詩稿》。

此外，藍中璥著有《帶經堂詩》1卷、藍中昱著有《文集》1卷、藍中琮著有《竹窗錄》1卷，現均已散佚。

五、整體衰落

清代中後期，從十四世至十九世百餘年間，即墨藍氏家族逐步走向衰落。這一時期延續時間較長，藍氏家族雖然在科舉仕宦、文學創作、家族建設等方面取得了一些成就，在即墨地方發展建設中仍然發揮著一定作用。但是家族整體成就不高，社會影響力逐步減小。從家族科舉來看，雖然藍氏家族仍然保持著耕讀持家的傳統，有101位族人考取功名。但已無人考取進士，而5名舉人中3人是恩科。其餘96人為貢生、監生、廩生等，科舉整體水平不高；從家族仕宦來看，這一時期，藍氏家族雖然培養了大小官吏62人。他們中以藍順方職務最高，歷任灃州、靖州知州、寧遠知縣、茶陵知州、常德府同知。其餘的基本都是職務較低的地方小吏或者是贈官、候選官員，雖有嘉言惠行，但影響不大，早已沒有了藍氏家族早期的風采；從家族文學創作來看，本時期藍氏家族共有9人有文學作品存世，但作品數量有限，整體水平不高，成就不大。同時，藍氏家族在即墨地方的影響也明顯減弱。清同治版《即墨縣志》中載藍氏家族人物22人，這一時期僅占3人：藍仕柰（載孝義）、藍用和（載懿行）、藍順方（載勳績）。

十四世：藍順方

藍順方，字信甫，藍中高四子。嘉慶辛酉拔貢，歷官灃州、靖州知州，寧遠知縣，茶陵知州，常德府同知，是藍氏家族後期官職最高的一個。清同治版《即墨縣志·勳績》篇記載：「（藍順方）所至有治聲，捐廉建修寧遠育嬰院，募金置田贍養，俸餘悉以贍民之老疾及同寅之貧厄者。故仕宦數十年，行李外無長物也」。〔註54〕

十五世：藍用和、藍榮煒

藍用和，藍潤五世孫，字介軒，號長村。乾隆丙子（1756）舉人，初為齊河縣教諭，訓士以實行。後官廣東龍門縣知縣，清廉愛民，嘗平反冤獄，

〔註54〕林溥：同治版《即墨縣志》，中國和平出版社，2005年點校本，卷九，第239頁。

罰俸六月，自言「全活一人，雖得重譴不顧，況罰俸乎？」以疾告歸，至無路費，紳耆義賵以金，乃得歸，著有《柳下文集》、《梅園遺詩》，事蹟載於《即墨縣志》等。

藍榮煒，字彤軒，清諸生。著有《芸窗閒吟》。

十六世：藍燈

藍燈，字仙居，號小樓，清增生。一生坎坷，少孤，兄以商富，棄之，獨奉母居，客遼數載；晚年孤貧，以刀筆以終，曾續修過《即墨藍氏族譜》，其詩文悱惻綿麗，學者憐之。著有《醉夢吟小草詩集》1 卷。

十七世：藍恒翥、藍恒矩

藍恒翥，字翼文，號鳳池，清諸生，贈教諭，著有《茱猗亭詩草》1 卷。

藍恒矩，字子靜，清廩生，工書法善詩賦，以教書爲業。著有《下車錄詩集》一卷。

十八世：藍志蓋、藍志蘊、藍志茀

藍志蓋，字伯華，號悃臣，咸豐辛酉（1861）拔貢生，同治壬戌（1862）恩科順天舉人，選授蒙陰縣教諭。著有《論語講義》1 卷，《文稿》1 卷，《詩草》1 卷。

藍志蘊，字仲藻，號璞臣，光緒乙亥恩科舉人，揀選知縣。著有《詩集》1 卷。

藍志茀，字健甫，光緒壬寅歲貢生，候選訓導，改江蘇候補縣丞。著有《帶經堂詩草》1 卷。

十九世：藍人鐸、藍人玠

藍人鐸，字振聲，鰲山衛廩貢生，試用教諭，例授修職郎，著有《詩集》一卷。

藍人玠（1886～1954），字介玉，宣統辛亥師範科舉人。曾任民國即墨縣勸學所所長。

總之，即墨藍氏家族，作爲明清即墨地區發跡最早，歷史最爲悠久的文化世家，在科舉仕宦、文學創作和家族建設等方面都取得了重要成就，形成了豐富的家族文化成果，對即墨地方社會發展和文化生活產生深遠影響。

由於藍氏家族所取得的重要成就及對朝廷和即墨地方做出的積極貢獻，明清兩朝、地方政府及社會各界給予藍氏家族諸多榮譽。據不完全統計，即

墨藍氏家族受到明清兩朝獎賞 23 次〔註 55〕，朝廷與地方為藍氏家族樹立坊表 20 座〔註 56〕，藍氏家族 5 人入即墨鄉賢祠〔註 57〕。這諸多的榮譽，奠定了藍氏家族作為明清即墨五大家族之一的地位，使得即墨藍氏家族美名遠播，彪炳千秋。

表 1-2　即墨藍氏家族受賞情況統計表

次數	時　　間	被賞賜者	賞賜物品／內容
1	弘治十五年三月初一	欽賞巡按山西監察御史藍章	銀十兩，紵絲二表裏，天背織金獬豸，胸背圓領一件，綠雲褡護一件
2	弘治十八年十二月初一日	欽賞太僕寺少卿藍章	銀一十二兩
3	正德元年七月初一日	欽賞太僕寺少卿藍章	大紅織金紗雲雁，胸背圓領一件
4	正德六年八月初一日	欽賞巡撫陝西都察院右副都御史藍章	銀三十兩，紵絲二表裏，大紅織金胸背獬豸圓領一件，綠雲褡護一件
5	正德六年八月十八日	欽賜巡撫陝西都察院御史藍章	獎勵書一道
6	正德七年三月二十一日	都察院右僉都御史藍章	誥授都察院右僉都御史藍章中憲大夫，妻封孺人徐氏加封恭人，父銅誥贈中憲大夫，母贈孺人於氏加贈恭人，共誥命二軸
7	正德七年八月初九日	都察院右僉都御史藍章	欽賜獎勵敕書一道
8	正德九年二月初十日	欽賞巡撫陝西藍章	銀三十兩，紵絲二表裏，大紅織金胸背獬豸圓領一件，綠雲褡護一件
9	正德九年四月二十一日	欽賜巡撫陝西藍章	獎勵敕書一道，升俸一級
10	正德十年三月二十一日	南京刑部右侍郎藍章	誥授通議大夫，妻封恭人，徐氏加封淑人。父贈中憲大夫晉贈通議大夫南京刑部右侍郎，母於氏贈恭人加贈淑人，繼祖母王氏贈淑人，蔭子藍因入監讀書

〔註 55〕其中有明正德皇帝封賞藍章夫婦及其父母、祖父母的誥命三軸，現藏於即墨市博物館。

〔註 56〕據清同治版《即墨縣志》記載，在即墨共建有各類坊表 108 座（包括節烈坊、貞節坊 55 座），其中藍氏一族占 20 座，而為藍章一人所建牌坊就達 12 座。

〔註 57〕明清時期，即墨「周、黃、藍、楊、郭」五大家族共有 15 人入鄉賢祠，其中藍氏家族 5 人，占三分之一。

11	正德十年八月二十日	特敕南京刑部右侍郎藍章	兼都察院左僉都御史，清理兩淮長蘆鹽法
12	正德十二年	南京刑部右侍郎藍章	奉諭旨馳驛以歸
13	嘉靖元年	藍章	進階正二品資善大夫
14	永樂十八年	藍福盛	欽授巡檢，辭不受，賞鈔千貫受之
15	嘉靖十五年	即墨藍氏	恩詔編僉墳丁，免其雜差，塋域所佔稅地五十畝一併豁
16	順治五年七月初六日、十五日	內翰林國史院檢討藍滋	蒙欽賜畫十六軸、欽賜字四軸
17	嘉靖十五年	巡按陝西藍田	蒙恩詔冠帶閒住
18	崇禎五年	欽賞直隸南皮縣知縣藍再茂	銀十兩
19	崇禎七年	太學生藍史孫妻欒氏、藍思繼母子	巡按御史謝三賓題太學生藍史孫妻欒氏貞節，太學生盧墓孝子藍思繼母子節孝，奉旨建坊旌表
20	順治八年八月二十一日	內翰林國史院檢討加一級藍滋	敕授文林郎，妻王氏封孺人。父藍再茂敕封文林郎內翰林國史院檢討加一級，母孫氏贈孺人，繼母沈氏封孺人，共敕命二軸
21	順治十年四月十六日	藍潤	敕命藍滋改為藍潤
22	順治十七年七月	欽賞江南臨淮縣知縣藍深	銀十二兩
23	順治十八年正月初九日	江南臨淮縣知縣藍深	詔授文林郎，妻朱氏贈孺人，繼妻周氏贈孺人

表 1-3　即墨藍氏家族坊表統計表

序號	名　　稱	地　點	時　間	坊表得主
1	登科坊	邑十字街西	明成化丁酉	為司寇公藍章立
2	進士坊	邑十字街西	明成化甲辰	為司寇公藍章立
3	繡衣坊	邑十字街東	明弘治丙辰	為監察御史藍章立
4	太僕坊	邑十字街西	明弘治乙丑	為太僕寺少卿藍章立
5	廷尉坊	邑十字街西	明正德丁卯	為大理寺少卿藍章立
6	都憲坊	邑十字街東	明正德辛未	為副都御史藍章立
7	少司寇坊	邑十字街西	明正德甲戌	為刑部侍郎藍章立

8	秋官亞卿坊	邑十字街西	明正德乙亥	爲贈刑部侍郎三世祖藍福盛、四世祖藍銅立
9	亞魁坊	邑十字街東	明弘治壬子	爲舉人藍田立
10	進士會魁坊	邑十字街西	明嘉靖癸未	爲侍御公藍田立
11	父子進士坊	邑十字街西	不詳	爲司寇公藍章、侍御公藍田立
12	父子御史坊	在縣署前	明弘治丙辰嘉靖甲申	爲司寇公藍章、御史公藍田立
13	侍郎藍公祠坊	邑西門裏路北	明嘉靖戊戌	爲司寇公藍章建廟立
14	御史中丞坊	邑十字街西	明弘治己未明正德辛未	爲贈僉都御史藍福盛、藍銅立
15	欽奉勅修坊	在縣北原賜兆	明嘉靖癸巳	爲司寇公藍章立
16	京尹坊	在縣治南	明嘉靖戊戌	爲別駕公藍因立
17	開天恩寵坊	邑十字街西	清康熙壬寅	爲封太史公藍再茂立
18	兩世節孝坊	在家廟神路	清康熙戊辰	爲贈指揮祖母孌孺人、孝行公藍思繼、明經公藍啓先妻呂孺人仝立
19	松露琳宮坊	在盟旺山塋	清康熙丁巳	爲封太史公藍再茂立
20	星岳鍾靈坊	在盟旺山塋	清康熙丁巳	爲布政使方伯公藍潤立

第四節 藍氏家族的軼事傳說

藍氏家族作爲即墨地方望族，在地方發展穩定和文化建設等方面都發揮了重要作用，在即墨地方上具有重要影響力。在即墨當地流傳著許多關於藍氏家族的軼事和傳說。這些傳說有一定的誇張和加工的痕跡，不一定完全符合史實，但是卻從不同的角度體現出即墨藍氏家族在地方上的影響。

一、藍田書「聖門」 省銀三千兩

即墨縣城的孔廟，初建於元代，廟宇規模不大，而又年久失修，破敗不堪。明朝嘉靖年間，即墨鄉紳名流，商議集資重修孔廟。此次重修，有所擴展，佔地面積約 3 畝。於廟前臨街處，立一石雕牌坊。牌坊高 6 米、寬 4 米，擬於牌坊橫匾上題寫「聖門」二字。但誰來題寫這兩個字，卻成了難題。這不僅是因爲這兩個字個頭大，結構難以把握，更重要的是要題寫於孔廟之門，弄不好會班門弄斧，貽笑後世。多方尋求，終無合適人選！

　　後有一位黃姓的鄉紳稱他有一位知己朋友，膠州高大人，曾在京翰林院供職，擅長書法，聲名遠播。大家覺得此事可行，忙遣黃姓鄉紳前往膠州聘請高大人。黃姓鄉紳次日清晨，整裝啓程，傍晚便抵達膠州高府。黃鄉紳向高大人說明來意。哪知道，高大人不給面子。冷笑說：「我年事已高，身心懶惰，早擱筆了，此時萬難從命，歉甚！歉甚！」但還是盛情款待了黃姓鄉紳。但是，再好的酒肴黃姓鄉紳也沒有心情享用。他原想憑著多年的交情，向高大人求幅字，那是手到擒來的事情，沒有想到會遭到拒絕。此時，他悔不該當初誇海口，如今不知道該如何向鄉人交代。正在他一籌莫展之時，高大人的家人送水來了，他詢問其家人：「高大人幾時擱筆了？」家人聽後，才道出其中的緣由。高大人根本沒有「擱筆」這回事，他是想要「潤筆費」，礙於朋友的面子，不好直接開口罷了。黃鄉紳探問題寫「聖門」大概需要多少潤筆費，家人伸出三個指頭說：「您修孔廟這是大事，至少得三千兩。」至此，黃鄉紳才恍然大悟。

　　次日，早飯之後，黃、高二人坐在花園裏品茶閒聊，高大人隻字不提寫字之事。直到黃鄉紳向高大人告辭時，高大人才重提此事，並故作姿態說：「寫『聖門』兩字非同小可，這是在聖人門上題字，不是書法大家，是難以承擔這任務的。我雖已擱筆很久，但遇到這樣的大事，倒想一試，只因近日身體不佳，等過幾天再說吧，你回去和眾董事們商議商議。」黃鄉紳心裏明白，這是讓他回去和眾鄉紳商議潤筆費問題。他返回即墨城，和其他鄉紳說了膠州之行的經過，都覺得要價太高。

　　正當大家一籌莫展之時，一個人站出來承攬了書寫「聖門」的任務。這個人不是別人，正是藍田。藍田，即墨名門藍氏家族第六世。16 歲中舉，後又中了進士，官至河南道監察御史。此時正值他回家省親，遇上為孔廟牌坊題字之事。他聽了大家的議論，心裏一方面氣高大人竟借修孔廟這事借機要錢，且要價太貴；另一方面，也覺得自己是堂堂進士，難道就不如高大人？於是他才承攬了這個任務。眾人聽了，也都覺得可行。於是備好文房四寶，藍田挽起袖子，揮毫潑墨，一氣呵成「聖門」二字，讓眾人評論。這兩個字也確實不好把握，起初大家認為「聖」字很好，就是「門」字鉤太大，不協調。藍田又寫了個無鉤的門字，結果大家又覺得還是與「聖」字不對稱。就這樣，經過反覆修改，最終寫了個帶筆的門字，似鉤非鉤，和先前寫的聖字十分相稱，獲得了大家的一致稱讚。於是，石匠動手，將「聖門」二字鐫於

石坊之上。望去，「聖門」二字，結構勻稱，筆力雄健。

再說，膠州高大人，自從黃鄉紳離開後，算著日子等黃鄉紳再次登門求字。原以爲黃鄉紳一定會帶著銀兩二次請他，這樣他便能名利雙收。可時間一天天過去了，高大人卻始終沒見到黃鄉紳再來請他。他終於沉不住氣了，以到即墨探親爲由，到即墨看個究竟。因聖廟建在東門裏路北處，高大人便讓轎夫繞道而行，從東門進。一進東門，他便遠遠看見高大的牌坊，走近看到左邊是「文官下轎」，右邊是「武官下馬」，抬頭一看，只見牌坊匾額上有兩個剛勁挺拔、渾厚有力的大字——「聖門」。見此，高大人又奇，又慚愧，長歎了一聲：「沒料到即墨有這樣的書法大家！」此後，高大人回家後眞正擱筆，再不寫字了。

二、田父換風水　改運得佳兒

相傳有一年，有個熟悉風水的南方客，借住在藍家。這個南方客行爲異常，自從住下後，每天晚上都很晚才回來。這一異常現象引起藍田父親的關注。於是，就開始留心南方客的行蹤。一天吃過晚飯，南方客又像往常一樣出去了。藍田的父親就悄悄地跟在南方客的身後，一直來到了縣衙後的荷花灣。只見南方客停住了腳，圍著荷花灣轉起了圈，一遍又一遍仔細地觀察著滿池的荷花。藍田的父親看不出任何的異常。直到半夜時分，他驚詫地看到荷花灣中央慢慢升出一朵鮮紅的大荷花，荷花怒放，紅光光彩奪目，中間露出嫩黃色的小蓮蓬。霎那間，那朵荷花又慢慢地合攏，悠悠地縮回到水裏。

南方客見荷花縮回水中，才轉身離去。藍田清晰地看到了這驚人的一幕。回到家，他翻來覆去睡不著，但始終弄不明白究竟是怎麼回事。突然，他想到了一個好辦法。第二天晚上，藍田的父親設宴招待南方客，與他聊得熱火朝天。酒過三巡，南方客已是醉意朦朧。藍田的父親趁機試探詢問荷花的事情。南方客酒後說了實話：「荷花灣中有好地氣，可惜用不上，叫人心煩啊！」藍田的父親這才恍然大悟，原來那是塊風水寶地。於是，當天晚上藍田的父親便把藍家先祖的骨灰罐拿到荷花灣。等到荷花升起而盛開的時候，趁機將骨灰罐放在荷花心裏，荷花收起來慢慢落進水裏。此後的幾天裏，南方客依舊每天晚上去看荷花，可是荷花再也沒有出現。他明白是那天晚上酒後吐了實言，地氣被藍田的父親用了。他雖有很遺憾和怨氣，但也不好發作，過了

段時間就回到南方了。

　　來年春天，南方客帶著自己的兩個女兒又回來了。來了後，硬是把兩個女兒都嫁給了藍田的父親。藍田的父親推辭不過，便娶了姐妹倆。第二年，兩個女兒都懷了孕，南方客回來，領走了大女兒，把小女兒留給了藍田的父親。後來，南方出了鄧玉贊，即墨出了個藍田。據說，鄧玉贊和藍田就是姐妹倆所懷的孩子。

三、藍田細嚼咽　痛失好姻緣

　　上一篇中，一個傳說把鄧玉贊和藍田扯上了關係。話說這南方的鄧玉贊，天資聰慧，博覽群書，人送外號「鄧五車」。即墨藍田，也是天生異才，三歲能認字，日誦數千言，為文宏肆奇拔，七歲即能賦詩。藍家又延請名師教導他讀書習文，十幾歲便聲名遠播。這一年，他去南方姥爺家，他舅因他好讀書，就買了三船書送給他。誰知，他一路上看一本就往海裏扔一本，回到家裏，三船書全沒有了。人們都很奇怪，問他為什麼把書都扔了。他回答說都記著了，留著書也沒有用。因此外人又送他個外號「藍三船」。

　　這一年，南方的「鄧五車」和即墨的「藍三船」同時進京趕考。結果兩人文采卓絕，難分伯仲。因為皇帝打算要招此科狀元為駙馬，故而特別謹慎，一時難以抉擇。於是皇帝召集群臣商議。其中有位大臣出了個好主意，給皇姑招駙馬，那就讓皇姑自己挑選，選中誰誰就是狀元。皇帝認為此法甚妙，當下准奏，即設御宴，請來鄧玉贊和藍田。皇姑立於屏風之後觀看。只見鄧玉贊生得虎背熊腰，一張臉甚是醜陋，疤羅疤、麻羅麻，坑坑窪窪。眼大嘴敞鼻歪，那長相著實讓人不敢恭維。鄧玉贊心知自己長相醜陋，對皇姑不敢有非分之想。面對佳餚美酒，他狼吞虎嚥，大吃大喝。而藍田的情況就大不相同，他生得眉清目秀，臉白唇丹，高翹鼻子，中等身段，可以說是一表人才。他對自己比較有信心，也希望能夠被皇姑選中。於是便矜持起來，吃飯細嚼慢嚥，喝酒不敢超量。酒宴過後，皇帝徵求皇姑意見。皇姑道：「那藍田雖有才有貌，但食而不振，必有細病在身，不能長壽；鄧玉贊雖相貌醜陋，此人健壯，我相中了他。」皇帝遂朱筆點了鄧玉贊的頭名狀元，並招為駙馬。

四、皇帝為安撫　御賜建門樓

　　即墨城的藍田門樓，即墨上了年紀的人沒有不知道的。它的結構造型和

北京的午朝門樣子差不多，就是矮了兩塊磚。關於藍田門樓，據說還有一段故事。

上文中說道藍田在招駙馬一事中，因為自己過份在意，被皇姑認為身體不健康而痛失良機，未中狀元，心中自是悶悶不樂。一天，他在午朝門前散步，皇帝看到，便問：「藍愛卿，在看什麼？」藍田一時無言以對，匆忙之間說道：「我看這午朝門建得真好，正在欣賞呢。」皇帝本為他惋惜，聽說他喜歡午朝門，便道：「看中了，回家也仿修一個吧！」藍田一聽，趕忙跪下謝恩。皇帝金口玉言，一言既出，便要落實。於是便劃撥銀兩，照著午朝門的樣子，在即墨修了個小午朝門。

五、聖恩賜府邸　先行建門樓

藍田舉進士回鄉，皇上恩批撥款為其修建府邸。回家後，便吩咐家人召集工匠，著手建造。因家中人口眾多，一時難以安置。便先建起高大的門樓，然後才開始籌建房舍。一天，皇帝在金鑾殿上突然想起藍田，心想也不知道這藍愛卿的府邸建得怎麼樣了，於是派人前去查看工程進展情況。欽差日夜趕路，不數日來到即墨城，遠遠便能看到縣城十字街西建起了一座高大雄偉的門樓，這正是藍田新建的府邸門樓。以為藍田府邸的門樓都建得這麼漂亮，府邸當然也一定是完成了。於是他連藍田的家門也沒進，就快馬加鞭的回京覆命，聲稱藍田的府邸已經建好，連門樓建的都相當氣派！欽差跪拜交旨。於是，皇帝便下令停止撥款。結果，藍田只修建了一座華麗的門樓，聳立在即墨城的十字街西。

六、墓園有石人　貪酒背留痕

在藍田墓園，有一個背上有一道石縫的石人。這其中也有一個非常有趣的故事。傳說在即墨城分水嶺南的橋邊有一家酒館，因為靠即墨大集，所以客源不斷，生意興隆。但有一件事卻一直讓酒館掌櫃的不解，那就是賣出去的酒跟錢數總對不起來，他還會不時在錢匣子裏發現一些黑色的紙灰。起初，酒館掌櫃以為夥計把酒給偷喝了，夥計們都覺得冤枉，但也不知酒是怎麼少的。於是，掌櫃以扣工錢相要挾，限期讓夥計查出少酒的原因。夥計們沒有辦法，只好忍氣吞聲地白天黑夜細加留心。

一天夜裏，大雨臨盆，酒館裏喝酒的食客很少。這時，從北面路口走進一個人，脫下斗笠，吩咐夥計上了幾壺好酒，酒足飯飽，結了帳。人走後，

夥計發現手裏的錢全變成了黑灰，遂告訴掌櫃帶人追趕，但已杳無蹤影。掌
櫃便吩咐夥計，下次此人來時注意。又是一個下雨的晚上，那人又從北面來
到酒館，像往常一樣吩咐夥計上酒，酒足飯飽，招呼結帳。掌櫃一面讓夥計
招呼客人，一面順手將客人給的酒錢放到準備好的水碗裏，只見那錢瞬間變
成了黑灰。掌櫃怒不可遏，拿起準備好的鐵鍁朝著客人的後背就是一下，客
人一聲哀嚎，破門而出。掌櫃提著鐵鍁，領著夥計，順著腳印往北追趕，一
直走到即墨城北的藍田墓地前，那人忽然不見了。因爲墓園陰森漆黑，便決
定等天亮再來查看。第二天，掌櫃和夥計們進藍田墓園查看，只見一座石
人的後背有一道鮮明的痕跡，正是掌櫃用鐵鍁所砍。掌櫃和夥計們嚇出一身
冷汗，趕緊擺上祭品，焚紙燒香，禱告一番。此後，這樣的事情再也沒有發
生過。

附：即墨藍氏家族大事記

南宋咸淳年間（1265～1274）

藍氏家族自昌陽（今萊陽）�山遷出，先至即墨東北黃埠。《即墨藍氏族
譜·序言》中稱：「藍氏故居�山，自南宋咸淳年間遷居即墨之黃埠。」

藍氏家族在即墨縣東北之黃埠（今山東省青島市即墨市田橫鎮黃龍莊村
一帶），短暫停留。藍氏家族遠代世系一世�山祖生於�山，葬於�山，而遷
葬至盟旺山；二世黃埠祖，生於�山，遷於即墨黃埠，葬於黃埠，而遷葬盟
旺山。二世黃埠祖是藍氏家族遷徙至即墨的始祖；三世祖生於黃埠，遷至盟
旺山，葬於盟旺山。即自三世祖始，藍氏正式落戶盟旺山。也就是說，僅二
世祖、三世祖兩代人在黃埠生活過，多則數十年，少則十數年而已。

南宋咸淳十年（1274）左右

藍氏家族遠代世系三世祖遷至盟旺山，從此定居下來，並始建盟旺山祖
林。

元代初年

即墨藍氏家族以武功發跡，曾一度出現繁盛顯赫的局面。藍珎最爲著
名，因攻襄樊有功，仕至武義將軍，總領監軍。子孫由是授千戶、百戶、鎮
撫、防禦、察官、教諭、勸課官者二十餘人。清同治版《即墨縣志》「將才」
篇中，共計收錄元代即墨籍將才十二人，藍氏一族就占十一人。

元泰定元年（1324）

即墨藍氏家族修整盟旺山祖林，膠州學正邢世英撰寫《盟旺山祖林碑記》。這是記載藍氏家族早期歷史和遠代世系彌足珍貴的史料。

元末明初

即墨藍氏家族一世祖〔註58〕藍文善、二世祖藍景初，以農耕持家，為藍氏家族崛起積蓄力量。第三世藍福盛時期，已經「以貲雄於一邑」，率子弟力田治生，以資雄於一邑。籌建書舍，注重教育，為藍氏家族向文化家族轉軌拉開序幕。

倭寇入侵即墨、萊陽諸城，大肆屠殺，民遭塗炭，即墨藍氏家族世系多失考。

明洪武六年（1373）

即墨藍氏家族三世祖藍福盛，因兄弟分家，主動讓出祖產，遷往即墨城裏十字街西路北居住，開啟藍氏家族即墨縣城支系。

永永樂十八年（1420）

唐賽兒等人在益都（青州）起義，周邊地區百姓踴躍相應。三月十三日，唐賽兒的部屬董彥杲率部攻克即墨縣城，把軍需物資帶走後，焚毀縣衙和倉庫，並迅速佔領即墨全境。藍福盛急忙奔走鰲山衛，向指揮使王真求援，要求王真派兵對叛軍進行鎮壓。王真對藍福盛說：「想平定賊寇，你可糾集鄉紳等先行。」藍福盛組織鄉紳奮勇抗擊，率眾追叛軍到泊石橋。後真奏捷，指福盛為鄉導，授巡檢，辭不受，予鈔一千貫。

永樂二十年（1422）

四世祖藍銅出生。藍銅擅長經營，精於持家。他在其父藍福盛創下基業的基礎上，通過經商致富，並廣置田產家業，使藍氏家族成為富甲一方的大族。

景泰四年（1453）

五世祖藍章於十二月二十六日出生即墨縣城。

天順年間（1457～1464）藍章於東崖書院讀書，曾師從鄉賢盧繼宗。

〔註58〕藍再茂在撰修族譜時，由於世系斷代，將前面講的昇山祖、黃埠祖七代定為藍氏家族元代世系，而將藍文善定為確切世系的一世祖，構建起具有明確世系傳承的藍氏家族新譜系。而藍景初為二世祖，藍福盛為三世祖。

天順八年（1464）

是歲大祲，藍銅出粟千餘石以貸鄉鄰，活人無數。明年稍熟，貸者欲償，藍銅曰：「人甫回生，寧忍爲是耶！」遂焚其券。

成化八年（1472）

是歲大祲，藍銅捐粟賑災。

成化十三年（1477）

六世祖藍田生於二月初六日。

是年八月，藍章領鄉薦，中舉人。

成化二十年（1484）

藍章中甲辰科三甲第九十八名進士，時年三十二歲。他是即墨藍氏家族第一位進士，也是明清即墨五大家族第一位進士。

成化二十二年（1486）

明廷有捐納財貨糧食於官府而獲取官職或功名的政策，藍銅應例輸粟若干石，蒙恩授七品散官。時人稱爲「義官」。

同年，藍章踏入仕途，任江西婺源縣縣令。

弘治二年（1489）

十月四日，藍銅卒，享年 67 歲。其子藍章丁外艱。膠西官賢爲藍銅撰行狀，禮部侍郎洛陽劉健撰墓誌銘，戶部尚書太原周經撰墓表。

弘治三年（1490）

藍銅葬於嶗山華樓山鳳山之陽，於九月二十一日啓太淑人之窆合葬之。

弘治五年（1492）

藍章任安徽潛山縣縣令。同年，兒子藍田考取舉人，年僅 16 歲。是時，山東提學沉鐘對藍田才華有所懷疑，經再三復試，藍田均名列前茅，沉鐘不勝感歎：「不期即墨之鄉，而產藍田之玉。」藍田從此名揚齊魯，遂被薦於京師太學，師從李東陽等。

弘治九年（1496）

藍章升貴州道試監察御史。

弘治十年（1497）

藍章任貴州道監察御史（正六品）。

弘治十一年（1498）

藍章任浙江巡按鹽法。

弘治十三年（1500）

敕封藍章爲文林郎，夫人徐氏爲孺人；父藍銅贈文林郎貴州道監察御史，母贈孺人。

弘治十四年（1501）

藍章任山西巡按鹽法。

弘治十六年（1503）

藍章任太僕寺少卿，從四品。

弘治十六年（1503）

藍章升太僕寺少卿。

正德元年（1506）

藍章任大理寺右廷尉，從四品。

楊愼「與同鄉士馮馴、石天柱、夏邦謨、劉景宇、程啓充爲麗澤會，藍田與永昌張含結社唱和。

正德二年（1507）

藍章遭宦官劉瑾誣陷下獄。後經多方營救，獲釋。罰米五百石，謫江西撫州通判，繼而擢陝西金州道僉事。

正德三年（1508）

藍章平息湖南、山西一帶鄔本恕、藍廷瑞叛亂。

正德五年（1510）

劉瑾被處死，藍章蒙冤得雪，復起爲都察院右僉都御史，巡撫陝西，正三品。其間作《八陣合變圖說》，演八陣圖，訓練兵士，鎭撫叛亂。離任時，三秦父老爲其立「去思碑」，漢中等處建生祠奉祀。

正德六年（1511）

八月，藍章升都察院右僉都御史，仍撫陝西。

流寇襲擊即墨，藍國率鄉兵奮力守城，即墨得以保全。清同治版《即墨縣志・勳績》篇記載：「正德辛未，劉寇即墨。國（藍國）督鄉兵守西門，七

晝夜不倦。寇去，城賴以安。」

正德七年（1512 年）

誥授藍章爲中憲大夫，夫人徐孺人加封恭人。父藍銅誥贈中憲大夫，母於孺人加贈恭人，有誥命二軸。

藍章命其子藍田於縣治西祖宅內建「世廌堂」、「世慶樓」，藍田撰《世廌堂上梁文》。

五月二十三日，楊廷和有函致陝西巡撫藍章，言若招撫藍廷瑞、鄢本恕議成，則爲數萬生靈之幸，並預以爲賀。（此書札今藏天津藝術博物館。）

八月十日，楊廷和之子升菴代父親函致陝西巡撫藍章，問其四川賊寇去向，並告知劉七、齊彥明及其餘黨被遼東官軍盡除。（此書札今藏天津藝術博物館）

八月，廖麻子、陳二等剿平。藍章致書楊廷和，敘及扶散之策。楊廷和覆函喝之，並致以川陝人之謝。（此書札今藏天津藝術博物館）

九月二十三日，楊升菴代父親楊廷和覆函陝西巡撫藍章，言廖麻子一支逼近成都，彭澤代洪鐘。

十月二十一日，楊廷和函致陝西巡撫藍章，言合兵復突入蜀中，必有勝算，並告江西賊寇勢。（此書札今藏天津藝術博物館）

十一月二十九日，楊升菴代父親楊廷和函致陝西巡撫藍章，告之增兵協守議中之事尚未擬定。（此書札今藏天津藝術博物館。）

十二月十二日，楊升菴代父親楊廷和函致陝西巡撫藍章，詢其彼中防禦之事。（此書札今藏天津藝術博物館。）

正德八年（1513）

司禮太監蕭敬傳詔陝西巡鎮官，要求趕製精工氈帳 150 座，約需耗費黃金 4 萬餘兩。這對飽受戰亂之苦的陝西百姓來說，無異於雪上加霜。藍章毅然上書請求停辦，減輕了當地百姓的經濟負擔。

十二月初七日，漢中等地寇亂平定，藍章班師回朝，漢中、固城、平利等地百姓爲藍章立生祠祀之。

正德九年（1514）

藍章任南京刑部右侍郎。

正德十年（1515）

三月，誥授藍章爲通議大夫，夫人徐恭人晉封淑人；父藍銅晉封通議大夫南京刑部右侍郎，母於恭人晉贈淑人；祖父藍福盛贈通議大夫南京刑部右侍郎，祖母於氏、繼祖母王氏俱贈淑人，共有誥命三軸。

八月，特敕藍章兼都察院左僉都御史，整頓兩淮等地鹽務和漕運。

正德十二年（1517）

二月，藍章上疏乞休，致仕歸鄉，在嶗山華陽山南麓築華陽書院，佔地畝餘，結廬隱居，自號「大勞山人」，教兒孫讀書習禮。

正德年間（1516～1522）

藍章建華陽書院，並於華陽書院中起「紫雲閣」。

嘉靖元年（1522）

藍章進階資善大夫，正二品。

十二月，致仕南京工部尚書黃珂歿，藍章撰《工部尚書黃簡肅公墓碑銘》以祭之。

嘉靖二年（1523）

藍章長子藍田考取進士，二甲 61 名。藍田於弘治五年（1492），鄉試中舉。後十一次赴春闈，歷時三十餘年，始中進士。

十二月二十六日，藍章七十一歲壽辰，楊升庵撰《壽少司寇兼御史中丞藍公七十一序》以賀之。

嘉靖三年（1524）

藍田任河南道監察御史。

是年，廷議「大禮」，藍田七上奏疏。七月，又同群臣伏闕哭，被廷杖，幾殆。呻吟床第，月餘始能視事。

十月，又冒死逆鱗強諫，並接連上疏彈劾大學士費宏、尚書楊旦及席書、陳洸等權臣 10 餘人，直聲震動京畿。

嘉靖四年（1525）

春，藍田擢陝西巡按。

六月，藍竟卒，藍田爲叔父作《宣義郎藍竟墓誌銘》。

八月，嘉靖皇帝賜題藍章「愼厥身修」。

十一月初六日，藍章去世，享年七十三歲，葬嶗山灰牛石。

嘉靖六年（1527）

藍史孫生，為藍氏家族第七世。

嘉靖十年（1531）

藍田丁父憂期間，陳洸、張璁等網羅罪名，誣陷藍田。藍田入濟南大獄。後經太常寺卿劉鈗等仗義執言，多方周旋，得以釋放，罷歸鄉里。歸鄉後，築「可止軒」，與黃作孚、楊鹽等交遊唱和。歸養期間，朝中曾先後有 20 餘疏薦書舉他重新出仕，但他對官場仕途早已心灰意冷，自嘲地婉拒曰：「我數十年老婦，何可與紅顏爭豔」，終辭不出。

嘉靖十二年（1533）

嘉靖皇帝下諭旨賜建藍章塋垗於即墨邑北四里。

秋，山東左參政陳沂來即墨，藍田與之同遊嶗山。藍困、藍因同往。陳沂於嶗山獅子岩留有「獅子岩　嘉靖癸巳秋九月廿五日，同北泉藍田觀日出於峰上，其弟困亦在。石亭陳沂」等題刻十幾處。

明嘉靖十四年（1535）

十一月，藍田與馮裕、石存禮、陳經、劉澄甫、劉淵甫、楊應奎、黃卿等，共八人，於青州北郭郭禪林大雲寺成立海岱詩社。後馮裕之孫馮琦整理刻印《海岱會集》14 卷。

嘉靖十五年（1536）

藍田捐資修整欞星門，易以石坊，題曰「聖門」。

十二月，世宗恩詔藍章塋域所佔地 50 畝稅銀一併免除，照例，祠塋附近民丁看護，免其雜泛差役，給帖收據。

嘉靖十七年（1538）

二月，敕建藍章祠於城中，肖像祀之，又崇祀名宦、鄉賢。

即墨瘟疫大作，貧死甚多，藍田捐棺林賻之，又捐城南地十畝葬埋，有《義冢碑記》。

嘉靖二十二年（1543）

七月二十二日，藍田繼室劉孺人卒，年五十一。是秋，藍田致函楊升庵（慎），有「一別二十餘年，相望一萬餘里」之句。又稱：「癸卯孟秋，賤子

繼室又棄世，衰殘之年，復作鰥居，家務又縈心曲，不知造物之於賤子何若
是其酷也。」楊寄詩曰：「四海風紀藍御史，廿年逃名即墨城。」

嘉靖三十年（1551）

二月十四日，藍史孫妻欒氏生藍思紹，爲藍田長孫。

嘉靖三十一年（1552）

十一月十一日，欒氏又生藍思繼。

嘉靖三十二年（1553）

藍史孫副室生藍思統。藍田作《生孫二首》。有：「泉翁七十七，三歲得
三孫」之句，喜悅之情溢於言表。另有四孫藍思續，史氏生，生卒年月不詳。
應在藍田去世之後所生。

嘉靖三十四年（1555）

正月十二日，藍田病逝於即墨故里。卒時神氣不亂，口占詩一首，聲律
不減未病時，自名之日《泉翁絕筆》。葬於是年十二月壬寅，附於資善公賜兆
之左。十餘年後，章丘李開先作《文林郎河南道監察御史北泉藍公墓誌銘》，
青州衡藩高唐王朱厚煐篆額，臨朐馮維訥書丹。

萬曆十一年（1583）

二月十七日，藍再茂生，爲藍氏家族第九世。

萬曆二十二年（1594）

嶗山道士欒道明糾黨聚眾，欲奪藍氏家族嶗山數處家產，藍再茂是年十
二歲，挺身而出，與之爭論，後驚動萊州府，道臺親臨查處，懲處了華樓
宮道士，保護了藍氏華陽書院地產的完整。不逞之徒，敬服藍再茂的膽識
才略。

萬曆三十四年（1606）

藍深生，爲藍再茂長子，藍氏家族第十世。

萬曆三十八年（1610）

藍潤（初名滋，後改爲潤）生，爲藍再茂次子，藍氏家族第十世。

萬曆四十二年（1614）

藍再茂組織撰修盟旺山支《即墨藍氏族譜》，並作序。這是即墨藍氏家族

盟旺山支首部族譜。

天啟四年（1624）
藍思紹卒，葬於盟旺山祖林。

崇禎元年（1628）
藍再茂恩選貢生。

崇禎二年（1629）
藍啓先生，爲藍潤長子，藍氏家族第十一世。
冬，藍再茂任直隸南皮縣知縣。

崇禎四年（1631）
年末，駐紮山東登州的孔有德部，奉命回東北抵抗女眞族，於吳橋發生兵變，先過南皮者，歡嘩思動，南皮士民震恐。面對嚴峻的形勢，藍再茂深入叛軍營地，極力勸諫，又多方籌措錢糧，犒勞軍士，最終保全南皮，使百姓免於塗炭。

崇禎五年（1632）
藍再茂刊印藍田與楊愼、劉澄甫《東歸唱和》集，並請梁招孟撰序。
藍啓晃生。啓晃，原爲藍潤次子，後因藍深早期無子嗣，過繼給藍深爲子。

崇禎六年（1633）
巡按御史謝三賓題太學生藍史孫妻欒氏貞節，太學生藍思繼母子節孝，藍再茂奉旨建坊旌表。

崇禎八年（1635）
藍再茂爲官南皮，清廉爲民，實心爲政，不工於獻媚，竟觸時忌，遭奸紳誹謗，掛冠歸里，宦績載《南皮縣志》。
藍啓亮生，爲藍潤第三子。

崇禎十年（1637）
藍再茂捐資重修即墨文廟及鰲山衛文廟，城之乾方，修建太白閣。於縣南二十里的鳳山捐建玉皇廟。

崇禎十四年（1641）

藍浞中武進士，是藍氏家族唯一一位武進士。

崇禎十五年（1642）

藍再茂出資捐修損壞的東城牆，長 90 尺，用銀 500 餘兩，彌月告成。由熱河等地流穿入山東境內的清軍隨至，圍攻即墨城，藍再茂偕子藍深、藍滋專守東城門，捐銀捐糧，身先士卒，督率城中軍民鼎力拒守，使清兵久攻不克，迫使清兵撤走，即墨城得以保全。

崇禎十七年（1644）

明朝滅亡，即墨黃宗賢、郭爾標、周六等人，乘機煽動當地農民作亂。秋，黃宗賢、郭爾標、周六等人率眾圍攻即墨城，即墨知縣倉皇逃竄。河北明軍前來增援，結果大敗而歸。藍再茂與黃宗昌等人組織城中豪紳士民，固守城門，頑強抵抗。黃宗賢、郭爾標、周六等率眾圍城三十餘天，攻城十幾次，均未成功。後楊遇吉乘夜出城趕赴萊州求助。當時萊州已歸順清廷，膠州總鎮柯永盛委參將楊遇明、孔國治、守備韓朝相等領兵至即墨，黃宗賢、郭爾標、周六等四散敗亡，即墨圍解，藍再茂又出囤粟百石爲鰲山衛戰守資。

清順治二年（1645）

清朝入主中原，下詔求賢，藍再茂蒙巡撫方大猷題薦起用，未幾以疾歸，遂決意不仕。

藍滋（後改爲潤），中舉人。

順治三年（1646）

藍滋登清朝首科進士，賜同進士出身，選弘文院庶吉士，散館授檢討。

順治五年（1648）

七月初六日，順治皇帝欽賜內翰林國史院檢討藍滋畫十六軸，十五日蒙欽賜字四軸。

順治八年（1651）

藍深成貢生。

八月二十一日，藍滋加一級，敕授文林郎，妻王氏封孺人。藍再茂敕封文林郎內翰林國史院檢討加一級，妻孫氏贈孺人，繼妻沈氏封孺人，共敕命

二軸。

順治九年（1652）

藍深考授知縣。

藍啓先成拔貢生。

藍滋升右春坊右贊善。

順治十年（1653）

四月十六日，順治皇帝御筆改藍滋爲藍潤，馮銓贈字海重，有《海重字說》文。

藍潤升弘文院侍讀。

秋，奉命視上江八府三州學政。

藍再茂七十一歲壽辰，內翰林國史院學士魏天賞爲撰《賀藍老先生七十有一初度序》。南皮縣縣民爲藍再茂建生祠，崇祀名宦。弘文院侍講學士呂纘祖撰文，內翰林弘文院檢討左敬祖書丹，中書科中書舍人徐惺篆額的《敕封文林郎內翰林國史院檢討加一級邑侯名宦藍公生祠記》碑石立於南皮縣生祠前。

六月二十五日，藍深子藍啓冕（後改名爲啓肅）生。

順治十一年（1654）

五月，藍啓先卒。其妻呂氏自縊死，奉旨建坊旌表，祀節孝。

順治十二年（1655）

即墨大旱，藍再茂捐糧賑濟災民。

冬，藍潤以右參政督糧福建，又攝右轄督諸縣軍需，至泉州，又轉運至安海軍前。

藍潤子藍啓亮受父蔭入監讀書。

順治十三年（1656）

閏五月二十六日午時，藍再茂卒，享年74歲。十二月二十二日，葬城東盟旺山元代祖林。

順治十四年（1657）

藍再茂之主位入鄉賢祠，即墨知縣張琛、萊陽宋澄嵐撰《崇祀鄉賢序》。十二月，太子太保內翰林國史院大學士傅以漸撰寫藍再茂《墓誌銘》，黃宗臣

書丹，紀中興篆額。詹事府少詹事兼內翰林弘文院侍講學士國子監祭酒侍講編修沙澄撰寫《墓表》，徐惺書丹，黃貞麟篆額。陳爌、左敬祖、朱紱、徐惺、孫晉、史允琦、胡順忠、嚴正矩、鮑開茂、周日燦、朱鼎鼐等 40 人撰有挽詩。萊陽宋璉撰《封太史公傳》。

順治十五年（1658）

藍浤卒，葬於嶗山灰牛石，享年 45 歲。生前曾任明南京金陵衛守備、神威營坐營都司。督師平寇，屢獲奇功，授昭勇將軍。

順治十六年（1659）

藍深任臨淮縣知縣。

四月，藍潤補廣東嶺南參政。

夏，藍潤升江南按察司按察使，仍留粵中，攝藩務。

順治十七年（1660）

因藍潤任江南按察使，藍深引例避解而辭官歸鄉。

順治十八年（1661）

正月初九，江南臨淮縣知縣藍深，詔授文林郎，妻朱氏贈孺人，繼妻周氏贈孺人。

藍潤授通議大夫，贈藍思紹、藍再茂通議大夫。

藍潤陞山西右布政使，未任，即升湖廣左布政使。旋以前司審案波累，罷歸。

康熙元年（1662）

於縣城十字街西為藍再茂立「開天恩寵坊」牌坊。

康熙二年（1663）

春，萊陽宋繼澄來即墨，與黃培、黃貞麟、藍啓華、藍啓蕊等詩詞唱和，為藍啓華《學步吟》詩集題序言。

藍啓延生，為藍潤第四子。

康熙四年（1665）

九月二十九日，藍潤卒，享年 56 歲。崇祀名宦鄉賢。

康熙十三年（1674）

藍啓晃中歲貢生，於女姑莊置義田三頃，以收族人之失業者。後任蒙陰

縣訓導，致仕歸，舉鄉飲大賓。

十一月四日，藍深卒，享年 69 歲，入鄉賢祠。

康熙十六年（1677）

爲藍再茂立「松露琳宮坊」於盟旺山塋。

康熙二十一年（1682）

藍氏家族第二次修撰盟旺山支《即墨藍氏族譜》。

康熙二十三年（1684）

藍啓肅中舉人，授中書舍人。

康熙二十六年（1687）

藍昌後鄉魁中舉，授文林郎，官德州學正。

藍啓延中舉人。

康熙三十二年（1693）

藍氏家族闔族第三次撰修盟旺山支《即墨藍氏族譜》。

康熙三十八年（1699）

藍湄中歲貢生，官曲阜縣訓導。爲文古奧，詩則沖淡和雅，深爲宋澄嵐賞識。著有《素軒詩集》一卷。

康熙三十九年（1700）

藍啓延中進士，敕授文林郎，任廣東乳源縣知縣，潔己愛民，薦循良第一，以憂去。

十二月二十三日，藍啓肅卒，享年 48 歲。其詩集《清貽居集》爲《續修四庫全書》收錄。

康熙五十四年（1715）

藍啓延再任陝西西和縣知縣，剔釐宿弊，振興文教，不期年，民親愛之。

康熙五十六年（1717）

西陲用兵，藍啓延經理周詳，民不爲病，署階州直隸州知州，三月政成。

大將軍富公檄令赴軍前辦事，調督軍餉，康熙六十年（1721），勞累而

卒，享年 59 歲。

乾隆十八年（1753）

藍中高中拔貢，官日照教諭，課諸生黜華崇實。卒於官，柩歸日，士林挽送至百里外。

乾隆二十一年（1756）

藍用和中舉人。初爲齊河縣教諭，訓士以實行。後官廣東龍門縣知縣，清廉愛民，嘗平反冤獄，罰俸六月，自言「全活一人，雖得重譴不顧，況罰俸乎？」乾隆五十七年，廣東鄉試文武同考官。後以疾告歸，至無路費，紳耆義賻以金，乃得歸。

乾隆二十六年（1761）

藍氏盟旺山支闔族第四次撰修盟旺山支《即墨藍氏族譜》。

乾隆二十八年（1763）

藍氏家族族人參與續修乾隆版《即墨縣志》：修輯有候選教諭藍中高，採訪有廩生藍仕任，纂輯志稿有增生藍重穀、附生藍重蕃。

乾隆三十三年（1768）

藍中珪中歲貢，任高苑縣教諭。

嘉慶六年（1801）

藍順方中拔貢。歷任澧州、靖州知州、寧遠知縣、茶陵知州、常德府同知。所至有治聲，捐廉建修寧遠育嬰院，募金置田贍養，俸餘悉以賙民之老疾及同寅之貧厄者，故任宦數十年，行李外無長物。

嘉慶九年（1804）

藍氏盟旺山支闔族第五次撰修盟旺山支《即墨藍氏族譜》。

清光緒十二年（1886）

藍氏闔族第六次撰修盟旺山支《即墨藍氏族譜》。

清同治元年（1862）

藍志藎中順天舉人，選授蒙陰縣教諭。

清同治十年（1871）

六月二十六日，藍氏盟旺山、石門、百里三支於黃埠祖居處立「藍氏族

塋」碑並記。

清光緒元年（1875）
藍志蘊、藍志傑中舉人，例授文林郎，以知縣用。

清宣統三年（1911）
藍氏闔族第七次撰修盟旺山支《即墨藍氏族譜》。
藍人玠，中師範科舉人，分部補用司務。民國時任即墨勸學所所長。
六月初六，藍水生。

附：盟旺山祖林碑記

　　祭主藍春、藍就謂予曰：「祖先之祭祀，入於塋，餘慶之流，昆仲庶多，子孫蕃衍，願作一誌而紀其源。」予雖不敏，懇云。夫聞孝爲百行之原，塋乃全身之本，君子信行惟孝塋之兩端，實人子大事，祭主春、就，觀親祖塋碑石塵埃不顯其跡，立塋五十餘年，塋外骸骨之多，祭祀不便，春等率領祜春等公，同議論附塋之道，公春、就裔出昌陽舁山祖宅，自先公徒居黃埠，以至於此。祖公生二子，大公不記其名，二公藍崧。大公生七子，而三子有後，長曰正，充里。正生一子，名玹，受中書省箚武義將軍，總領監軍，攻取襄樊。三公生二子。七公乃順之父也，生三子，長曰成，益都路委差；口口〔註59〕乃次子也，充管丁壯軍百戶，攻取海州；三子恩，充委差。崧乃春之次公也，生一子名德，防禦軍官，生一子名榮，充委差。榮生四子，長曰用，辦課局官；用生一子諒，儒口爲務；榮三子旺，充濰州禿魯花千戶；四子茂，充醫學教諭，生二子，長曰藍琮，本縣人吏。藍玹長子口興，至元十六年受樞密院箚管軍百戶；次子深，本縣勸課官。貴乃口公之孫也，百戶。口口生四子，長曰雲，受千戶所箚付口口。藍成生三子，長曰元，社長；次子就，運糧百戶；順生四子，長曰春，受尙書省箚膠河漕運總把；次子和，口學口使。春生三子，長曰仁，辦課局官；次子希賢，受部箚典書；三子口口，中書省箚口司典書。仁長子秀，本縣人吏。三公恩，生三子，長曰福，里正；次子祿，社長。藍口口生二子，長口口，尙書省箚管軍官，生六子，五曰青，受千戶所箚管軍彈壓。玘生三子，長曰革故，受左衛都鎮撫，免役

────────────
〔註59〕原文字跡模糊不清，或者爲空格之處，本書以「口」標識。

口口口；次子仲祥，蒙古生員；三子仲寶，醫卜爲務。忠生四子，長曰士忠，受千戶所箚管軍百戶，生六子，次子敬，口口長，忠次子和，充社長，長子寶，本縣人吏。藍貴孫口才，受脫脫遼王聖旨行幹，脫口題額。祭主春、就起昊天罔極之思，揚名後世，盡口口美，予善其意而爲之，以銘曰：孝慈節儉，忠恕廉平。數百年後，家傳爲銘。孝哉春等，善爲人子。祖先遺訓，敬之如始。生事死塋，祭之綿綿。三者既備，孝子終焉。

元泰定元年歲次甲子大呂月中旬八日

膠州學正邢世英撰

陰陽教諭張榮克擇

醫學教諭藍茂還塋

陰陽教諭次忠等榮丁用檢正

祭主藍春藍就藍祐春藍士忠藍進立石

第二章　家族內部因素對藍氏家族發展維繫的影響

　　即墨藍氏家族，經歷了元初的輝煌和元末的沒落之後，自明代初年以農耕再度起家，在明清兩朝數百年間，始終堅持「科舉興族，詩書繼世，忠孝持家」的傳統，維繫家族敦睦，保持清肅門風，在科舉仕宦、文學創作和家族建設諸多方面都取得了突出成就，為即墨地方的發展、穩定與文化建設作出積極貢獻，成為明清時期即墨地區五大家族之一。在藍氏家族發展過程中，家族經濟、家族教育等家族內部因素推動了家族的發展；修撰族譜、祭祀先祖等族內活動，維繫了家族敦睦，教育了家族子弟。家族經濟、家族教育等與修撰族譜、祭祀先祖等有機結合，相互作用，確保了藍氏家族的持續發展與長期穩定。

第一節　家族經濟等與即墨藍氏家族的發展

　　明清時期，即墨藍氏家族以農耕起家，聚族而居，經過數代人的艱苦創業，逐步成為富甲一方的大族。富裕的家境使藍氏族人開始注重對子弟的培養教育，經過幾代人的努力，最終在第五代實現了科舉突破，逐步踏上仕途。並通過以農養學、詩書繼世等方式，借助與其他文化仕宦大家族之間的聯姻，進而提高鞏固藍氏家族的社會地位，擴大藍氏家族的社會影響，實現了家族和睦穩定和持續發展。在藍氏家族發展模式中，家族經濟、家族教育、家族仕宦、家族居處遭際等因素都對家族發展產生了重要影響。

一、家族經濟與即墨藍氏家族發展

家族經濟是家族發展的基石，經濟狀況的好壞直接影響到家族教育的優劣，進而影響到家族科舉、家族仕宦、家族婚姻，乃至整個家族的興衰命運。

（一）家族經濟來源

即墨藍氏家族是農耕起家，通過科舉仕宦發展起來的文化家族，其家族經濟來源主要有四個途徑：農耕收入、仕宦收入、族產收人、商業收入。農耕是藍氏家族經濟的基礎，仕宦是藍氏家族經濟的重要來源，族產是藍氏家族救助貧困族人、處理族內事物的物質保障，商業收入曾是藍氏家族發家的基石，又是家族經濟的重要補充。

1、農耕收入

即墨藍氏家族以農耕起家，農耕收入是藍氏家族經濟的基礎。藍氏家族一世至四世四代人皆以農耕持家，除四世祖藍銅善於經商外，農耕收入是當時藍氏家族主要經濟來源。自五世祖藍章始，藍氏家族實現了科舉仕宦的突破，此後考取各類功名的人員達數百人，並有一百餘人踏入仕途。但從明清藍氏家族四百餘年的發展過程中來看，取得科舉功名的族人只占少數，通過科舉走向仕途的族人就更少。部分族人在科舉和仕宦方面取得的成就，不足以改變整個家族的生存狀態。因此，絕大部分藍氏族人仍需靠農耕維持生計。如藍章雖然高中進士，官至南京刑部右侍郎，但其弟藍竟卻沒有因為哥哥的成功而改變命運，仍從事農業生產。藍田在《先叔父宣義郎藍公墓誌銘》中稱藍竟：「於樹藝尤力，別業之在東郭及周村者，以穀則豐，以果則碩，以畜牧蕃息，是故稅畝日增，佃傭日盛，而堂構日柘以新，君子謂：『宣義郎能克家矣。』」〔註1〕即使是考取功名甚至是踏上仕途，也並非就意味著就脫離農耕生活。如藍田，雖然十六歲中舉，四十七歲考中進士，名重齊魯，被目為「小聖人」。後被授予御史等職，因逆鱗進諫、彈劾權貴而聲動朝野，載入史冊。但入仕僅四年即被免職。他的一生大部分時間都在家鄉度過，也從事過農業生產。這些在他的詩歌中均有所體現。另如藍仕寀雖然考取功名，但因身體原因，朝廷未予安排職務，也被迫在家務農。清同治版《即墨縣志·孝義》篇記載：「（藍仕寀）少補博士弟子員，以病掛誤，遂隱於

〔註1〕 〔明〕藍田：《藍侍御集》，齊魯書社，《四庫全書存目叢書》第 83 冊集部，1997 年，卷五，第 244 頁。

農。」〔註2〕可見，藍氏家族雖然有部分族人取得功名，繼而踏上仕途，但大部分族人仍然需要依靠農耕過活。農耕仍然是藍氏家族基本的生存之道，農耕收入也一直是藍氏家族經濟的基礎。

2、仕宦收入

即墨藍氏家族不僅是文化家族，也是明清時期著名的仕宦家族，整個家族共培養了上至南京刑部右侍郎、贈資善大夫藍章（正二品），山西、湖廣布政使藍潤（從二品），中至河南道監察御史藍田、陝西慶陽府通判藍因、南皮令藍再茂、臨淮令藍深，下至各縣學正、教諭、訓導等大小官吏一百餘人。雖然，明清兩代相對兩宋時期官吏俸祿偏低，尤其是明代官吏俸祿過低。但清代官員俸祿有所提高，尤其是自雍正起增加養廉銀，至乾隆時又有補充調整，實際成爲一種附加的俸祿，數額往往大大高於正俸。尤其是職位較高的官員收入更是可觀。據《大清會典》中所載，京都和地方各級官吏均有養廉銀，總督每年養廉 13000～20000 兩，巡撫可達 10000～15000 兩，布政使銀可達 5000～9000 兩。即便是地方最低級小吏每年也有數十兩養廉銀。即墨藍氏家族的大小官吏，依靠朝廷俸祿足以維持家計，教育後代，推進家族發展。因此，仕宦方面的收入又是即墨藍氏家族一項重要經濟來源。

3、公產收入

三世祖藍福盛、四世祖藍銅，爲藍氏家族發展打下堅實的經濟基礎，給後代留下豐厚的族產。而藍氏家族後人，爲開展家族祭祀、接濟族內貧弱、供給族內開支，自藍田始便不斷增置公產。雖家族衰落期變賣轉讓族產的現象時有發生，但藍氏家族一直擁有較爲豐厚的公產。這些公產包括藍氏家族祖宅、祠堂、書院、林地、祭田、義田等。這些公產通過租賃等方式出租給他人使用，收取一定的租金和糧食，供給家族公共事務開支。因此，公產收入成爲家族的又一項重要經濟來源。

4、經商收入

藍氏家族是農耕發跡的文化家族，絕大多數族人不擅長經商，經商收入不是家族的主要經濟來源，家族文獻中對族人經商的記載也極少。但是，藍氏家族的發跡卻與經商有著重要的關聯。在藍氏家族發展過程中，尤其是家族資本積累階段，三世祖藍福盛、四世祖藍銅起到重要作用，而藍銅

〔註2〕林溥：同治版《即墨縣志》，中國和平出版社，2005 年點校本，卷九，第 250 頁。

的貢獻尤爲巨大。藍銅在父親藍福盛的基礎上，通過經商使家族財富極大增長，並廣置良田，興建樓宇，使藍氏成爲富甲一方的巨族。官賢在爲藍銅撰寫的行狀中對藍銅經商致富情況給予細緻描述：「（藍銅）既長配於氏，閨門有淑行，相公克盡婦道，以是家日殷。公性峻直，自律勤儉，少游江湖，善經營，未嘗不獲厚利。素善築室，不惜資，城郭間第宅巋然相望，莫出其右。廣購膏腴良田，阡陌相連。爲裕後計，於郭之東三里許拓一別墅。園林蓊鬱，花草參差，而秀山明水，襟帶左右」〔註3〕。可見，雖然經商收入不是藍氏家族的主要經濟來源，但正是藍銅經商活動，積累了大量的財富，爲藍氏家族開展教育，培養子弟，實現家族崛起，打下豐厚的經濟基礎。

（二）家族經濟狀況

1、即墨藍氏家族的整體經濟狀況

即墨藍氏家族以農耕起家，經過幾代人的努力，至三世祖藍福盛、四世祖藍銅時便富甲一方。至五世祖藍章時，實現了家族在科舉、仕宦方面的重大突破。此後，藍氏家族注重家族教育，採用了科舉興族、耕讀結合的家族發展模式，在諸多方面取得了突出成就。但取得功名的成員畢竟是少數，大部分族人仍然單立門戶，以農耕持家。就整個家族而言，家族經濟來源相對單一，家族財富蓄積並不豐厚。加之藍氏家族發展迅速，支系繁多，家族支出增加，藍氏家族很快出現尾大莫制局面。尤其是藍氏家族七世藍柱孫、藍史孫早亡，導致藍氏家族經濟狀況進一步衰落。總起來說，多數族內家庭經濟運行狀況不佳，族內家庭不時會出現捉襟見肘的局面，家族整體經濟狀況並不富足。

三世藍福盛、四世藍銅時期，藍氏家族以農耕持家，輔以商貿，家族經濟繁榮，家境最爲殷實。五世藍章時，藍氏家族依靠祖產，家資尚厚。加上藍章官高祿厚，藍氏家族生活還比較富足。六世藍田時期，藍氏家族經濟已大不如前。就藍田而言，他雖然與父親藍章進士蟬聯，又以大議禮事件名動朝野。然被罷官冠帶閒居期間，尚需稍事農耕以維持家計。其弟藍困雖以文學見長，但不善於營生，生活過得相當清貧。藍困在《陰雪二首》之一中描繪了自己貧寒的生活狀況：「朔風剪歲寒，凍雨半成雪。空齋效鵝蹲，破壁聞

〔註3〕 〔明〕官賢：《明故義授七品散官累贈通議大夫南京刑部右侍郎藍公行狀》，藍潤《餘澤錄》，藍氏家刻本，順治十六年，卷一，第8頁。

鼠齧。床頭擁薄衾，窗影照明滅。潦倒詝東生，掩卷心愁絕」。其窘迫境況可
見一斑。藍田死後，其子藍史孫、藍柱孫相繼去世，藍史孫妻欒氏撫育孤兒，
艱難持家，藍氏家族經濟整體衰落。後經藍思紹、藍思繼兄弟勤加操持，整
修廟堂，購置田產，藍氏家族境況才有所好轉。邑人周如錦爲藍思繼撰寫的
祭文中記載稱：「又次公（藍思繼）距宦三世，家業中衰，賴朝夕拮据，得以
復振。世薦之堂歸然，魯靈光田稍稍連阡陌矣。非久即恢故物，胡應遽爾」。
〔註4〕直至九世藍再茂時期，藍氏家族抵禦外侮，勵精圖治，重振家聲，家族
經濟狀況進一步好轉。清人傅以漸在《藍公暨元配孫氏繼配崔氏墓誌銘》中
稱藍再茂：「奮圖祖業，剛柔並用。即有風波訐諄，而豪強究未得遂其吞併，
諸兄弟坐享其利」。〔註5〕藍再茂雖能重振家聲，實現家族復興，但經過中衰
之後，藍氏家族經濟遠不如三世藍福盛、四世藍銅時期殷實。藍再茂之子藍
深、藍潤在《封太史公行述》中稱藍再茂：「歸林下二十二年，家無滯積，不
過地租所入。府君（藍再茂）修德之勞，無懈日月。」〔註6〕同時，藍氏家
族內出現大量貧困族人，他們生活不能自給，需依靠家族接濟過活。這勢必
增加家族經濟壓力，加速家族衰落。如藍再茂的從弟原有萬金家產，由於經
營不善而落得無立錐之地，依靠藍再茂接濟度日。傅以漸在《藍公暨元配孫
氏繼配崔氏墓誌銘》中記載：「如從弟之廢萬金產，而無尺寸土，公（藍再茂）
贍恤其家，撫其諸子，終身如一日。」〔註7〕又指出藍再茂：「每當歲時伏臘，
輸粟捐資，賴以舉火者不一而足。」〔註8〕至藍氏家族十世、十一世時，藍氏
家族經濟進一步衰退。藍氏家族內部貧困族人常是入不敷出，甚至需要變賣
地產維持生計。藍啓晃在《義莊記》中稱：「及我九世祖兄弟二人，長則我贈
侍郎祖，次則城外我九世叔祖也。兩支子孫迄今益蕃，但無居址者有之，無
地土者有之。」〔註9〕宋澄嵐在《逸筠軒詩序》中也描繪了藍氏家族十一世藍

〔註4〕　〔清〕周如錦：《祭藍述泉太學文》，藍氏家藏清手抄本，第45頁。
〔註5〕　〔清〕傅以漸：《藍公暨元配孫氏繼配崔氏墓誌銘》，藍潤《餘澤錄》，藍氏家
　　　　刻本，順治十六年，卷四，第52頁。
〔註6〕　〔清〕藍深、藍潤：《封太史公行述》，《藍氏族譜》不分卷，河北大學圖書館
　　　　藏清手鈔本，第1頁。
〔註7〕　〔清〕傅以漸：《藍公暨元配孫氏繼配崔氏墓誌銘》，藍潤《餘澤錄》，藍氏家
　　　　刻本，順治十六年，卷四，第52頁。
〔註8〕　〔清〕傅以漸：《藍公暨元配孫氏繼配崔氏墓誌銘》，藍潤《餘澤錄》，藍氏家
　　　　刻本，順治十六年，卷四，第52頁。
〔註9〕　〔清〕藍啓晃：《義莊記》，藍氏家藏清手抄本，第67頁。

啓蕊的清貧生活，稱：「元方（藍啓蕊）兄弟，世家子，然所處貧。元方好博古，鑒別書畫器物每不爽毫末，尤善書與詩，著筆高雅，於古人不少遜。余嘗過其齋，僅可容一二人。」〔註10〕十世藍深時，迫於家族經濟壓力，被迫將家產分與藍啓晃、藍啓肅兄弟二人，讓他們各自營生。由於不善經營，加上時常仗義疏財，扶危濟困，慷慨好客，藍啓肅家財逐步散盡，生活經常陷入困頓之中，甚至到了借貸無門的程度。從藍啓肅自撰年譜中，我們可以清楚地看到這一點：

> 十八歲，二月，父母以家口繁衍、日用之絀無於度也，爲分契二紙，將清白所遺作兩份，平分與晃兄弟；二十一歲，家道漸索；二十七歲，拮据畢喪，心血盡矣，財力竭矣，家道自是愈窘矣；二十八歲，營家治產，謹身節用，戚然惟恐隕越，日則持籌，夜則咕嗶；二十九歲，爲破釜沉舟之計，湊資赴北闈；三十二歲，二月，復整裝入都，爲背城借一之計。……篋囊羞澀，並日而食，借貸無門，糊口維艱。〔註11〕

藍啓肅死後，其家庭狀況更加窘迫。其子藍重蕃在《皇清鄉貢進士欽授內閣中書舍人先府君藍公行述》中稱：「矧年來，母子孤孀相依爲命，家道窘迫，門戶蕭條。外侮侵尋，尾大莫制，毫無善狀以慰先府君於九原也。」〔註12〕上文記述的不僅是藍啓肅的經濟狀況，也是整個即墨藍氏家族的經濟狀況。從中可見，藍氏家族經濟原本就不豐厚，自家族中衰之後，雖在藍再茂的努力下有所恢復，但仍然沒能改變每況愈下的趨勢。

2、即墨藍氏家族經濟狀況形成的原因

造成即墨藍氏家族這種經濟狀況，除了藍氏家族農耕起家、家族積蓄不厚外，還有四個方面的原因：藍氏家族部分族人不善經營，耗盡祖產；藍氏家族官員清正廉潔、兩袖清風；藍氏族人樂善好施，周貧濟困；藍氏族人廣交賓客，仗義疏財。

不善經營。即墨藍氏家族，在文化建設方面成就斐然，但在經濟管理和商業經營方面，多數族人缺乏經營理念。從即墨藍氏家族發展來看，三世藍

〔註10〕藍信寧：《新刊逸筠軒詩集序》，藍啓蕊《逸筠軒詩集》，藍氏家印本，2013年，第1頁引。

〔註11〕〔清〕藍啓肅：《清貽居集》，藍氏家印本，2012年，第21頁。

〔註12〕〔清〕藍啓肅：《清貽居集》，藍氏家印本，2012年，第21頁。

福盛、四世藍銅、五世藍竟、九世藍再茂等，擅長經營管理，他們在家族資產的積蓄，家族經濟的發展和家族維繫等方面貢獻突出。而大多數藍氏族人不善於經營，他們不僅沒有開拓家族經濟來源，繼續積累家族產業，反而大量消耗祖產，造成家族祖產流失、家族經濟萎縮、家族生活困頓。

　　為官清廉。在明清兩朝數百年間，即墨藍氏家族有數百人取得科舉功名，百餘名族人通過科舉走上仕途。藍氏家族大小官吏以勤政愛民、清正廉潔、剛正不阿著稱，但是常是仕途不順，有的被貶黜，有的自動辭職，甚至有的被罷官。而且除藍章、藍潤外，大部分官吏職位不高，俸祿並不豐厚。如藍田曾任御史，因廷議大禮、彈劾權臣被罷官，歸園田居近三十年，依靠父祖積蓄，日子過得並不充裕。藍深曾做過縣令，卻生活困窘，被迫讓兒子藍啓晁、藍啓肅分立門戶，各自營生。更有甚者，為官一生，兩袖清風，以至於告歸無回鄉之費，死時無收殮之資。錢陳群在《西和知縣藍公啓延傳》中記載藍啓延：「死亡日貧無以殮，同役諸公為之經紀喪歸。」〔註13〕清同治版《即墨縣志・孝義》篇稱藍順方：「所至有治聲，捐廉建修寧遠育嬰院，募金置田贍養，俸餘悉以賙民之老疾及同寅之貧厄者。故仕宦數十年，行李外無長物也。」〔註14〕清同治版《即墨縣志》記載藍用和：「以疾告歸，至無路費，紳耆義贐以金，乃得歸。」〔註15〕因此可見，藍氏家族普通的族眾且不說，就是踏上仕途的藍氏官員，也常是為官一生，清貧至老。

　　輕財樂施。藍氏家族慷慨好義，輕財樂施，自三世祖藍福盛始便有此傳統。一方面，藍氏族人對本家兄弟輕財重義，慷慨捐助貧弱族人。三世祖藍福盛輕財重情，「兄弟求異居，公（藍福盛）以先業讓之」〔註16〕；九世祖再茂對族人多方周濟，撫養族中破產兄弟子女，接濟貧窮族人，贊助族人婚喪嫁娶，使藍氏家族能夠得以延續，使藍氏族人不致於淪落破產。十二世藍重蕃熱心宗族事業，接濟幫助困難族人。清同治版《即墨縣志・懿行》篇稱其：「事之關宗祀涉敦睦者，以身先之。戚友之貧不能葬者，必躬任焉。」

〔註13〕〔清〕錢陳群：《西和知縣藍公啓延傳》，《藍氏族譜》不分卷，河北大學圖書館藏清手鈔本，第83頁。

〔註14〕〔清〕林溥：同治版《即墨縣志》，中國和平出版社，2005年點校本，卷九，第239頁。

〔註15〕〔清〕林溥：同治版《即墨縣志》，中國和平出版社，2005年點校本，卷九，第264頁。

〔註16〕〔明〕王鴻儒：《大明贈通議大夫南京刑部右侍郎藍公神道碑銘》，藍潤《餘澤錄》，藍氏家刻本，順治十六年，卷一，第2頁。

〔註17〕藍氏族人中最爲輕財樂施的要數藍啓肅。楊玠《中翰藍公傳》記載藍啓肅：「猶子四人，各贍以己產，計八九處，割契讓之。篤愛其姊，歿齒不衰。姊喪，衣衾棺槨不以關所出。其姊有女夫，傭書學官，偶案牘舛誤，或挾之罪，且不測。公恐傷姊心，捐石銀河林木一區，爲其人壽，遂得寢。已而事良已，即以斯產爲姊男膏火資，姊男轉售，得直弗問。」〔註18〕從記載中可見，藍啓肅重義輕財，爲照顧侄子，解決姐姐一家禍患，藍啓肅先後將八九處地產及一區林產贈送出去，其大方程度可見一斑。另一方面，作爲地方大族，藍氏家族在接濟貧弱鄉鄰、賑救地方災荒中，慷慨解囊，不遺餘力。四世祖藍銅、五世祖藍竟、六世祖藍田、九世祖藍再茂等，都在災荒之年，捐助錢糧，接濟鄉鄰，從不計回報。因此，藍氏家族不少產業，在接濟親友、捐助貧弱過程中逐漸消耗。

　　廣交賓客。藍氏族人熱情好客，交友廣泛。尤其是三世祖藍福盛、四世祖藍銅以來，隨著家族經濟發展和社會地位的提高，藍氏家族常是賓客盈門，成爲了即墨地區地方鄉賢士紳交遊聚集的重要場所。明人王鴻儒《大明贈通議大夫南京刑部右侍郎藍公神道碑銘》中記載：「（藍福盛）徙居城中，起高樓寢處其上，瞻雲對山，綽有高趣，慕王黃州之風，尤喜賓客，過從燕飲輒終日。」〔註19〕明人官賢在《明故義授七品散官累贈通議大夫南京刑部右侍郎藍公行狀》中也稱四世祖藍銅：「招朋邀客，時往來於其間。因與鄉之士大夫結會，目曰耆英會，更爲賓主會。月朔設酒置肴，盡歡而散。」〔註20〕藍田致仕後，也時常與好友黃作孚、楊鹽等飲酒賦詩，相互唱和。藍啓晃雖然勤儉持家，但熱情好客，清人謝永貞《司訓藍公傳》記載：「先生治家尚勤儉，食無兼豆而雅好賓客，舄履到門，歡然握手，雖敝衣敗屨無因而至前者，亦必致敬盡禮，延坐款留。以故座上之賓貴宦恒少，而窮親故友居多焉。」〔註21〕藍啓肅尤其喜好交遊，即使在多病纏身、靜養調理期間也常是

〔註17〕〔清〕林溥：同治版《即墨縣志》，中國和平出版社，2005年點校本，卷九，第263頁。

〔註18〕〔清〕楊玠：《中翰藍公傳》，《藍氏族譜》不分卷，河北大學圖書館藏清手鈔本，第78頁。

〔註19〕〔明〕王鴻儒：《大明贈通議大夫南京刑部右侍郎藍公神道碑銘》，藍潤《餘澤錄》，藍氏家刻本，順治十六年，卷一，第2頁。

〔註20〕〔明〕官賢：《明故義授七品散官累贈通議大夫南京刑部右侍郎藍公行狀》，藍潤《餘澤錄》，藍氏家刻本，順治十六年，卷一，第8頁。

〔註21〕〔清〕謝永貞：《司訓藍公傳》，河北大學圖書館藏清手鈔本，第66頁。

賓客盈門。邑人周毓正在《藍母周孺人傳中》稱：「竹庵先生〔註 22〕少以文名，喜交遊，然善病，嘗養疴華陽書院，距城五十餘里，經月不歸，賓客從之者屢滿戶外。」〔註 23〕藍中瓈也慷慨好客，其外孫黃植在《十三世祖母孺人周氏傳》稱藍中瓈：「慷慨好施與，座上客常滿。」〔註 24〕可見，藍氏家族自三世祖始，便有廣泛交遊的傳統。廣泛交友和無休止的賓朋宴飲，需要很大一筆花費，尤其是當藍氏經濟衰落之時，大量的花銷加重了藍氏家族經濟的困頓，加速了即墨藍氏家族的衰落。

（三）家族經濟對即墨藍氏家族發展的影響

從即墨藍氏家族的經濟狀況與家族發展來看，家族經濟的狀況直接決定著藍氏家族的興衰發展。家族經濟繁榮、家資豐厚時，家族對教育的投入增加，家族便能在科舉仕宦方面取得成就，家族就能迅速發展；家族經濟萎靡、家資匱乏時，家族對教育的投入減少，家族科舉仕宦成就少，家族發展便會衰退。

1、經濟繁榮為家族發展奠定基礎

藍氏家族一世至四世祖的累世積蓄，為藍氏家族開展家族教育，實現科宦興族，奠定了堅實的經濟基礎。經過藍氏家族一世、二世祖的辛勤耕耘，至三世祖藍福盛時，藍氏家境已經相當殷實。隨著家族經濟的發展，三世祖、四世祖逐步認識到讀書的重要性。而此時，明朝政府正大力推行科舉選士制度，為普通家族通過讀書科舉踏上仕途鋪平道路。於是，三世祖、四世祖開始學習文史知識。藍氏家乘稱三世祖「旁通方外之典」，四世祖「讀書明理，事不苟為韋布冠冕」〔註 25〕；同時，家族經濟發展為族人讀書並參加科舉提供了經濟支持。自三世祖藍福盛始，藍氏家族便開啟家族文教，重視對子弟的培養教育。三世祖藍福盛為子弟藏修讀書之所，在縣城東門外（今西障村）建東厓書舍，即為後來藍氏家族的東厓書院的前身。四世祖藍銅不僅擴建了東厓書院，還親自教導兒子讀書，並延請當地名儒盧繼宗對兒子進行嚴格教

〔註 22〕指藍啟肅，因其性喜竹，嘗讀書於東厓書院之西舍，前後皆植竹，又以其生時大父封太史公夢竹成林，寤而生晃，名曰竹林，故自號曰竹庵，又嘗自稱為竹林逸士。

〔註 23〕〔清〕周毓正：《藍母周孺人傳》，藍氏家藏清手鈔本，第 37 頁。

〔註 24〕〔清〕黃植：《十三世祖母孺人周氏傳》，藍氏家藏清鈔本，第 101 頁。

〔註 25〕〔明〕官賢：《明故義授七品散官累贈通議大夫南京刑部右侍郎藍公行狀》，藍潤《餘澤錄》，藍氏家刻本，順治十六年，卷一，第 10 頁。

導。明人官賢在《明故義授七品散官累贈通議大夫南京刑部右侍郎藍公行狀》中記載：「公（藍銅）甚鍾愛，以為此兒（藍章）不凡，朝夕教以讀書，恒論究古人忠孝，闡發其聰明。弱冠，命學易，從鄉先生盧紹先。雖祁寒盛暑，必籌燈命讀，不使少替。」〔註26〕在藍銅的悉心教導和嚴格督促下，成化丁酉年（1477）藍章領山東鄉薦，甲辰年（1484）登李旻榜進士。

正是在良好的家庭薰陶和嚴格要求之下，藍章成為藍氏家族第一位通過科舉走上仕途的藍氏族人，為明清藍氏家族科舉仕宦拉開了序幕。藍章的成功，絕非偶然，這與家族的教育和培養是分不開的。而家族的教育離不開堅實的經濟基礎。沒有農耕打下的雄厚的經濟基礎，就無法建設東厓書院、延請名師指導子弟讀書，就沒有藍氏家族的崛起和後期的發展。因此我們說，經濟繁榮為藍氏家族發展奠定堅實的基礎。

2、經濟穩定為家族發展提供保障

藍氏家族經濟狀況雖然並不富足，且四世祖藍銅之後，呈現出總體衰落趨勢。但是，在藍氏後人的不懈努力和艱難維繫下，藍氏家族經濟一直保持著相對的穩定狀態，這為藍氏家族開展家族教育，維繫家族穩定，推動家族發展提供了基本保障。

一方面，為開展科舉教育提供保障。藍氏家族作為科舉仕宦世家，讀書科舉是藍氏族人實現自身價值、推動家族發展的重要途徑。在古代，讀書參加科舉並非是件易事，這需要堅實的經濟基礎作後盾。就明代而言，正式科舉考試分為鄉試、會試、殿試三級。鄉試是由南、北直隸和各布政使司舉行的地方考試。每三年一次，逢子、午、卯、酉年舉行，又叫鄉闈。會試是由禮部主持的全國考試，又稱禮闈。於鄉試的第二年即逢辰、戌、未年舉行。全國舉人在京師會試，考期在春季二月，故稱春闈。殿試在會師後當年舉行，時間最初是三月初一。明憲宗成化八年起，改為三月十五。應試者為貢士。貢士在殿試中均不落榜，只是由皇帝重新安排名次。殿試之後，狀元授翰林院修撰，榜眼、探花授編修。其餘進士經過考試合格者，叫翰林院庶吉士。三年後考試合格者，分別授予翰林院編修、檢討等官，其餘分發各部任主事等職，或以知縣優先委用。清代科舉考試制度分兩個階段，一個是科舉的初步考試，一個是科舉的正式考試。科舉的初步考試有這麼三種，一種叫

〔註26〕〔明〕官賢：《明故義授七品散官累贈通議大夫南京刑部右侍郎藍公行狀》，藍潤《餘澤錄》，藍氏家刻本，順治十六年，卷一，第9頁。

童試〔註27〕，一種叫歲試〔註28〕，一種叫科試〔註29〕，這是科舉的初步考試。接下來是科舉的正式考試，它也有三種：鄉試、會試、殿試。

　　無論是明代還是清代的科舉，從最初的讀書到通過殿試獲取舉人或進士功名，至少要十年以上，所以古人稱之爲「十年寒窗苦讀」。藍章科途比較坦蕩，三十二歲即考取進士。可是只有極少數幸運兒才會如此順利地取得功名，大部分考生會屢遭挫敗，甚至是終生難以取得功名。藍田便沒有父親藍章幸運。藍田雖少年得志，十六歲中舉，但此後科場不順，先後十一次參加進士考試，直到四十七歲才考取了進士。他五六歲開始讀書，其科舉之路前後竟達四十餘年。如果沒有雄厚的家資作鋪墊，四十年的科舉之途是難以想像的。再如藍啓肅，三歲識字，五歲就外傳讀書，八歲讀書署中，九歲入監讀書，十一歲學文章，十二歲奉制改策論，十五歲應童子試，十六歲制八股。然科途不順，十七歲始屢赴秋闈而不中，三十二歲中舉後，又「六赴春闈而不第」，四十八歲便英年早逝。他一生勤讀不輟，至死方休，讀書科考之路持續四十年之久。因此可見，漫長的科考之路，需要堅實的家族經濟作後盾。藍氏家族長期的經濟穩定，爲家族開展科舉教育，實現科宦興族提供了保障。

　　另一方面，爲維繫家族穩定提供保障。藍氏家族是各立門戶、各自經營、聚族而居的封建大家族。各立門戶、各自經營，這就必然會造成族內各個家庭發展快慢不同，貧富不均。富者，家資豐厚，樓臺高閣；貧者，家徒四壁，無地容身。而聚族而居，又意味著族人居住在相對比較穩定的區域內，族人之間可以通過族內互助等方式，維護家族的和睦與穩定。藍氏家族穩定的經濟，爲家族開展族內公共活動，賑濟貧弱族人，實現家族穩定提供了保障。

3、經濟衰落最終導致藍氏家族衰落

　　藍氏家族最終走向衰落，原因是多方面的，其中經濟衰落是最根本的原因。上文提及，藍氏家族經過七世八世中衰後，雖九世祖藍再茂時家族經濟

〔註27〕　凡童子開始應初試的時候稱做「童生」，童生經過一定的考試選拔，在縣裏面選拔了以後到督學進行考試，督學考試合格就可以稱做「秀才」了。童試，一般又叫做「小考」。

〔註28〕　秀才每一年考一次，這也是一個選優的過程，這叫「歲試」。

〔註29〕　每三年還要參加一次大的考試，叫「科試」。每三年考一次，主要是爲了推舉舉人考試的資格，通過這個考試的提名，便有資格參加舉人的考試。

有所恢復，但十世、十一世又持續衰落。此後更是每況愈下。經濟衰落，直接導致家族教育投資不足，進而出現家族教育衰落狀況。家族教育衰落，勢必導致家族科舉成就下降。藍氏家族自十二世起，已無人考取進士，而考取的舉人也多是恩科。在以科舉選拔人才的明清時期，科舉成就下降，必然會導致家族仕宦成就的整體下降，而仕宦成就的下降進而又導致整個家族的成就和影響下降，從而進一步加速了家族的衰落。

二、家族教育與即墨藍氏家族發展

百年大計，教育爲本。無論是對於一個國家、民族，還是一個家族來說，要實現長期健康發展，教育是不可或缺的條件。縱觀即墨藍氏家族發展，家族教育在藍氏家族發展中起到至關重要的作用。

（一）家族教育狀況

1、家族教育內容

藍氏家族教育系統而又全面。從內容上看，它包含著家族倫理教育、家族文化教育、家族使命教育三部分。這三個方面相互作用，融爲一體，爲藍氏家族培養了大批德才兼備的優秀人才，推動藍氏家族健康持續發展。

（1）家族倫理教育

徐茂明在《傳統家族組織中的倫理精神》中指出：「中國傳統的家族不僅是一個血緣的群體，同時也是一個有著共同的文化觀念和嚴格的內部等級關係的社會組織。」〔註30〕在這個社會組織中，倫理道德對家族的維繫和發展起到至關重要的作用。即墨藍氏家族，地處齊魯之地，深受儒家文化薰陶，歷來注重家族倫理教育，遵循著「敦宗睦族、仁愛禮讓、勤儉持家」等道德準則，倡導爲人對內要尊老敬賢、篤行孝悌，修身養德，敦睦宗族；對外要仁德忠厚、誠實守信、敦睦鄉里，樂善好施。

在父母子女關係方面，要求父嚴子孝，相敬相愛。在藍氏家族中，父輩望子成龍，對子弟抱有厚望，並嚴格要求。四世祖藍銅家教甚嚴，不僅對長子藍章勤加督促，對次子藍竟要求也不鬆怠。藍田在爲其叔藍竟撰寫的《先叔父宣義郎藍公墓誌銘》中稱：「我大父侍郎公御家嚴屬，叔父爲之甚謹飾，

〔註30〕徐茂明：《傳統家族組織中的倫理精神》，《上海師範大學學報》（哲學社會科學版），2006 年 3 月第 35 卷第 2 期，第 96 頁。

或遭譴責，跪伏受責不敢少忤，俟其色霽方起。」〔註31〕在藍銅的影響下，藍竟也嚴格教子，藍田又稱：「叔父嚴於教諸子。」〔註32〕十世祖藍深對其子藍啓肅要求也極其嚴格，藍啓肅因其叔父藍潤官至三品，依例受蔭入學，但其父藍深非常不願，並要求藍啓肅繼續努力。藍啓肅在自撰《皇清鄉貢進士考授內閣中書舍人藍公年譜》中稱：「十五歲，父不願冕（藍啓肅原名啓冕，後改為啓肅）以蔭結局，改名啓升，命應童子試，郡縣皆拔前茅。堂叔某謂：『蔭侄乃仲父厚誼，且屬朝廷隆恩，不可負也。』力沮父意，父勉從之，且命冕曰：『由蔭出身，非所望也，自成均發跡，在昔而有然矣，汝其勉之。』」〔註33〕

藍氏家族作為儒學門第，始終把「孝」作為家族倫理教育的根本內容。藍氏族人以自己的實際行動踐行孝道，詮釋孝的內涵，身體力行地教育、感染子女，營造尊親重孝的良好氛圍。四祖藍銅「自幼孤，侍母丘氏孝心純篤，處昆弟友於懇切。」〔註34〕明人周經也稱藍銅：「母丘壽康，極孝養，諸弟相處盡友愛。」〔註35〕五世祖藍章母親早亡，對父親藍銅極盡孝道。藍啓肅在《明少司寇兼御史中丞大勞山翁藍公年譜》中記載：「公（藍章）以母於早世，事父東村，色養備至，兩迎養於官邸。」〔註36〕八世祖藍思繼以孝聞名鄉里，母親欒氏去世後，藍思繼結廬枕氈，日夜啼哭，孝感鄉鄰。邑人楊鹽在《八世贈按察公孝行公指揮公合傳》中記載：「萬曆乙酉，母欒氏孺人卒，合葬於守泉公（藍史孫）城北祖塋。其弟述泉（藍思繼）結庵廬其側，寢苦以居，日夜哭聲隨悲風遠聞，人為泣下。日食饘粥二盂，朝夕肩荷土塊，封墓如山。久之，形容憔悴，戚屬或勸其還者，哭而不對。」〔註37〕萊陽宋璉《臨淮令藍公傳》也記述了藍深的孝行，稱：「南皮公（藍再茂）寢疾，將不起。邑里問焉，不忍對，答以泣。或慰之曰：『苟糞味如故，猶有望

〔註31〕〔明〕藍田：《藍侍御集》卷之五，齊魯書社，1997年，集83～244。
〔註32〕〔明〕藍田：《藍侍御集》卷之五，齊魯書社，1997年，集83～244。
〔註33〕〔清〕藍啓肅：《清貽居文集》，藍氏家鈔本，雍正元年，第15頁。
〔註34〕〔明〕官賢：《明故義授七品散官累贈通議大夫南京刑部右侍郎藍公行狀》，藍潤《餘澤錄》，藍氏家刻本，順治十六年，卷一，第8頁。
〔註35〕〔明〕周經：《明贈文林郎貴州道監察御史藍君墓表》，藍潤《餘澤錄》，藍氏家刻本，順治十六年，卷一，第14頁。
〔註36〕〔清〕藍啓肅：《清貽居集》，藍氏家印本，2012年，第107頁。
〔註37〕〔明〕楊鹽：《八世贈按察公孝行公指揮公合傳》，藍氏家藏刊本，光緒丙戌增修《即墨藍氏族譜》，卷五，第18頁。

也。』先生一嘗之，再嘗之，皆甘。則呼天祈自代，迫切而難自容，人見之
罔弗泣者。」〔註38〕萊陽宋璉《方伯公傳》記載藍潤的忠孝事跡，當國事和
家喪並至之時，他悲痛不已，艱難選擇。稱：「未幾，南皮公訃至，公頭觸
地，痰上湧，迷不醒，移時得蘇，號呼發聲：『傷哉！兒不孝，以報國失子
職，一死奚贖，尚復視息，人間向五倫中較是非耶。』悲痛中，忽海寇圍榕
城，……家將僕人奮然一擊，而捷，不上軍功。跟蹌抵里，一慟而絕息者數，
家人持泣，公不知也。數醒數問，所以慎終者，而哀號益甚。凡三日，乃食
薄粥，諸如初喪，曰：『吾無以盡子職，縱竭今日之誠，終無補耳！』襄大事
畢，服闋流涕，曰：『吾何以報罔極，獨宣力王室，告地下黃泉，或無失先世
遺澤乎！』」〔註39〕藍氏十一世藍啓肅孝敬父母，深得父母歡心。侍奉病父，
極盡心力。其子藍重蕃《皇清鄉貢進士欽授內閣中書舍人先府君藍公行述》
中稱：「先府君（藍啓肅）至性孝友，事先大父及兩大母先意承順，咸能得其
歡心。當先大父臥疾時，先府君供侍湯藥三月，日不交睫，夜則焚香露禱，
求以身代。」〔註40〕藍啓延三歲而孤，由其母張氏撫育成人，故而他對母親
恭孝有加，錢陳群稱藍啓延「初授廣東乳源縣，迎母之官。」〔註41〕十二世
藍重蕃幼年喪父，由寡母撫養長大，對母親孝敬有加，終身不懈。清同治版
《即墨縣志·懿行》中載：「（藍重蕃）少孤，事母孺慕終身。」〔註42〕在良
好的家族教育和薰陶下，藍氏家族湧現出一批力行孝義的族人。以《即墨縣
志》為例：清乾隆版《即墨縣志》所載藍氏族人共計15人，其中以孝義、懿
行入載者8人；清同治版《即墨縣志》載藍氏族人22人，其中以孝義、懿行
入載者13人。

在兄弟姐妹的關係上，要求兄友弟恭，互敬互愛。在良好的家族傳統的
教育和薰陶下，藍氏家族子弟兄友弟恭，手足情深。一方面，兄友弟恭，相
對怡怡。明人官賢在《明故義授七品散官累贈通議大夫南京刑部右侍郎藍公

〔註38〕〔清〕宋璉：《臨淮公傳》，《藍氏族譜》不分卷，河北大學圖書館藏清鈔本，
　　　　第41頁。

〔註39〕〔清〕宋璉：《方伯公傳》，《藍氏族譜》不分卷，河北大學圖書館藏清鈔本，
　　　　第57頁。

〔註40〕〔清〕藍啓肅：《清貽居集》，藍氏家印本，2012年，第23頁。

〔註41〕〔清〕錢陳群：《西和知縣藍公啓延傳》，《藍氏族譜》不分卷，河北大學圖書
　　　　館藏清鈔本，第81頁。

〔註42〕〔清〕林溥：同治版《即墨縣志》，中國和平出版社，2005年點校本，卷六，
　　　　第130頁。

行狀》中稱藍銅:「處昆弟友於懇切」。十世祖藍深與弟藍潤數十年互敬互愛,兄弟情深。萊陽宋璉《方伯公傳》稱藍潤:「與兄同居五十載,無幾微形骸之異。」〔註43〕在父輩的影響下,藍深、藍潤的兒子們都能相親敬愛。萊陽謝永貞《司訓藍公傳》稱藍啓晃:「而於其弟恭元先生相對怡怡,愛之更不啻手足焉。」〔註44〕藍重蕃在《皇清鄉貢進士欽授內閣中書舍人先府君藍公行述》中也記述了父親藍啓肅對兄長藍啓晃的深厚情誼:「迨其事先伯父也,敬之猶父,凡事必諮而行,一堂怡怡二十年無間言。伯父既歿,朝夕悲泣,幾年之內對人未嘗露齒。」〔註45〕足見藍啓晃、藍啓肅兄弟情深。藍潤卒時,其四子藍啓延僅三歲,其三子藍啓亮夫妻悉心照料教導,疼愛幼弟勝於自己的兒子。萊陽宋璉《蔭君藍公啓亮暨配楊孺人合傳》稱:「太史歿,純元(藍啓亮)愛弟重於愛身,嫂之視叔顧復襁褓,如父母在時。諸所需必先叔,十五年而成室,而遊庠。無所私於身與其子,不亦人之難能哉!」〔註46〕張大有在《賀藍母張太孺人貞壽序》中也稱:「而藍氏三歲之孤(指藍啓延),嫡字之,兄愛之,翼而長之,嫂珍惜之。」〔註47〕因此,藍啓延對藍啓亮夫婦敬重有加。嘉興錢陳群《西和知縣藍公啓延傳》稱藍啓延:「生三歲而孤,依母張存活,事諸兄甚謹。」〔註48〕

另一方面,輕財重情,手足情深。由於各立門戶、獨自經營,即墨藍氏家族族人之間貧富差距較大。藍氏家族一直以來便有重情輕財的傳統,兄弟姐妹之間互讓財產、相互接濟的事蹟屢見於家族文獻。三世祖藍福盛讓產於弟,九世祖藍再茂讓財於弟,藍啓肅分產於姪輩自不待言,對於出嫁的貧困姊妹,藍氏家族也常常是多方周濟。尤其是藍啓晃、藍啓肅、藍啓延等表現最為突出。藍啓晃、藍啓肅兄弟與姐姐感情深厚,姐姐出家後,家道衰落。藍啓晃多方周濟。謝永貞《司訓藍公傳》稱:「先生(藍啓晃)有姊,家道蕭

〔註43〕 〔清〕宋璉:《方伯公傳》,《藍氏族譜》不分卷,河北大學圖書館藏清鈔本,第57頁。

〔註44〕 〔清〕謝永貞:《司訓藍公傳》,《藍氏族譜》不分卷,河北大學圖書館藏清鈔本,第66頁。

〔註45〕 〔清〕藍啓肅:《清貽居集》,藍氏家印本,2012年,第23頁。

〔註46〕 〔清〕宋璉:《蔭君藍公啓亮暨配楊孺人合傳》,河北大學圖書館藏清鈔本,第73頁。

〔註47〕 〔清〕張大有:《賀藍母張太孺人貞壽序》,藍氏家藏清鈔本,第69頁。

〔註48〕 〔清〕錢陳群:《西和知縣藍公啓延傳》,《藍氏族譜》不分卷,河北大學圖書館藏清鈔本,第81頁。

乏，先生則勤饋問於生前，具棺斂於歿後。」〔註49〕而藍啓肅、藍啓延不僅
對姐妹，甚至對姐妹的子女都是關懷備至，這更是難能可貴。楊玠《中翰藍
公傳》中記載藍啓肅：「篤愛其姊，歿齒不衰。姊喪，衣衾棺槨不以關所出。
其姊有女夫，傭書學官，偶案牘舛誤，或挾之罪，且不測。公恐傷姊心，捐
石銀河林木一區，爲其人壽，遂得寢。已而事良，已即以斯產爲姊男膏火資，
姊男轉售，得直弗問，其厚德如此。」藍重蕃也在《皇清鄉貢進士欽授內閣
中書舍人先府君藍公行述》中稱其父藍啓肅：「待蕃姑尤加篤厚，嫁贈之外，
饋問不絕，又送石雲河莊以爲表兄籌燈之資。及其沒也，衣衾棺槨營繕豐備，
迄今表兄苞九猶時時感道之。」〔註50〕藍啓延的妹妹早逝，他悉心教導妹妹
的子女，直至各自成立。錢陳群《西和知縣藍公啓延傳》記載藍啓延：「妹適
周氏，早沒。所遺子女，悉攜至任所，延師課讀如己子，後皆成立，人以爲
難。」〔註51〕

　　藍氏家族兄弟姊妹之間的關係，不僅僅表現在平常的相互關愛、經濟援
助上，在一些重大事項上更能凸顯兄弟情義。在古代宗法社會，子嗣關乎家
族繁衍發展，是家族和家庭的頭等大事。當一個家庭或家族子嗣傳承出現問
題時，族內過繼是常用的方式。嗣子的父母將要承受與親子分離的痛苦，這
是一種犧牲小家利益，顧全家族傳承大局的做法。藍深早年沒有子嗣，其弟
藍潤將次子藍啓晃過嗣給藍深爲子，以延續兄長的支脈。這本來已屬不易。
後來藍深生子藍啓肅，而藍潤長子藍啓先早卒。依禮，藍潤長子早逝，次子
藍啓晃應當返回。但考慮到兄長的感受，藍潤仍不忍心令歸。這更是難能可
貴。萊陽宋璉在《方伯公傳》中記載稱：「公（藍潤）長兄臨淮令諱深，未舉
子時，公生多男，啓先、啓晃、啓亮、啓延，承父命以次男爲臨淮後。次繼
而長早夭，則次宜歸，公以父命，重不使歸，且父未命之歸也。及臨淮之子
啓冕更名肅，長而父已仙遊，則父不及命，而公亦不忍言使歸者，誠公家之
創舉也。」〔註52〕而藍潤三子藍啓亮及其妻楊氏的做法更是讓人讚歎不已。

〔註49〕〔清〕謝永貞：《司訓公傳》，《藍氏族譜》不分卷，河北大學圖書館藏清鈔
　　　　本，第66頁。
〔註50〕〔清〕藍啓肅：《清貽居集》，藍氏家印本，2012年，第24頁。
〔註51〕〔清〕錢陳群：《西和知縣藍公啓延傳》，《藍氏族譜》不分卷，河北大學圖書
　　　　館藏清鈔本，第81頁。
〔註52〕〔清〕宋璉：《方伯公傳》，《藍氏族譜》不分卷，河北大學圖書館藏清鈔本，
　　　　第57頁。

藍潤長子藍啓先早亡，其妻呂氏意欲殉節。此時，三子藍啓亮之妻楊氏有孕在身，爲阻止嫂子殉節並延續兄長支脈，藍啓亮夫妻將腹中之子許給亡兄延續支脈。後儘管嫂氏自經身亡，但藍啓亮夫婦仍不食其言，將孩子過繼給亡兄藍啓先，並代爲撫養。宋璉在《蔭君藍公啓亮暨配楊孺人合傳》中記載稱：「昔純元（藍啓亮）之長兄歿於京邸，訃至，嫂請自經從。純元之婦楊氏痛伯氏無兒，嫂且死，往止焉曰：『死節易事耳，守爲難，曷爲其難乎？吾實有孕，將生兒也，當爲伯氏後，嫂撫之而守之，不亦可乎？』嫂曰：『棄吾所當然而待命於未然，非義也。嬸氏果不棄今日，及生而踐之，九原之下終血食乎。兒，嬸氏所命賜也，何患無撫之者，吾死而俟耳。』楊於是日禱祀而求之，彌月不遲，果得是兒，上告翁姑曰：『所不敢食言於嫂氏者也。』」〔註53〕呂氏的貞節讓人讚歎，藍啓亮夫婦對藍啓先夫婦的深厚親情更加使人爲之動容。

　　在夫妻關係上，要求夫妻情深，相扶相持。藍氏家族娶妻，多出自即墨及周圍文化家族。藍氏家族的妻子們，出自名門，嫁入望族，自幼受到家族文化薰陶，多端莊賢淑，通情達理。因此，在藍氏家族的夫妻關係方面，我們看到更多的不是夫妻尊卑有序，妻子要服從丈夫。而是夫妻情深，相扶相持。就藍田而言，藍田妻范氏早卒，正德六年復娶邠州戶部尚書劉昭孫女、錦衣衛千戶劉綺之女。他們夫妻相敬相愛，相濡以沫三十餘年。嘉靖二十二年（1543），劉氏卒，年五十一。藍田哀傷不已。在與摯友楊愼（用修）書中稱：「癸卯孟秋，賤子繼室又棄世，衰殘之年，復作鰥居，家務又縈心曲，不知造物之於賤子何若是其酷也。」字裏行間包含著對繼室的深情及喪妻的悲痛。藍潤長子藍啓先娶妻呂氏，夫妻恩愛。後藍啓先卒，其妻呂氏以身殉節。藍中珪妻子早亡，藍中珪作《亡荊三周》、《改葬亡荊》、《對亡室哭亡兒》一系列詩歌，抒發了喪妻之痛，飽含著對亡妻的深厚感情。

　　在宗族關係上，要求尊老重賢，友愛互助。由於藍氏家族成員多自立門戶，經濟相對獨立，相互之間基本不存在依附關係。所以，儘管藍氏家族族內不同家庭，貧富差距很大；不同族人，成就大小不同，但是家族內部尊卑等級觀念淡薄，尊老敬賢、輕財重義、友愛互助之風濃厚。

　　一方面：淡化等級，尊老敬賢。藍氏家族族長的權利和地位並不突出，

〔註53〕〔清〕宋璉：《藍蔭君暨配楊孺人合傳》，《藍氏族譜》不分卷，河北大學圖書館藏清鈔本，第73頁。

甚至藍氏家族文獻中沒有出現過關於族長的相關信息。家族成員在族中的威望，主要看其本人的社會地位和貢獻，包括科舉成就及官職的大小，對家族建設及地方發展的貢獻等。不少藍氏族人在科宦、文學、家族及地方建設中作出貢獻，不僅個人獲得獎賞，也爲整個家族爭得榮譽，故而他們受到了整個家族的尊重。在科舉方面，成就突出的有：藍章、藍田、藍涊、藍潤、藍啓延等；在仕宦方面，成就突出的有：藍章、藍田、藍再茂、藍深、藍潤、藍啓延等；在文學創作方面，成就卓著的有：藍章、藍田、藍潤、藍湄、藍啓肅、藍啓華、藍啓蕊等；在家族發展方面，貢獻突出的有：藍章、藍田、藍再茂等。尤其是藍章、藍田和藍再茂、藍潤、藍啓肅在藍氏家族發展史上具有多方面的重要貢獻，更是備受族人尊重和愛戴。

另一方面：輕財重情，友愛互助。藍氏家族支系繁雜，人口眾多。雖貧富不均，但家族一直保持著輕財重親、友愛互助的良好傳統。兄弟求異居，三世祖藍福盛以祖產讓之；四世祖藍銅「待諸弟盡友愛」；九世祖藍再茂於家族中衰之際，發奮圖強，輕財重義，使兄弟坐享其利，又讓產於弟，接濟破產的族弟。傅以漸在《前南皮令藍公墓誌銘》中稱藍再茂：「於是奮圖祖業，剛柔並用，即有風波詬誶而豪強究，未得遂其吞併。諸兄弟坐享其利，如從弟之廢萬金產，而無尺寸土，公贍恤其家，撫其諸子，終身如一日。」〔註54〕十一世祖藍啓晃等，劃定荒地爲義田，以救助同族貧困族人。他在《義田記》中稱：「今將自置女姑山莊暫荒地三頃，指爲義莊，凡我同宗，不拘遠近，願開耕者即往開耕，三年後按畝入荒田納稅。願蓋房屋者，即往嶺南大井北擇地修理居住；願種樹木者，即往擇荒場栽植。庶幾少助衣食之萬一，以聚我族人貧令之散處者。勿典勿賣，俾子孫世守之。」〔註55〕十一祖藍啓肅不僅待諸姪如子，不計得失，而且竭力接濟貧困族人。其子藍重蕃在《皇清鄉貢進士欽授內閣中書舍人先府君藍公行述》中稱：「先府君待諸姪如子，析產之後，宅地有與其莊鄰者八九處，皆立契讓之或轉售，得值弗問也。」〔註56〕又稱：「先府君性尤喜施，宗族鄉黨有婚祭不給者，竭力助之，務事濟而後已。又聯族人整房會、置祭田二百餘畝，復約本支出田百畝以爲三世祭田，至今不改。」〔註57〕

〔註54〕〔清〕藍潤：《餘澤錄》，藍氏家刻本，順治十六年，卷四，第52頁。
〔註55〕〔清〕藍啓晃：《義莊記》，藍氏家藏清手抄本，第67頁。
〔註56〕〔清〕藍啓肅：《清貽居集》，藍氏印本，2012年，第24頁。
〔註57〕〔清〕藍啓肅：《清貽居集》，藍氏印本，2012年，第24頁。

正是這種尊老重賢和友愛互助的良好傳統，才能使得整個藍氏家族富者注重教育，培養子弟；貧者在族人的幫助下，不至於淪落，使整個家族得以維繫並持續發展。

在鄉鄰關係上，要求周貧濟弱，慷慨好義。藍氏家族作爲文化世家，深受儒家思想影響，重視對子女的仁愛教育。藍氏家族文獻記載，三世藍福盛便是一個周貧濟弱，慷慨樂施的人。明人王鴻儒在《大明贈通議大夫南京刑部右侍郎藍公神道碑銘》中稱藍福盛：「斥其贏餘，周貧恤孤，負者不計也。」〔註 58〕五世藍竟每逢薦年荒歲，便向鄉鄰借貸，償還不起的一律免收。藍田在《先叔父宣義郎藍公墓誌銘》中稱：「後每祲，隨廩食多寡以貸鄉鄰，貸而不能償者，輒焚其券。」〔註 59〕九世祖藍再茂常於災荒之年捐糧救人，並捐地、捐木周濟貧窮邑人。清人王鐸《賀藍老年翁初度序》記載：「歲凶，出粟賑饑民，活千餘人，捐地捐木以惠貧不能自給者。」〔註 60〕藍再茂還教導子孫要多行善事，不可破壞家族仁愛傳統。清人傅以漸《藍公暨元配孫氏繼配崔氏墓誌銘》稱：「（藍再茂）乙亥歸里，教子惟嚴，嘗曰：『宜效范文正公，多行好事，勿開刻薄寡恩之漸也』」。〔註 61〕

同時，藍氏族人慷慨好義。藍氏家族四世祖藍銅「嘗出遊，風雪中邂逅男子僵臥路旁，垂死。公憫之，倉皇下馬，解狐裘裹而馱之潘貴家，飲以湯粥，俟蘇始去。公義存，日歲大祲，自發廩粟千餘石賑饑。既而歲稔，公兄弟據私券欲償之，公慨然曰：『人才回生於既死，寧忍爲是乎？』焚券已之，鄉人至今頌之不衰。」〔註 62〕明人官賢也記載稱藍銅：「成化丙午，歲又祲，有輸粟冠帶之令，君（藍銅）即輂粟若干石以輸，蒙恩授七品散官，故人稱爲義官云。」〔註 63〕李開先在《文林郎河南道監察御史北泉藍公墓誌銘》中

〔註 58〕〔明〕王鴻儒：《大明贈通議大夫南京刑部右侍郎藍公神道碑銘》，藍潤《餘澤錄》，藍氏家刻本，順治十六年，卷一，第 2 頁。

〔註 59〕〔明〕藍田：《藍侍御集》卷之五，齊魯書社，1997 年，《四庫全書存目叢書》第 83 冊集部，第 244 頁。

〔註 60〕〔清〕王鐸：《賀藍老年翁初度序》，藍潤《餘澤錄》，藍氏家刻本，順治十六年，卷四，第 19 頁。

〔註 61〕〔清〕傅以漸：《藍公暨元配孫氏繼配崔氏墓誌銘》，藍潤《餘澤錄》，藍氏家刻本，順治十六年，卷四，第 54 頁。

〔註 62〕〔明〕官賢：《明故義授七品散官累贈通議大夫南京刑部右侍郎藍公行狀》，藍潤《餘澤錄》，藍氏家刻本，順治十六年，卷一，第 8～9 頁。

〔註 63〕〔明〕劉健：《明故義官藍君墓誌銘》，藍潤《餘澤錄》，藍氏家刻本，順治十六年，卷一，第 12 頁。

記載藍田的善行義舉，稱：「萊州劉英爲寧州守，寄其囊篋，人無知者。赴任，舉家沉於江，公召其從弟還之，封識如故。歷下同年周秀，居官清苦，歿後家貧，乃攜其子，養而教之，見在即墨爲庠生。以儒學地狹，欞星門壞，遂捐金廣其地，而易以石門，兼建啓聖祠三楹。歲歉，生者給粟，死者給棺，無葬所者，出負郭田二十畝，募工聚葬者歲千人，且爲文以祭之。」〔註64〕藍深、藍潤《封太史公行述》也記載稱藍再茂：「丙寅歲，入試郡城，招遠庠生王賜佩、劉見龍二俠士，因條陳利弊，爲衙蠹陷害，知縣潘公叔暘申文黜退，加以極刑，將置之死地。府君聞之不平，立糾十學諸生，謁督學項公，代爲申冤，昭雪復學，賜佩安居即墨，給以廬舍，今三十餘年。」藍啓晃也樂善好施，清人謝永貞在《司訓藍公傳》中稱他：「遇人有婚喪之請，未嘗以無爲解，每至典衣稱貸以助之。戚黨慶弔，必躬必親，盛夏隆冬不憚勞也。他如分人以地，周人以財，捨義冢而澤及枯骨，施廟地而惠及僧道，藥餌飲食以救生，棺槨灰石以恤死，種種善行未可枚舉。」〔註65〕萊陽謝永貞曾流落至即墨，藍啓晃收留兩年之久，謝永貞稱：「余小子昔以逋賦之累爲落魄之遊，蒙先生不鄙寒賤，衣之、食之、教之、育之，得侍杖屨者二年。」〔註66〕藍啓亮也慷慨好義，武林柴望《藍蔭君暨配楊孺人墓誌銘》記載：「藍子（藍啓亮）生平尚節，概重然諾，傾蓋片言，披肝瀝鬲，饒古誼士風。有徐某者，偕北行，殂於旅，其後事莫辨，純元慨然經紀之，至傾囊無吝色，方伯公嘉其得麥舟義，因有甚慰老懷之家檄，是純元之克盡友朋之誼也又如此。」〔註67〕

在禮法方面，要求言恭行謹，嚴以自律。藍氏家族一直注重禮法，嚴於家教，族人以禮法自律，以禮法教導子弟，邑人盛讚「藍氏一門清肅」。五世祖藍章就是恪守禮法，嚴以自律的典範。藍氏家族十八世藍水在《先侍郎年譜》中記載稱藍章：「公以應事，嚴以律身，恭以制禮，敬以義存。語子以孝，語弟以仁，恩及於無告，威示於儉人。由是見者仰止，聽者顯然，邪者歸其

〔註64〕〔明〕李開先：《文林郎河南道監察御史北泉藍公墓誌銘》，藍氏家藏刊本，光緒丙戌增修《即墨藍氏族譜》，卷五，第10頁。

〔註65〕〔清〕謝永貞《司訓藍公傳》，《藍氏族譜》不分卷，河北大學圖書館藏清鈔本，第66頁。

〔註66〕〔清〕謝永貞：《司訓藍公傳》，《藍氏族譜》不分卷，河北大學圖書館藏清鈔本，第66頁。

〔註67〕〔清〕柴望：《藍蔭君暨配楊孺人墓誌銘》，《藍氏族譜》不分卷，河北大學圖書館藏清鈔本，第23頁。

正，枉者從其直，懦弱者起而立志，囂頑者轉而良純，接容止者靡不歸於整飭，峭直之中，然後起拜。」〔註68〕九世祖藍再茂，也以注重禮法著稱。萊陽宋璉評價藍再茂「樸直、無文飾、重禮，長者也。」〔註69〕十一世藍啓肅恪盡孝道，嚴守禮法，馮文炌在《清貽居集序》中稱：「先生純孝之性，禮法褆躬，造次弗離。」〔註70〕周毓正在《中翰藍公傳》中記載：「庚辰臨淮公（藍深）以邑紳士請祀鄉賢，先生（藍啓肅）病不出戶數月矣。檄下例當捧主入廟，弟侄輩請代，弗許，因強起，理巾幘，扶掖成禮，遍拜諸客，皆感歎有泣下者。歸臥床上，顧諸弟侄，恬然曰：『吾瞑目矣』。」〔註71〕足見藍啓肅守禮之嚴，即便是重病不起，仍不敢以病廢禮。十四世藍仕宷也以嚴守禮法，教子有方著稱，清同治版《即墨縣志・孝義》稱藍仕宷：「教諸子各守一業，皆循循有禮法。」〔註72〕

嚴格而又系統的家族倫理教育，使即墨藍氏家族逐步形成了孝悌、睦族、仁愛、重節、崇義等優良傳統，營造了藍氏家族清肅嚴正的門風。整個家族循循有禮法而不失其親，家族和睦，長幼有序，而又和樂融融。清人黃植〔註73〕盛讚稱：「藍氏自侍郎公、御史公後，世以秉禮稱，……由是一家中彬彬有禮，墨邑中稱德門者首推外家焉。」〔註74〕藍氏家族之所以能以仁德冠蓋全邑，這與藍氏家族堅持以仁德持家，注重家族倫理教育是分不開的。

（2）家族文化教育

即墨藍氏家族，由普通的農耕家族轉變爲著名的文化世家，這其中家族文化教育起到了決定性的作用。藍氏家族的文化教育包含著兩個方面的內容：一是科舉教育，一是文史教育。在科舉鼎盛的明清時期，藍氏家族高度重視科舉教育，引導子弟參加科舉，爲家族爭光；同時，藍氏家族不局限於

〔註68〕藍水：《先侍郎年譜》，《大嶗山人集》，藍氏家印本，1996 年，第 38～39 頁。
〔註69〕〔清〕宋璉：《藍蔭君暨配楊孺人合傳》，《藍氏族譜》不分卷，河北大學圖書館藏清鈔本，第 73 頁。
〔註70〕〔清〕藍啓肅：《清貽居集》，藍氏家印本，2012 年，第 4 頁。
〔註71〕〔清〕周毓正：《中翰藍公傳》，《清貽居集》，藍氏家印本，2012 年，第 12 頁。
〔註72〕〔清〕林溥：同治版《即墨縣志》，中國和平出版社，2005 年點校本，卷九，第 250 頁。
〔註73〕黃植，字靜軒，自幼聰慧，性恬退靜穆，長於經學、理學，著有《日知錄》。他是藍氏家族十三世藍中璵之外孫。
〔註74〕〔清〕黃植：《十三世祖母孺人周氏傳》，藍氏家藏清鈔本，第 101 頁。

學習明清科舉所倡導的四書五經和八股，而是開展廣泛的文史教育，引導子弟學習經史子集和傳統文化。

　　嚴格系統的科舉教育。藍氏家族注重家族教育，建塾延師，蓄積圖書，爲子弟提供系統而嚴格的科舉教育。尤其是從藍章、藍田、藍啓肅等人身上我們可以清楚地看到這一點。藍章自幼受到嚴格的家族教育，幼年其父藍銅教以經史，稍長延請名師教導藍章，並對藍章寄予厚望。明人劉健在《明故義官藍君墓誌銘》稱：「（藍銅）朝夕自教以書史。弱冠遣從鄉先生盧繼宗學，夜必籌燈督課之，雖祁寒暑雨不廢，凡章之有今日皆君嚴教之所致也。」〔註75〕藍章對藍田要求同樣非常嚴格，親自教導他讀書習文。在父親的悉心教導下，藍田六歲日誦千言，善詩對；八歲隨父入京，父親好友翰林孫珪考之以長對，應對如流，得孫珪賞識；九歲，侍郎程敏政以《梅花賦》試之，田揮筆而就，程稱讚：「吾舉神童時，不能過也。」十歲，其父藍章除婺源知縣，藍田隨同赴任。吳江陳中丞元吉時猶未第，因受學於其門，聞教即書紳，雖題不窘筆，見者已許其爲國器。藍田中舉後，藍章仍然不放鬆要求，常常帶領藍田讀書習禮。明人錢福《東厓書屋記》記載稱：「至侍御君以文學顯，其子藍田尤以少年登薦，有大譽於時。方侍御君讀禮時，每攜田及鄉彥講習於下。」〔註76〕藍田入太學後，藍章囑託友人楊廷和、楊一清等繼續加強對藍田進行教育。藍啓肅同樣受到系統的科舉教育。藍啓肅從三歲開始接受家族啓蒙教育，進而入監讀書，系統學習了文章、策論、八股文等，中舉後，雖六赴春闈而不第，但在生活極度困頓情況下仍然堅持讀書，參加科舉考試。從《皇清鄉貢進士考授內閣中書舍人藍公年譜》中可以清楚地看到這一點：

　　　　三歲，生疹痘，學識字。四歲，能記誦《三字經》及唐詩。五歲，就外傳讀四書，父教之習威儀閑禮數。……八歲，讀書署中，父以難對試之，輒應聲而對，父稱愛之。九歲，仲父太史公以蔭子例送冕名，入監讀書，字之曰恭元。十一歲，學文章。十二歲，奉制改策論，一見曉大意，時論古有識。……十四歲，文頗進。……十六歲，制復八股，如行道失路，極爲研慮揣摩，乃稍稍就繩

〔註75〕　〔明〕劉健：《明故義官藍君墓誌銘》，藍潤《餘澤錄》，藍氏家刻本，順治十六年，卷一，第12頁。

〔註76〕　〔明〕錢福：《東厓書屋記》，藍章《大崂山人集》，藍氏家印本，1996年，第129頁。

墨。……二十一歲，家道漸索。復從前岳江玉璣讀書世澤樓。……
二十四歲，復從江岳讀書華陽山房，人事日多，心血日耗，誦讀之
樂非復疇昔。然猶勉強從事，秋冬間，晨夕弗輟。二十五歲，春間
復入華陽〔註77〕。

　　從中可見，藍氏家族之所以能夠取得多方面的重要成就，和藍氏家族一
直嚴格要求子弟，注重對子弟開展科舉教育是密不可分的。

　　內容豐富的文史教育。藍氏家族歷來重視傳統文化，其家族的教育不僅
僅著眼科考，局限於四書五經，而是廣泛涉獵經史子集乃至佛道典籍，堅持
詩書傳家，注重真才實學。因此，藍氏家族培養了大批飽學之士。據《藍氏
家乘》記載，藍福盛旁通方外之典，藍銅略通文史，藍章博學廣涉。尤其是
藍田，自幼聰慧，在父親的教導下，廣泛涉獵古籍經典，博聞強識，宏通淹
博。明人楊武《送東厓藍玉夫北上序》稱讚曰：「玉夫（即藍田），天下士。
器宇莊雅溫潤，於書無所不讀。雖天文律曆、地理山經、兵農醫卜、野史小
說，亦皆窮探，飽索歷究，靡遺久畜而遲發，不啻海停山積，無津厓畔岸。」
〔註78〕藍田的族侄藍熏也是飽學之士，藍田在《熏庵箴》中高度讚揚了他的
博學多才，稱之為真儒。其文曰：「維我從子庵名曰熏，我演厥義，學術攸分，
有晉義獻。熏於穎體，筆精墨妙，千金一紙，亦有三謝；熏於賦詩，逸才遠
韻，百世嗟諮，眉山三蘇。熏於詞苑，潤身華國，光照竹簡，大小夏侯；熏
於尚書，訓詁深奧，名冠石渠、河南二程；熏於道學，繼我顏孟，爰覺後覺。
所熏者異，所成者殊。汝慎擇之，庶成真儒。」〔註79〕可見，藍熏不僅擅長
詩詞歌賦，也精通道學訓詁。藍啟晃也博學多聞，熟讀經史子集類典籍。萊
陽謝永貞稱讚藍啟晃：「幼穎悟，好學問，經書子史淹貫精熟，試輒冠，其儔
伍袞。」〔註80〕藍中璈更是特立獨行，他教育子孫讀書做學問要紮實〔註81〕，
不要受八股取士束縛，稱：「學問有根本，勿徒汨沒帖括中。」〔註82〕他自己

〔註77〕〔清〕藍啟肅：《清貽居集》，藍氏家印本，2012年，第14～16頁。
〔註78〕〔明〕楊武：《送東厓藍玉夫北上序》，藍氏家藏鈔本，第32頁。
〔註79〕〔明〕藍田：《熏庵箴》，《北泉集》，藍氏家印本，民國二十七年本，第66
　　　　頁。
　　　　〔清〕黃植：《十三世太學公家傳》，藍氏家藏清手鈔本，第59頁。
〔註80〕〔清〕謝永貞：《司訓藍公傳》，《藍氏族譜》不分卷，河北大學圖書館藏清鈔
　　　　本，第66頁。
〔註81〕〔清〕黃植：《十三世太學公家傳》，藍氏家藏清手鈔本，第85頁。
〔註82〕〔清〕黃植：《十三世太學公家傳》，藍氏家藏清手鈔本，第85頁。

也放棄科考，專心研究史學。黃植在《十三世太學公家傳》記載稱他：「甫弱冠，讀《朱子通鑑綱目》，慨然曰：『治亂安危之數，盛衰興亡之變，備於此矣。吾人置身天地間，有如許重大事業而顧沾沾工揣摩以詞章老乎？』於是盡棄舉子業，益肆力於史學，取《司馬公通鑑》及《二十二史》置之案頭，時時翻閱。」可見，藍氏家族文化教育重實學，務博覽，並非一味迎合科舉，拘泥於八股模式。

（3）光宗耀祖的使命教育

明清時期，通過讀書科舉走上仕途，進而帶動家族轉軌和發展，成為不少普通家族甚至寒門細戶發跡的重要途徑。藍氏家族和明清時期山東地區的多數文化家族一樣，經過幾代人的努力，通過讀書科舉，培養出本家族的進士、舉人，進而培養出各級官員，從而奠定了家族的經濟和文化的基礎。繼而家族後人以先輩為榜樣，或者以振興家族為目標，強化子孫的家族榮譽感，激勵子孫刻苦讀書，振興家族。這種家族榮譽意識，成為藍氏家族教育的重要內容，在激勵藍氏後人發憤圖強，為家族爭光方面發揮了巨大作用。明人官賢在《明故義授七品散官累贈通議大夫南京刑部右侍郎藍公行狀》中記載了藍銅在兒子藍章考取舉人後，激勵兒子不要滿足現狀，繼續努力，為家族爭光的事情。其文稱：「成化丁酉章領山東鄉薦，歸拜堂下，且喜且囑曰：『丈夫立志，當期遠大，無以此足也。』甲辰登李旻榜進士。報捷時，公（藍銅）居父隴，因泣拜曰：『此兒榮顯，是父隱德之明驗也。』」〔註83〕這種家族榮譽意識對藍田同樣也有著重要的影響。藍田十六歲中舉，此後進士考試屢試不爽。明嘉靖二年（1523），藍田第十一次春闈舉進士，時年已四十七歲。藍田忍受了十次進士考試的失敗，歷時三十一年，最終考取了進士，實現了自己的夢想。這種堅韌執著的背後，有一種強大的力量在支撐著他，這種力量正是家族榮譽意識。再如藍啓肅，以先祖為榜樣，身體力行並勉勵子弟繼承祖輩傳統，努力振興家聲。藍啓延在續補《皇清鄉貢進士考授內閣中書舍人藍公年譜》中稱：「庚午，余兄弟共事筆硯，朝夕訓勉，以祖父世德，為兢兢念上世家法，則恐隕越貽羞。」〔註84〕當族弟藍啓延和侄子藍昌後同時考取

〔註83〕〔明〕官賢：《明故義授七品散官累贈通議大夫南京刑部右侍郎藍公行狀》，藍潤《餘澤錄》，藍氏家刻本，順治十六年，卷一，第9頁。

〔註84〕〔清〕藍啓肅自撰、藍啓延續補：《皇清鄉貢進士考授內閣中書舍人藍公年譜》，藍氏家鈔本，雍正元年，第9頁。

舉人後，藍啓肅欣喜之餘，仍不忘勉勵弟、侄，曰：「吾家三年內登科者三人，眞祖宗積累之所貽也。但門第可畏不可恃，願交相勉勵，善承祖德，勿自菲薄，以玷家聲耳。」〔註85〕藍啓肅始終勉勵子弟以振興家族、爲家族增光爲己任，甚至在彌留之際，仍念念不忘叮囑子弟要光大門庭。其子藍重蕃在《皇清鄉貢進士欽授內閣中書舍人先府君藍公行述》中記載藍啓肅臨終仍勉勵四弟（藍啓延）：「門戶事大，吾弟勉之。」〔註86〕

藍氏族人還通過詩歌唱和，勉勵子弟牢記家族輝煌，繼承傳統，光大門庭。藍重蕃有一首《勉子孫》的詩：「紫雲高閣起華陽，祖德已同海石長。爾在東崖須記取，青青不斷是書香。」詩中藍重蕃追溯先祖業績，強調了藍氏詩書傳家的家風，要求子孫勤奮讀書，不辱家聲。藍中珪在送兒子和族人去紫雲閣讀書時，寫了《送諸生子侄讀書紫雲閣》的詩歌：「檢點琴書躋野陂，長空催雪莫遲遲。三多敏勉兒孫業，一卷殷勤祖父思。松澗長流分爽致，柏臺世澤廑遺基。迢迢前路功程遠，競惜寸陰須及時。」詩中同樣表達了要求子孫繼承家族傳統，珍惜時光，努力讀書，光大門庭的願望。藍氏家族的這種家族榮譽教育，在激勵後人奮發進取，光大門庭方面起到了重要作用。

2、家族教育形式

即墨藍氏家族的教育系統而又全面，從教育形式上來看，主要包括家族蒙教和書院教育、官學教育三個層次。這三方面的教育相互配合，相互促進，共同構成藍氏家族的教育體制。

家族蒙教。藍氏家族一世祖藍文善、二世祖藍景初，都是普通的農民，沒有文化，以農耕持家。藍氏家族文獻中沒有關於他們教育子弟方面的記載。三世祖藍福盛、四世祖藍銅，始粗通文史，旁及方外典籍。明人王鴻儒《大明贈通議大夫南京刑部右侍郎藍公神道碑銘》稱：「（藍福盛）旁通方外之典」〔註87〕，明人劉健在《明故義官藍君墓誌銘》中記載：「（藍銅）讀書僅通大義」〔註88〕。尤其是藍氏家族四世祖藍銅，不僅自己具有一定文化基礎，而

〔註85〕　〔清〕藍啓肅自撰、藍啓延續補：《皇清鄉貢進士考授內閣中書舍人藍公年譜》，藍氏家鈔本，雍正元年，第11頁。

〔註86〕　〔清〕藍啓肅：《清貽居集》，藍氏家印本，2012年，第25頁。

〔註87〕　〔明〕王鴻儒：《大明贈通議大夫南京刑部右侍郎藍公神道碑銘》，藍潤《餘澤錄》，藍氏家刻本，順治十六年，卷一，第2頁。

〔註88〕　〔明〕劉健：《明故義官藍君墓誌銘》，藍潤《餘澤錄》，藍氏家刻本，順治十六年，卷一，第11頁。

且特別重視家族教育。對兒子藍章抱有厚望，而且還親自教導子孫讀書，嚴加督促，寒暑不忘，從而培養出明清藍氏家族第一位舉人、進士藍章。明人劉健在《明故義官藍君墓誌銘》中對藍銅教導兒子藍章讀書情況，有這樣的記載：「（藍銅）配於氏。先君卒，卒時其子章甫八歲，而穎敏異常，君甚愛之，朝夕自教以書史。」〔註 89〕可見，藍銅親自教導兒子藍章讀書，而且對兒子嚴格教導，每晚要親自監督兒子讀書，四季不輟，堅持不懈。正是由於這種良好的家族教育和嚴格的管束和督促，才為藍氏家族培養出第一位進士。劉健稱：「凡章之有今日，皆君嚴教之所致也」。〔註 90〕自此以後，父輩作為子弟的啟蒙老師，對子弟進行啟蒙教育作為藍氏家族的一種教育模式被一代代繼承下來。《藍氏家乘》中，對父輩對子弟開展啟蒙教導的記載甚多。在父親的影響和帶動下，藍章也非常重視對子弟的啟蒙教育。藍章對藍田要求非常嚴格，鼓勵他立志高遠。藍思繼在《書先侍御集後》稱：「先大父（藍田）侍御公年甫垂髫，即能為古文詞，篆墩程公奇之，曾大父（藍章）侍郎公時勖之曰：『丈夫生而當振拔流俗，雕蟲小藝壯夫所恥，汝其勉之』。」〔註 91〕在藍章的啟蒙教育下，藍田六歲時便能日誦千言，尤其擅長詩對。八歲隨父入京，父輩好友翰林孫珪以長對考之，藍田隨口答來，且用字準確、對仗工整，被譽為「小聖人」。九歲時，侍郎程敏政以《梅花賦》為題考對，藍田略加思索，揮筆而就，程侍郎歎曰：「吾舉神童時，不能過也！」十二歲時，南直隸提學司馬亮，屢命藍田等人糊名考試，藍田均名獲一等。弘治五年（1492），藍田鄉試中舉，年僅十六歲，名揚齊魯。而藍田也非常重視對子弟的啟蒙教育，他一生除短暫為官外，大部分時間在家賦閒，其前半生主要忙於讀書應試，後半生在家亦耕亦讀，教育子弟和門生。其子藍柱孫博學能文，初試萊郡督學，拔置十庠第一。次子藍史孫也以文學見長。然而，藍柱孫、藍史孫早卒，對孩子的教導較少，導致藍氏家族家道中落。至九世祖藍再茂時，藍氏家族又強化了家族教育，藍再茂親自教子孫讀書。王鐸在《賀藍老年翁初度序》中也稱：「（藍再茂）當以殊異用，乃見忌於時，竟爾被謗，

〔註 89〕〔明〕劉健：《明故義官藍君墓誌銘》，藍潤《餘澤錄》，藍氏家刻本，順治十六年，卷一，第 12 頁。

〔註 90〕〔明〕劉健：《明故義官藍君墓誌銘》，藍潤《餘澤錄》，藍氏家刻本，順治十六年，卷一，第 12 頁。

〔註 91〕〔明〕藍思繼：《書先侍御集後》，《北泉集》，藍氏家印本，民國二十七年，第 10 頁。

公怡然歸里，日惟坐故園，芸植松菊，婆娑自適，以文藝課子孫。」〔註92〕藍深對兒子藍啓肅啓蒙教育也極其嚴格，親自督導教導他讀書。藍重蕃《皇清鄉貢進士欽授內閣中書舍人先府君藍公行述》稱：「（藍深）課之（藍啓肅）學，學業日進，兼工書法，乃命應童子試，輒居前茅。」〔註93〕藍啓肅自撰《皇清鄉貢進士考授內閣中書舍人藍公年譜》中也記載：「肆力於舉子業。父爲籌燈朝夕不輟。」〔註94〕藍啓肅壽命不永，去世時年僅四十八歲。兒子藍重蕃出生時，他已三十三歲，因而對兒子備加疼惜，但卻沒有放鬆對兒子的教導，甚至在臨終之際仍留言囑咐。藍重蕃在《皇清鄉貢進士欽授內閣中書舍人先府君藍公行述》中稱：「不孝蕃一人，且得之晚，鍾愛特甚，然義方嚴正不少姑息，病革時，猶手書遺言勉以早振拔。」〔註95〕正是這種飽含殷切希望的諄諄蒙教，使得藍氏子弟自幼打下堅實的文史基礎，培養了良好的習慣，爲繼續深造打下了堅實基礎。

書院教育。書院是家族教育的重要陣地，塾師是家族子弟繼續深造的導師。即墨藍氏家族在注重啓蒙教育的同時，較早地建立書院，並邀請名師教導子弟，爲藍氏家族的科舉事業和人才培養奠定了良好的基礎。

吳江趙寬在《東厓十二詠序》中指出：「書院學問之地」〔註96〕，爲更好地培養本族子弟，藍氏家族先後建起了三座書院，即東厓書院、華陽書院和讀書樓。這三座書院分別始建於明代初期和明代中期和明代末年，至清代衰落。在長達三四百年間，成爲藍氏家族人才培養的搖籃和陣地，爲藍氏家族培養了大批優秀人才。

東厓書院。東厓書院是藍氏家族的第一座書院，也是即墨地區創建較早、影響較大的一座書院。書院在即墨城東一里地，即現在的即墨西障村，始創於三世祖藍福盛。東厓原本是藍氏家族在城東的一片田園，而東厓書院的雛形也就是三祖藍福盛在田園裏建起的幾間草房。至四世祖藍銅時，加以擴建，並開始蓄書，以作爲子孫的讀書場所。五世祖藍章及其子藍田、藍

〔註92〕〔清〕王鐸：《賀藍老年翁初度序》，藍潤《餘澤錄》，藍氏家刻本，順治十六年，卷四，第19頁。

〔註93〕〔清〕藍啓肅：《清貽居集》，藍氏家印本，2012年，第22頁。

〔註94〕〔清〕藍啓肅：《清貽居集》，藍氏家鈔本，雍正元年，第5頁。

〔註95〕〔清〕藍啓肅：《清貽居集》，藍氏家印本，2012年，第24頁。

〔註96〕〔明〕趙寬：《東厓十二詠序》，藍水編《大嶗山人集》（家印本），1996年，第134頁。

困、藍因均在這裡讀過書。邑人楊循吉在《東厓書屋詩序》中對東厓書院的早期狀況作過記載，稱：「侍御即墨藍公文繡未第時，有藏修之所，在其城東一里，曰東厓書屋者。其先祖所創也。崖本高阜，巍然與山嶺類，其下有甘井可溉蔬，旁多腴田可耕，故公（藍章）之大父築以爲農舍，至尊翁義齋先生，以其背山面水，足於清幽之致，乃建屋蓄書，俾公讀其中。」〔註97〕邑人楊還吉在《勞山遺稿序》也稱：「出東郭里許，溪山映帶，竹樹連雲，古屋一區是謂東厓書院。考諸縣志，蓋邑先達少司寇藍公及侍禦北泉先生讀書處也。」〔註98〕

書院建有萃英樓、凝翠樓兩處，爲藍氏藏書之所。書院環境清幽，景色怡人。花園內有襲香亭、萬花亭，常是草木蔥鬱，鳥語花香。有一年，園中曾長出連莖並蒂的牡丹，人們以爲是祥瑞之兆。明太子太保吏部尚書喬宇還專門有一首《題東厓書院並蒂牡丹》詩記錄了這件事：「海東仙人厭塵俗，手植名花媚幽獨。欲遣芳菲伴草堂，那誇彩麗侔金谷。檻內一花疑有神，連莖立蒂笑含春。殘雲亂颭流蘇濕，豔日閒窺孔雀馴。勝事來看似洛陽，衣冠晏設舊平章。幔外如聞車馬集，尊前不借綺羅張。昔公蹤跡半環宇，覽勝探奇難具數。老去初開獨樂園，歸來況有藏春塢。更將花木養天龢，俯仰乾坤奈樂何。有時興到即揮灑，對酒浩然還詠謌。憶昔膠東避榮寵，急流聲價如山重。謝家玉樹今滿庭，善積公侯應有種。」詩歌通過豐富的想像，以擬人等手法形象地描繪了並蒂牡丹的神態，追述了藍章一生的豐富閱歷和輝煌的業績，認爲出現並蒂牡丹是吉祥之兆，是藍氏家族積善的果報。

書院後有藍田建「可止軒」書屋，爲藍田宴友讀書處。其西有龍抓槐一株，明時栽植。該樹歷經歲月滄桑，仍蒼勁蔥鬱。藍氏家族第十八世藍水有一首《東厓古槐歌》〔註99〕：「東厓書屋表東海，臺傾池塹五百載。平泉樹石遺子孫，至今喜有古槐在。槐古劫灰不敢燒，生意婆娑終不改。鐵幹輪囷復蚴蟉，千曲蟠鬱意不怠。枵腹頓見月玲瓏，蒼皮都作石磊塊。盤空恍似走龍蛇，每當風起見精采。君不見孔林古木存枯柴，云是子貢手植楷。先人遺澤存焉耳，慎勿剪伐當如甘棠視同儕。」詩歌追述古槐的歷史，描述了古槐的

〔註97〕〔明〕楊循吉：《東厓書屋詩序》，藍水編《大嶗山人集》（家印本），1996年，第131頁。

〔註98〕〔清〕楊還吉：《勞山遺稿序》，藍水編《大嶗山人集》（家印本），1996年，第1頁。

〔註99〕藍水：《東厓詩集》，藍氏家印本，1997年，第14頁。

外貌特徵，讚揚了古槐歷經歲月滄桑，仍然頑強生長的堅毅不拔的精神。而古槐，也正是即墨藍氏家族的象徵。古槐的堅毅不拔的精神，正是藍氏家族歷經磨難、頑強不息精神的象徵。

東崖書院只是藍氏自家書院，本無聲名可言。直到五世祖藍章時，在二十年間，藍章考取進士，其子藍田考取舉人，父子雙雙高中。邑人楊循吉稱：「（藍章）遂取進士，擢顯官，既為崖之耿光矣。公有子曰田，公又俾學，又登鄉薦。蓋不二十年而成名者兩世。」〔註100〕正是因為東崖書院是藍章、藍田的讀書之所，才受到世人的關注和讚美而名揚海內。至此，藍章才為其命名為東崖書院。錢福《東崖書屋記》記載了藍章命名東崖書院之事。其文稱：「方侍御讀禮時，每攜田及鄉俊彥講習其下。侍御君顧而歎曰：『學者當如是矣』。《齊記》『泰山雖言高，不如東海嶗』，言嶗山極天下之奇觀也。海潴百川，包地維通天氣，古之至深且大者也，於是乎有得焉。吾恐鄒孟氏所謂登山視海者，或託諸擬議形容，而其真趣今當在吾彀率中矣。因題曰東崖書院。」〔註101〕此後，東崖書院既是藍氏族人讀書的地方，也是藍氏族人生活交際的重要場所，與後來的華陽書院作為藍氏家族的教育基地，一直發揮著重要作用。這在藍氏家族文獻中多有記載。萊陽宋璉記載了與藍氏子弟在東崖書院讀書交遊的情況，稱：「又二年，南皮公即世，余從先君子自維揚來弔之，遂卜居墨，太史公以世好，館余於東崖書院，使其子若、侄若、婿若、甥從吾遊，而純元則以廕生交余與師友之間。」〔註102〕邑人楊還吉在《嶗山遺稿序》中也記載藍啓肅帶領子弟在東崖讀書的情形，稱：「恭元力學好文，率其群從讀書東崖，俯仰先型如或見之。」〔註103〕藍啓肅《皇清鄉貢進士考授內閣中書舍人藍公年譜》稱自己：「嘗讀書於東崖書院之西舍」〔註104〕，藍啓延《皇清鄉貢進士考授內閣中書舍人藍公年譜續補》記載藍啓肅：「丁卯肆業東崖書院，刻意攻若。」〔註105〕

東崖書院既是藍氏子弟讀書的地方，也是藍氏家族成員集體活動的場

〔註100〕〔清〕楊循吉：《東崖書屋詩序》，藍楨之編《大嶗山人集》（自印本）載，1996年，第131頁。

〔註101〕〔清〕藍潤：《餘澤錄》，藍氏家刻本，順治十六年，卷三，第4頁。

〔註102〕〔清〕宋璉：《陰君藍公啓亮暨配楊孺人合傳》，《藍氏族譜》不分卷，河北大學圖書館藏清鈔本，第73頁。

〔註103〕〔明〕藍章：《嶗山遺稿》，藍氏家刻本，康熙二十九年，第2頁。

〔註104〕〔清〕藍啓肅：《清貽居集》，藍氏家鈔本，雍正元年，第4頁。

〔註105〕〔清〕藍啓肅：《清貽居集》，藍氏家鈔本，雍正元年，第9頁。

所。藍氏族人的不少詩歌作品，都對東厓書院作過記述。十世藍湄有一首《東厓書院》的詩，描繪了東厓書院概況：「郭外名園十畝餘，青氈掩映舊詩書。南山遙峙層樓迥，北斗高懸曲欄疏。歷歷松韻傳日月，閒閒耕鑿問災畬。幽人不解秋英苦，一任寒颸到故廬。」藍中瑋在《東厓書院同眾兄弟飲酒看菊》中記述了眾兄弟飲酒賞菊之事；在《登東厓萬卷樓》描繪了秋日登東厓萬卷樓的情景。此後在相當長的一段時間內，藍氏家族的華陽書院成為家族教育的主陣地，東厓書院退居二線。後華陽書院衰落，藍氏子弟又回到東厓書院讀書，東厓書院又繼續發揮其為家族培養人才的作用。

華陽書院。藍氏東厓書院，經過幾代人的建設，具有相當規模，已是樓臺亭榭相連、林木成拱、花草葱鬱。但由於縣距離城過近，不利於子弟潛心讀書。五世祖藍章時，花費鉅資在華樓山前的華陽山下，購得數畝山地，新建華陽書院，聘請鄉賢塾師教育培養子弟。華陽書院位於華樓山南麓，是即墨藍氏家族第二座書院，也是明清時期即墨地區創建規模最大，持續時間時間最久，藏書最豐富，影響最大的書院之一。藍氏華陽書院地產甚廣，康熙三十二年（1693），值藍氏家族中衰之際，華樓宮道人徐和林等企圖侵佔藍氏家族祖產。後藍氏家族據理力爭，在地方官吏的干預下，徐和林等的企圖未能得逞。在這次案件審理中，地方官吏對藍氏家族華樓山和華陽書院的地產作了勘定，明確了相關界限。藍重蕃《華陽書院記》殘板記載：「康熙三十二年，華樓宮道人徐和林等出賴書院，與訟上控，蒙府憲勘驗，當立界碑載書院山場四至刊刻於後。東至一橫橋水溝為界。東南至惡狼峙石峒為界。挨下以分水嶺通楊樹溝接連一橫橋溝為界。東北至分水嶺接通一橫橋溝為界。西至石門山口分水嶺為界。西北至華樓宮界字為界。西南至石門山分水嶺為界。南至山頂一流分水嶺為界。北至華樓宮一流界字為界。華樓宮東南界。藍宅書院東北界。神路東北石峒界字一個，東南至本宅，西北至華樓。挨上石峒界字一個，東南至本宅，西北至華樓。挨東北黑石壁界字一個，東南至本宅，西北至華樓。挨上東北垛著石峒界字一個，東南至本宅，西北至華樓。挨上東北鷹嘴石界字一個，東南至本宅，西北至華樓。挨西馬面石界字一個，南至本宅，北至華樓。代悅塋西石峒界字一個，南至本宅，北至華樓。挨西南路南石峒界字一個，東至本宅，西至華樓。挨南石流子西石壁上道文界。道文南嶺石壁上界字一個，東至本宅，西至華樓。挨西南香澗頂道文立界，華樓東界，藍宅西界。香澗頂西風口東道文立界。風口西石壁界字

一個，南至本宅，北至華樓。挨西紅峒頂界字一個，南至本宅，北至華樓。
挨西石峒界字一個，南至本宅，北至華樓。挨西又石峒界字一個，南至本
宅，北至華樓。挨西石峒界字一個，南至本宅，北至華樓。仙人橋北石壁界
字一個，南至本宅，北至華樓。挨西大頂華樓南界、書院北界。挨西小石峒
界字一個，南至本宅，北至華樓。大頂西北界字一個，東至華樓，西至本
宅。……」〔註106〕

　　尤其是嘉靖元年（1522），藍章於華陽書院內建紫雲閣，請名儒施教。當
時書院藏書十分豐富，列即墨各書院之冠，蜚聲鄉里，遠近許多學子慕名而
來求學，遂使華陽書院成為當時即墨規模最大、人才最多的書院。華陽書院
依山臨溪，林泉竹影，松風煙霞，環境幽雅。十一世藍啓華在《華陽書院》
一文中稱：「二嶗僻處於海隅，內一峰崒然，……昔我先公侍御史，嘗卜築於
是為書院。依阿北嶹而南矚，勢敞朗而僻，作茅亭一，藏書及退息所二，廚
灶爐室一。」〔註107〕十二世藍重蕃於清乾隆四十六年（1739）任華陽書院山
長，其《華陽書院紀略》詳細記載了書院自建成以來的發展歷程及書院的風
景地貌、人文景觀等，其文稱：「先司寇公腰其岫而辟之，建華陽書院，以為
歸休登眺之所。嗣是而後，若先御史公、先南皮公、先君子孝廉公，讀書於
此，代有增修。……書院居華樓山之陽，有閣翼然，顏曰：『紫雲閣』。後有
亭，列數石墩，迎春花蟠石如繡。再折而北，最高處為文昌閣。……閣之西
為大澗，中橫巨石，溪水流其上。每水漲時，萬壑震盪，如銀龍騰空狀，上
鐫『枕石漱流』四字。下有曲水，盤旋石際，鐫曰：『曲水流觴』。再西仙人
橋，橫出如掌，可布數席。」〔註108〕黃肇顎《嶗山續志》也盛讚華陽書院稱：
「最著者，無如藍氏之華陽書院。」〔註109〕從中可以窺見，華陽書院當時的
規模建制與興盛的局面。清康雍年間，藍氏家族家遭多故，人丁凋零，華陽
書院隨之敗落。先是甘肅西和縣令藍啓延，督調軍餉，勞累而卒。藍啓延死
後，其幕僚馮文炌扶柩歸即墨安葬，並到華陽書院執教。藍氏家族中兩位青
年才俊藍中琮、藍榮照深得馮文炌器重。藍水《華陽山》記載，藍中琮文思

〔註106〕即墨市史志辦公室：《即墨藍氏》，中國文化出版社，2017 年，第 61 頁引。

〔註107〕〔清〕藍啓華：《華陽書院》，黃肇顎《嶗山續志》，山東省地圖出版社，2008
　　　　年，第 160 頁。

〔註108〕〔清〕藍重蕃：《華陽書院紀略》，黃肇顎《嶗山續志》，山東省地圖出版社，
　　　　2008 年，第 160 頁。

〔註109〕〔清〕黃肇顎：《嶗山續志》，山東省圖書出版社，2008 年，第 161 頁。

超群，馮對其寄於厚望。不料，藍中琮於 22 歲病故，馮異常惋惜。庠生藍榮照，琇慧天成，特工書法，在華陽書院讀書期間，與一民女相識，引爲知己，欲娶爲側室，歸家，其父大怒，施以重杖責罰。藍榮照羞惱至極，次日回華陽書院自縊而死，年 32 歲。兩名愛徒相繼不測，自身無子女，嗣子又夭折，馮文炌心灰意冷，窮困致死。自此華陽書院日漸清冷，藏書大多散佚。藍中瑋曾在《秋日華陽書院作》中描寫了華陽書院的沒落景象：「華陽書院臥山腹，廷尉遺跡侍御築。蓬門蛛網絲蘿身，高閣霜威寒逼人。庭來鳥啼啼不歇，階引藤生生不竭。門外青松遏秦雲，閣前蒼柏留漢月。撲面清風松柏香，松柏樹下澗水長。潺潺千古自西來，終是東流不復回。百年時事今何在，空山唯有讀書臺。」之後百餘年間，華陽書院雖經修葺，終難復舊觀。藍氏後人多移至東厓書院或仰口小蓬萊之紫霞閣就讀。

華陽書院「傳世十二，歷年四百」〔註110〕，在培養子弟方面起到重要作用。藍章規定，「凡藍氏子孫，考取秀才後，可入華陽書院修業。」〔註 111〕黃宗昌《嶗山志》中記載：「其（藍章）子田登鄉薦，已二十年。所稱博學名儒，實自得於華陽書院者深耳。」〔註 112〕除了藍田兄弟三人外，由這裡培養出的人才還有：藍史孫，明嘉靖年間貢士；藍湿，崇禎十四年（1641）進士；藍再茂，崇禎二年（1629）選貢，任南皮縣知縣；藍深，順治八年（1651）恩貢，任江南臨淮縣知縣；藍潤，清順治三年（1646 年）進士，官至湖廣布政使；藍啓肅，康熙二十三年（1684）舉人，授內閣中書；藍啓延，康熙三十九年（1700）進士等。可以說，藍氏家族絕大多數族人都在華陽書院讀過書。華陽書院爲藍氏家族培養了大批優秀人才，確保了藍氏家族持續發展。黃肇頭在《嶗山續志》中稱讚藍氏家族曰：「世紹弓冶，不論其登賢書，捷南宮，入翰苑，列仕籍者綿綿翼翼，迄今不絕。」〔註 113〕

作爲明清時期即墨地區著名的書院，華陽書院不僅招收本族子弟，同時也招收外姓子弟。藍潤《省克軒》中記載了十四名與自己一起在華陽書院讀書的外姓學友，稱：「甲戌就此肄業，致乙酉科，計十二年，寒窗之苦，不忍言矣。先後同社，則王提封、孫介庵、王鳴元、王仲玉、楊升之、楊葵卿、

〔註110〕〔清〕黃肇頭：《嶗山續志》，山東省地圖出版社，2008 年，第 161 頁。

〔註111〕周瀟：《明清青島地區文化家族述論》，《青島大學師範學院學報》，2009 年 12 月，第 26 卷第 4 期，第 43 頁。

〔註112〕〔清〕黃肇頭：《嶗山續志》，山東省地圖出版社，2008 年，第 161 頁。

〔註113〕〔清〕黃肇頭：《嶗山續志》，山東省圖書出版社，2008 年，第 162 頁。

呂秋卿、胡二酉、宋惟恭、尹潛初、盧樹之、趙雲子、袁雪航、姜玉璿諸公也。」由於華陽書院在藍氏家族及即墨地方教育中發揮的重要作用，使得它聲名遠播。即墨當地周、黃、楊諸姓文人均有盛讚華陽書院的詩文，並收入黃肇顎的《嶗山續志》中。如周如錦的《宿藍侍御華陽山房》、黃宗臣的《題藍侍御華陽書院》、楊士鑰的《華陽書院》等。

　　讀書樓。讀書樓爲藍泟所創，位於嶗山書院村，原本是藍泟讀書隱居之所（藍泟支系後人又稱三樹堂），算不上是書院。藍泟，是藍氏家族唯一一位武進士，明崇禎十四年（1641）中式，官至南京神威營都司。明亡後，隱居不出，在嶗山華樓山南天門西麓峪中構築房屋，取名「讀書樓」，以經書字畫自娛。此讀書樓所在的位置爲藍氏家族的「南塋」，即藍章初葬的塋地，後藍章遷葬於即墨城北賜塋內，此處被藍氏族人稱爲「南塋」。此處被視爲「書院」，源於 1934 年青島市市長沈鴻烈視察嶗山。他見谷內氣候溫和，山光靈秀，是一個天然樂園，又得知南塋是當年藍泟隱居的讀書樓，遂正式定名爲「書院」，村名改爲書院村。

　　官學教育。即墨藍氏家族子弟，經過了較爲系統的啓蒙教育和書院教育之後，一般要進入官學接受正規教育，以順利參加科考。官學分爲中央官學和地方官學。明清基本一致，中央官學爲國子監，地方官學按地方行政區域設立府學、州學、縣學。府、州、縣學設置比較普遍，學生通稱爲生員，生員分爲廩膳生、增廣生、附學生三種，廩膳生員在學期間由政府提供伙食。生員實行動態管理，初入學者爲附學生員，參加歲、科兩試，成績優異者，可依次遞補爲增廣生、廩膳生，廩膳生員可通過貢監進入國子監肄業。另有按軍隊編制的都司儒學、行都司儒學、衛儒學。地方尚有專科學校，如武學、醫學、陰陽學等。就即墨地方來看，就有縣學、衛學等官辦學校。據統計，明清兩代，即墨藍氏家族共培養了進士 5 人，舉人 12 人，貢生 51 人，監生廩生增生 90 人，庠生武生 143 人，合計 200 餘人。即墨藍氏家族子弟大多都在官學讀過書，接受過官方正規教育。

（二）家族教育對即墨藍氏家族發展的影響

　　即墨藍氏家族教育，在推動家族崛起，促進家族轉型，培養家族子弟，營造家族清肅門風，保障家族持續發展等方面，都起到了極其重要的作用。沒有嚴格系統的家族教育，就沒有即墨藍氏家族的發展繁榮，就不可能造就一個橫跨明清兩代、綿延數百年的文化家族。

1、家族教育推動藍氏家族崛起

科舉制度是一面旗幟，是一種導向。明清兩朝政府高度重視科舉，將它視爲選撥人才的重要途徑。這讓廣大地主階層甚至是普通的農耕家族，看到了通過讀書，參加科舉，走上仕途的曙光，激發了他們加強家族教育，培養子弟讀書成才的信心和決心。在科舉制度的導引下，即墨藍氏家族自三世祖藍福盛始，便開始重視文化學習，加強對子弟的教育培養。至五世祖藍章時，取得了科舉的重大突破，並開啓了即墨藍氏家族科舉興族的序幕。藍章是即墨地區歷史上第五位進士，也是明晴即墨五大家族的第一位進士。藍章的成功，不僅是即墨藍氏家族的榮耀，而且也是即墨地區的榮耀。他爲藍氏家族後人，乃至整個即墨地區讀書人樹立了榜樣，成爲他們學習和效仿的目標。在藍章的帶動和感召下，不僅藍田、藍困、藍因三兄弟以讀書科舉成名，就連從事農耕的藍竟也開始培養子弟讀書。藍田在《先叔父宣義郎藍公墓誌銘》中記載：「（藍竟）生子二人，長曰國，陰陽學訓術。次曰圓，太學生。……繼黃氏生子一人曰圖，太學生。……孫子八人，芝，陰陽學訓術。芸，醫學訓科。芳，義官。蕙、芮、葵皆邑庠生。荷，省祭。芹，已娶而殤。……曾孫五人，長正業，省祭。次光業、振業、大業皆邑庠生。」〔註114〕一時間，即墨藍氏家族英才輩出，聲名鵲起，實現了家族的崛起與轉軌。

2、家族教育保障藍氏家族發展

明清時期，家族教育，尤其是家族科舉教育，是實現家族持續發展的重要保障。朱麗霞在《清代松江府望族與文學研究》引言中指出：「望族以其家族史詮釋科舉的全部意義，以及通過家族行爲展示科舉的眞實。科舉成爲家族的一種動員力量，族人出仕從政既是望族形成的條件，又是望族經久不衰的前提。」〔註115〕也就是說，讀書科舉不僅可以興族，同時也是家族持續發展的重要條件。曾國藩在其《曾國藩家訓》中稱：「吾不望代代得富貴，但願代代有秀才。秀才者，讀書之種子也，世家之招牌也。禮義之旗幟也。」〔註116〕這與藍田在他《生孫二首》所言：「但求續書種，不敢忘興門」是同一道理。也就是說，作爲一個文化世家，注重家族教育，堅持詩書繼世尤爲重

〔註114〕〔明〕藍田：《藍侍御集》，齊魯書社，《四庫全書存目叢書》集部八三卷，1997年，第 244 頁。

〔註115〕朱麗霞：《清代松江府望族與文學研究》引言，上海古籍出版社，2006 年，第 62 頁。

〔註116〕〔清〕曾國藩：《曾國藩家訓》，嶽麓書社，1999 年，第 102 頁。

要。注重家族教育，堅持詩書傳家，進可以通過科舉取得功名，踏入仕途；退可以養家糊口，保留讀書的種子，傳承家族文化。袁采在《袁氏世範》中對讀書科舉在文化世家維繫中的作用作了精到總結，稱：「士大夫之子弟，苟無世祿可守，無常業可依，而欲為仰事俯育之資，莫如為儒。其才質之美能習進士者，上可以取科第，致富貴；次可以開門教授，以受束脩之奉。其不能習進士業者，上可以事筆札，代箋簡之役；次可以習點讀，為童蒙之師。」〔註117〕正是因為藍氏家族開展家族教育，鼓勵子弟參加科考，才為家族培養出二百餘位進士、舉人、貢生、廩生和百餘位官員，保持著詩書繼世的傳統，延續著家族文化脈絡，使藍氏家族得以數百年繁衍不息，持續發展。

3、教育導向決定藍氏家族命運

　　家族教育，尤其是家族科舉仕宦教育，不僅決定著藍氏家族的科舉仕宦成就，還決定著藍氏家族的興衰發展。一方面，藍氏家族重視文史教育，推重實學。明清以來，科舉考試推崇八股，而且是愈演愈烈。八股文形式僵死，內容空疏，枯燥乏味。而藍氏家族教育，推重博覽群書，注重實學，族中不少人因不肯屈就八股準繩而屢試不中。如藍田十六歲中舉，因不肯屈就，直至四十七歲第十一次春闈才考中進士。李開先在為藍田撰寫的墓誌銘中稱藍田：「每病場屋之文日趨於浮靡，曰：『此晚宋之文妖經賊也！』若《止齋論》、《繩尺論》、《策學衍義》、《譬水群英》之類，誠如李崆峒所謂『其氣繭以索，其辭刻以峭』。以是知公言雖激，然而亦不為過矣。今則《四書經義》固不及往日渾厚雄偉，而透貼精細，亦非往日所能及。可惜二三場熟爛鬆懈，直書舊套，不惟不似晚宋，較之弘、正、嘉靖初年，更覺不及。猶幸公不及見，見則不平之氣，不知又將何如矣！當時所作之文，果是高古，藏鋒鍔不露圭角，奮然以變時習為己任，因而不合於主司。每一下第，輒改一經，久而五經俱遍矣。」〔註118〕藍啓蕭亦是如此，「六赴春闈而不第」。藍啓蕊反對科舉八股，曾作《讀書歎》，對通過讀書科舉走上仕途的人生之路提出質疑，稱：「閔子辭黃宰，求也臣季氏。同學聖人門，取捨已如此。莫問後來人，紛紛誰足齒。掩卷重諮嗟，何以榮素履。」清代中後期，藍氏家族對科舉應試的熱情大幅回落。有些族人甚至直接放棄參加科考。藍氏家族十三世藍中瓛，

〔註117〕〔南宋〕袁采：《袁氏世範》卷中，《四庫全書》本，第21～22頁。
〔註118〕〔清〕李開先：《文林郎河南道監察御史北泉藍公墓誌銘》，藍氏家藏刊本，光緒丙戌增修《即墨藍氏族譜》，卷五，第10頁。

就是其中一個。藍中璥的外孫黃植在為他撰寫的傳記中稱：「（藍中璥）少入泮，援例入太學，肄業，遂為太學生。公性豪爽，好讀書史飲酒。甫弱冠讀《朱子通鑑綱目》，慨然曰：『治亂安危之數，盛衰興亡之變，備於此矣。吾人置身天地間，有如許重大事業而顧沾沾工揣摩以詞章老乎？』於是盡棄舉子業，益肆力於史學，取《司馬公通鑑》及《二十二史》置之案頭，時時翻閱。」〔註119〕

　　從中可見，藍氏家族教育歷來注重文史教育，推重實學。不少族人不願為了求取功名，而一味迎合科舉要求。尤其是清代中後期，藍氏族人已經沒有了先人追求科考功名的熱情與執著，不少族人對讀書、科考產生質疑，有些人甚至放棄參加科考。藍氏家族這種教育導向，為藍氏家族培養了一大批德才兼優、具有真才實學的文化人才。但是，在明清科舉八股範式下，這種教育導向勢必會影響整個家族的科舉成就，進而影響到整個家族的命運與發展。

　　另一方面，藍氏族人為官，秉承著「為官清廉，不阿權貴」的家族仕宦傳統。大多官員性格亢直，剛正不阿，行事常「不合時宜」，易於得罪權貴。因此，從藍氏家族仕宦狀況來看，不少官員仕途不順，官職不高。常遭到誣陷，或者被埋沒功績，甚至被罷官。以藍章、藍田為例，父子二人皆以直節著稱，卻屢遭貶斥和迫害。清人張謙宜在《大崂山人集序》中稱：「即墨藍司寇，功名表見於臺省。其直道孤行，嘗得罪劉瑾，下獄謫罰矣。又嘗諫武宗崇儉節用，忤閹人蕭敬廖堂，戰功不得盡錄，委置於留都卿貳，乃怨尤俱泯，完節以歸。其子伯玉甫，繼武臺班，廷諍大禮，下獄受杖，為嘉靖直臣」。〔註120〕藍再茂勤於政事，功績頗著，卻遭人誣陷而罷官。其子藍深、藍潤在封太史公行狀》中稱：「嗚呼，府君克勤於邦，百為具舉，實心實政，見忌於時。薊遼部院傅宗龍批槁兵甲文，先云『本部院將圖所以大用該縣焉』。未幾反覆駁查。又云『南皮小邑，何能供其大費？』駁詳一到，惡紳乘機搆害，被傅宗龍掛之彈章，棄成勞於一旦。宜人情所不堪也。府君氣中風痰，調攝年餘，乙亥冬歸故園。」〔註121〕藍深為臨淮令，因為不願苟同上司草菅人命

〔註119〕〔清〕黃植：《十三世太學公家傳》，藍氏家藏清手鈔本，第85頁。
〔註120〕〔清〕張謙宜：《大崂山人集序》，藍章《大崂山人集》，即墨藍氏家印本，1996年，第2頁。
〔註121〕〔清〕藍深、藍潤：《封太史公行狀》，《藍氏族譜》不分卷，河北大學圖書館藏清鈔本，第17頁。

而憤然辭職。清乾隆版《即墨縣志‧勳績》篇記載：「有大盜未獲，監司掠治他小盜，令誣服，屬縣速斃之以滅口。深曰：『吾不忍以人命悅上官。』遂投劾歸。」〔註122〕藍潤也剛直不阿，雖官至山西右布政使、湖廣左布政使，最終卻遭誣陷而罷官。清人馮溥在《方伯公墓表》中稱藍潤：「旋以前司審案波累罷歸，公坦然去官，無幾微見於詞色。」〔註123〕由此可見，在藍氏家族的仕宦教育之下，藍氏家族大小官員多剛正耿直、勤政愛民、不阿權貴，爲藍氏家族贏得了榮譽。但同時也致使藍氏官員或遭貶黜，或被革職，這勢必影響到整個家族的仕宦成就。

4、教育衰落導致藍氏家族衰落

藍氏家族教育系統而又嚴格，一是以父祖爲主的家族內部的啓蒙教育，一是建塾延師的家族書院教育，一是系統正規的官學教育。在系統而又嚴格的家族教育之下，藍氏家族培養大批的優秀人才，實現了家族的持續發展。縱觀藍氏家族教育發展歷史，家族人丁子嗣是否興旺、家族啓蒙教育是否到位、家族書院教育是否發達等因素都是影響家族教育質量的重要因素。

從人丁、子嗣方面來看，即墨藍氏家族，算不上人丁興旺。一方面，藍氏族人中斷嗣或者晚年得子的比較常見。如藍章三個兒子，除長子藍田外，次子藍困，三子藍因，均未有子嗣。而藍田一支幾近絕嗣，直至五十一歲時，才得子藍史孫。藍深，四十八歲才得子藍啓肅。藍啓肅連得數女，至三十四歲始得子藍重蕃。另一方面，藍氏族人英年早逝的比較普遍。藍柱孫、藍史孫、藍潤、藍啓先、藍啓亮、藍啓肅、藍啓延、藍中琮、藍榮照等皆是英年早逝或中年而隕。正如柴望在《藍蔭君暨配楊孺人墓誌銘》中，對藍啓亮早逝說的那樣：「惜其抱弘濟之才身，既不能光先業，年復不得逮中壽，齎志以沒，是可慨也」〔註124〕，藍氏族人的早逝不僅使得他們個人功名和成就受到影響，勢必造成下一代的教育和培養上的缺失。

從家族啓蒙教育來看，藍氏家族族人的英年早逝，常會出現孤兒寡母支撐家族，艱難度日的局面，從而導致家族啓蒙教育缺失。如藍田嗣子藍柱孫、

〔註122〕〔清〕尤淑孝：乾隆版《即墨縣志》，中國和平出版社，2005 年點校本，卷九，第 164 頁。

〔註123〕〔清〕馮溥：《方伯公墓表》，《藍氏族譜》不分卷，河北大學圖書館藏清鈔本，第 1 頁。

〔註124〕〔清〕柴望：《藍蔭君暨配楊孺人墓誌銘》，《藍氏族譜》不分卷，河北大學圖書館藏清鈔本，第 23 頁。

子藍史孫（1527～1560）均英年早逝。尤其是藍史孫天資聰慧，很有潛力。
據藍氏家傳稱他：少聰穎，恪守家範，弱冠食餼，遇小試輒考十學第一，以
選拔貢成均。著有《守泉詩集》、《四朝恩命錄》。他本該前程無量，可惜年僅
三十四歲便英年早逝。這樣留下了藍思紹、藍思繼四個年幼的兒子，由其妻
欒氏苦節撫養。雖然藍思紹、藍思繼等以孝義載於縣志，但功名與文學上成
就甚微。而藍啟肅去世時，其子藍重蕃「甫成童」，靠妻子周孺人苦心養育。
藍重祐早亡，其妻呂孺人「課諸子益嚴」。大量族人的早亡，造成了藍氏家族
啟蒙教育的嚴重缺失，極大地影響了藍氏家族的發展。

　　從家族書院來看，藍氏家族的東厓和華陽兩座書院，是藍氏開展家族教
育，普及家族文化的重要場所，也是藍氏家族人才培養的搖籃。經過一代又
一代藍氏先人的努力，藍氏書院一度繁盛。尤其是華陽書院，在較長時間內
成為藍氏培養人才的搖籃。藍章曾於華陽書院內建紫雲閣，延請名儒施教。
當時書院藏書十分豐富，列即墨各書院之冠，蜚聲鄉里，遠近許多學子慕名
而來求學，遂使華陽書院成為當時即墨規模最大、人才最多的書院之一，為
藍氏家族培養了大批優秀人才。至清康雍年間，藍啟延督調軍餉，勞累而卒。
藍啟延死後，其幕府、即墨人馮文炌因此前曾授業於華陽書院，便再度回華
陽書院執教。後因愛徒藍中琮、藍榮照相繼去世，馮文炌心灰意冷，窮困致
死。藍水《華陽山》記載：「清雍正間，先太高伯祖諱中琮公，庠生。從師馮
文炌讀書書院，文思超拔，馮詠《古松》篇以寄望，詩曰：古松蟠雲根，吐
納眾山氣，豈徒煙霞賞，還裕棟樑器。未幾病故，此予藍氏之大不幸也。先
曾祖諱榮照公，庠生。讀書書院，秀慧天成，特工書法，於山間有所嫗，欲
娶為側室，歸白之高祖，高祖大怒，重斥之。次日歸，自縊死，年三十二，
此又予藍氏之大不幸也。自此書院廢，藏書盡失。」〔註125〕之後百餘年間，
雖有修葺，終難復舊觀。藍氏家族書院的敗落，動搖了藍氏人才培養的搖籃，
削弱了藍氏家族教育，影響了家族人才培養，最終導致了家族的衰落。

　　由此可見，在家族發展過程中，藍氏家族人丁不繁、族人早逝、書院衰
落等因素造成了家族教育的衰落，進而也就導致了藍氏家族的逐漸衰落。

三、家族交遊與即墨藍氏家族發展

　　即墨藍氏家族作為地方望族、文化世家，不僅與即墨地方士紳過從密切，

〔註125〕藍水：《華陽山》，《嶗山志》，藍氏家印本，1996年，第36頁。

而且通過婚配、科舉、仕宦等途徑，廣泛建立師友、同僚、姻親關係，爲藍氏家族發展營造了一個較高層次的文化圈，搭建了一個廣闊的社會平臺。

（一）家族交遊概況

即墨藍氏家族交遊廣泛，從交遊對象來看，大概分三個層面：鄉鄰之間的交遊、姻親之間的交遊和師友同僚之間的交遊。

1、鄉鄰之間的交遊

隨著家族經濟和社會地位的提高，即墨藍氏家族從三世祖藍福盛始，廣泛結交鄉鄰賢士，時常進行宴飲唱和，並一直保留著這種傳統。藍氏家族長時間成爲地方名望交流的場所。明人王鴻儒在《大明贈通議大夫南京刑部右侍郎藍公神道碑銘》中稱：「（藍福盛）徒居城中，起高樓寢處其上，瞻雲對山，綽有高趣，慕王黃州之風，尤喜賓客，過從燕飲輒終日。」〔註126〕明人劉健在《明故義官藍君墓誌銘》中也記載藍銅：「性喜朋友，仗義疏財。邑東三里許置別墅，環置花草而元爽殊甚。凡邑之名山秀水，歷歷在目。每天日晴霽，輒招所知以往，觴詠竟日，因相與舉洛中故事爲耆英之會，邑中士大夫無不至者。」〔註127〕明人官賢在《明故義授七品散官累贈通議大夫南京刑部右侍郎藍公行狀》也稱藍銅：「招朋邀客，時往來於期間。因與鄉之士大夫結會目，日耆英會，更爲賓主會。月朔設酒置肴，盡歡而散。」〔註128〕十一世藍啓晃、藍啓肅，十二世重祐、十三世藍中璇等皆好交遊。清人謝永貞在《司訓藍公傳》中稱：「先生（藍啓晃）治家尚勤儉，食無兼豆而雅好賓客，爲履到門，歡然握手，雖敝衣敗屨無因而至前者，亦必致敬，盡禮延坐款留，以故座上之賓貴宦恒少，而窮親故友居多焉。」〔註129〕邑人周毓正《藍母周孺人傳》稱藍啓肅：「嘗養疴華陽書院，距城五十餘里，經月不歸，賓客從之者屢滿戶外。」〔註130〕邑人周祚顯《藍母呂孺人八十壽序》記載：「公（藍重

〔註126〕〔明〕王鴻儒：《大明贈通議大夫南京刑部右侍郎藍公神道碑銘》，藍潤《餘澤錄》，藍氏家刻本，順治十六年，卷一，第 2 頁。

〔註127〕〔明〕劉健：《明故義官藍君墓誌銘》，藍潤《餘澤錄》，藍氏家刻本，順治十六年，卷一，第 12 頁。

〔註128〕〔明〕官賢：《明故義授七品散官累贈通議大夫南京刑部右侍郎藍公行狀》，藍潤《餘澤錄》，藍氏家刻本，順治十六年，卷一，第 8 頁。

〔註129〕〔清〕謝永貞：《司訓藍公傳》，《藍氏族譜》不分卷，河北大學圖書館藏清鈔本，第 66 頁。

〔註130〕〔清〕周毓正：《藍母周孺人傳》，藍氏家藏手鈔本，第 37 頁。

祐）喜賓客，好壯遊，旅京師久，輿馬僕隸甚都家居，日召故人會飲，非大風雨，戶外屨常滿，粲脯酒漿，雖有倉卒客，咄嗟而辦，無不豐潔。」〔註131〕黃植在《十三世祖母孺人周氏傳》中稱：「太學公（藍中璥）又慷慨好施與，座上客常滿。」〔註132〕從中可見，藍氏家族作爲即墨地方望族，族人與鄉鄰士紳交遊廣泛，藍氏家族已成爲即墨士大夫交遊唱和的重要場所。

2、姻親之間的交遊

姻親關係是家族關係中的重要內容，對家族發展有著重要影響。一個家族的姻親關係包括兩個方面：一是娶妻，二是嫁女。在中國傳統社會中，婚姻關係講求門當戶對，文化家族之間的強強聯合，姻親之間的交遊與互助，使得單姓宗族的各種勢力得到擴充，社會地位和活動範圍得以鞏固和擴大。所以，藍氏家族對婚姻的選擇非常慎重。現根據《藍氏家乘》記載，匯總部分藍氏族人的娶妻與嫁女狀況如下：

表 2-1　即墨藍氏家族娶妻情況

序號	世系	姓名	類別	配偶姓氏	家族情況
1	一世	藍文善	娶妻	不詳	不詳
2	二世	藍景初	娶妻	不詳	不詳
3	三世	藍福盛	娶妻	於氏	不詳
			續娶	王氏	不詳
5	四世	藍銅	娶妻	於氏	不詳
6	五世	藍章	娶妻	徐氏	不詳
7		藍竟	娶妻	劉氏	劉儀封主簿劉某之女，隴州同知劉某之妹
8			續娶	黃氏	不詳
9		藍奇	娶妻	盧氏	伊陽知縣、同邑盧，繼宗之女
10	六世	藍田	娶妻	范氏	同邑提舉范志之女
11			繼娶	劉氏	陝西邠州人，少保戶部尚書劉昭之孫女
12			又娶	胡氏	不詳

〔註131〕〔清〕周祚顯：《藍母呂孺人八十壽序》，《藍氏族譜》不分卷，河北大學圖書館藏清鈔本，第83頁。

〔註132〕〔清〕黃植：《十三世祖母孺人周氏傳》，藍氏家藏鈔本，第83頁。

13		藍柱孫	娶妻	王氏	青州左衛指揮王道之少妹
14	七世	藍史孫	娶妻	欒氏	膠州御史欒岱滄之女
15			副室	史氏	不詳
16	八世	藍思紹	娶妻	王氏	不詳
17			續娶	焦氏	不詳
18			娶妻	孫氏	同邑舉人孫丕獻之女
19	九世	藍再茂	續娶	崔氏	河間府通判崔校之女
20			又娶	沈氏	京都錦衣衛百戶沈世桂之女
21		藍深	娶妻	朱氏	鰲山衛左府都督同知朱拱極之子、庠生朱鴻獻之女
22	十世		續娶	周氏	安陸縣知縣周炳之女
23		藍潤	娶妻	王氏	丘縣訓導王履中之子、庠生王鈺之女
24			副室	張氏	同邑處士張鈿之女
25		藍啓先	娶妻	呂氏	太原府同知呂希尙之子、庠生呂仲生之女
26		藍啓晁	娶妻	崔氏	平度州平山縣知縣崔維對之子、庠生崔中行之女
27	十一世	藍啓亮	娶妻	楊氏	同邑和縣知縣楊公兆鯤男庠生楊遇吉之女
28		藍啓肅	聘妻	江氏	幼聘江玉璣女爲妻，後江玉璣女早亡
29			娶妻	周氏	同邑太史祭酒周公諱如砥曾孫女，南雄知府周公諱爍孫女，庠生周公諱世德之女
30		藍重慶	娶妻	王氏	庠生王塤之女
31	十二世	藍重祜	娶妻	呂氏	庠生呂弘汶女
32		藍重穀	娶妻	宋氏	庠生宋錫璜之女
33		藍重蕃	娶妻	黃氏	同邑貢生侯選訓導黃貞良之女
34		藍中璬	娶妻	周氏	同邑廩生周祚崇之女
35	十三世	藍中昭	娶妻	楊氏	同邑舉人楊琬之女
36		藍中文	娶妻	黃氏	同邑庠生黃秀中之女
37		藍中琮	娶妻	周氏	同邑稟生周作萬之女
38	十四世	藍仕成	娶妻	王氏	膠州太學生王功灝之女

表 2-2　即墨藍氏家族嫁女情況

序號	世系	姓名	類別	對象姓氏	家族情況
1	四世	藍 銅	嫁女（七人）	各適名門	不詳
2	五世	藍 章	嫁女	楊 羹	即墨楊良臣長子，庠生
3			嫁女	廉 介	適鰲山衛指揮廉政之子
4		藍 竟	嫁孫女	范思明	同邑庠生
5				宋師曾	同邑庠生
6				江如璧	同邑庠生
7				王 吉	同邑陰陽學訓術
8				代 惠	同邑義官
9				馮時濟	鰲山衛指揮
10			嫁曾孫女	何 棟	鰲山衛指揮
11		藍 奇	嫁女	劉宗學	隴州同知劉名堂之子
12	六世	藍 田	嫁女（長）	劉士雲	青州太保劉文和孫參議澄甫子
13			次女	毛延太	萊州太保毛文簡孫太僕鄉渠子
14	七世	藍柱孫	嫁女	楊兆龍	楊懋林長子，曾任雲和把總
15	九世	藍再茂	嫁女（長）	焦文運	鎮西衛經歷焦公恩得之子鰲山衛掌印指揮使
16			次女	黃 培	明太保兵部尚書黃嘉善之孫，提督街道錦衣衛管衛事都指揮使
17			三女	王蘄潤	萊陽縣庠生
18	十世	藍 深	嫁女	盧德徵	庠生
19		藍 潤	嫁女（長）	廉士貞	鰲山衛指揮使廉惟堯之孫，增生
20			次女	黃貞敏	癸未進士黃宗庠之孫
21	十一世	藍啓晃	嫁女	周永振	同邑廩生周寰之子
22		藍啓亮	嫁女	黃中彥	同邑廩生黃埕之孫
23		藍啓肅	嫁女（長）	楊 璜	同邑貢生侯選訓導楊元鼎長男，庠生
24			次女	黃休中	同邑原商河縣教諭黃貞巽長男，附監生
25			次女	單 倘	高密內閣中書單務劭三男，庠生
26			次女	周 儲	同邑廩生周永命長男，庠生
27			次女	黃鎮中	同邑原任鎮江府同知黃貞泰三男，庠生

　　從上表可見，藍氏家族婚姻基本上遵循著「門當戶對」的原則。一世藍文善至四世藍銅時期，即墨藍氏家族雖然在經濟上發展迅速，逐步成爲富甲一方的大族，但尚未踏入文化仕宦家族行列，所以族人的婚配對象仍然是普通人家，甚至是藍章本人也不例外。藍章之妻徐氏，也是普通人家的女兒。但藍章科舉成功走上仕途後，藍氏家族更加注重家族教育，通過科舉興族，逐步發展成爲即墨地區著名的文化仕宦家族。隨著社會地位的提高，藍氏家族娶婦自五世藍竟始，嫁女自藍章始，已經開始轉向了書香世家或者官宦大族。同時，就近擇婚是藍氏家族婚配的又一個顯著特色。從上表可見，藍氏家族娶婦 38 人、嫁女 33 人中，主要集中在即墨、青州、萊州、平度州、膠州等地。而又以即墨當地爲主，占藍氏家族婚嫁的百分之六十；而與即墨周氏、楊氏、黃氏及青州劉氏之間婚配最爲頻繁，爲累世姻好。總結起來，即墨藍氏家族的婚姻始終遵循著門戶相當、就近擇婚、累世姻好三大原則。

　　藍氏家族與文化家族姻親之間的交遊，加強了不同家族之間的文化交流，推動了家族之間的協作互助。以即墨楊氏家族而言，楊氏家族與藍氏家族有著累世姻好關係。楊氏家族第六代楊良臣有三子（爲七世）。長子楊羹，字爾和，號中齋，庠生，土官，爲南京刑部右侍郎藍章的門婿、御史藍田的姊丈；次子楊舟，字爾浮，性情豪邁離奇，科門不售，隱居鄉間，在墨水上游築廬曰「載軒」，種黍釀醪，會友觀嶽、鼓琴唱合，藍田與其詩歌唱和，是他的常客。三子即楊鹽。楊鹽三子（爲八世），長子楊懋林。楊懋林長子楊兆龍（1562～1628）（爲九世），字雲從，曾任雲和把總，爲藍田長子藍柱孫的門婿，抵雲和縣省弟楊兆鯤，染嵐瘴卒，無子，嗣楊還吉。尤其是宋璉父子和馮文炌與藍氏幾代人交往甚密。宋璉之父宋繼澄，爲明兵部尚書黃嘉善之孫婿。明亡後，隱居不仕，設教於即墨，居黃宗昌在嶗山修築的玉蕊樓多年，與即墨之黃姓、藍姓諸望族之文人結詩社，朝夕吟詠。宋璉在《蔭君藍公啓亮暨配楊孺人合傳》中稱：「侍御之曾孫爲南皮公，與先君子友善」〔註133〕，又稱：「又二年，南皮公即世，余從先君子自維揚來弔之，遂卜居墨，太史公以世好，館余於東厓書院，使其子若、侄若、婿若、甥從吾遊，而純元則以廩生交余與師友之間。」〔註134〕從中可見，宋繼澄與藍再茂相友善，而宋璉

〔註133〕〔清〕宋璉：《蔭君藍公啓亮暨配楊孺人合傳》，《藍氏族譜》不分卷，河北大學圖書館藏清鈔本，第 73 頁。
〔註134〕〔清〕宋璉：《蔭君藍公啓亮暨配楊孺人合傳》，《藍氏族譜》不分卷，河北大

則作過藍氏家族的塾師，與藍啓亮兄弟處於師友之間。同時，宋繼澄、宋璉與藍氏家族存在姻親關係，宋繼澄爲藍啓蕊、藍啓華的姨父，宋璉則是藍啓蕊和藍啓華的表兄，他們之間詩文唱和，交遊甚深。藍啓蕊的詩歌中有《別宋澄嵐先生》、《贈宋澄嵐先生》，記述了與宋澄嵐的交遊。藍啓華著《學步吟》，宋繼澄爲之作序，並作了精到的點評。同時，宋澄嵐爲藍啓蕊的詩集《逸筠軒詩》撰寫了序文。宋璉所撰寫的《封太史公傳》、《方伯公傳》，是記載藍再茂、藍潤事蹟不可多得的寶貴資料。

3、師友僚屬間的交遊

即墨藍氏家族以科舉興族，子弟自幼接受家族蒙教，之後跟隨塾師在書院讀書，繼而進入官辦學校讀書，最終部分族人通過科舉考試踏上仕途。在這個過程中，即墨藍氏族人與師友和同僚之間有著廣泛的交遊。

即墨藍氏家族的塾師。即墨藍氏家族作爲一方大族，自四世祖藍銅始，便開始延請塾師教育子弟，尤其是家族書院建成後，塾師作爲藍氏家族教育的重要實施人，爲藍氏家族教育作出重要貢獻。由於文獻不足，藍氏家族塾師中可考者主要有八位塾師：盧繼宗、聞人賢、江玉璣、宋璉、周祚顯、周衷愷、陳元吉、馮文炌，他們都爲藍氏家族教育作出積極貢獻。

盧繼宗，字紹先，即墨荒窪村（今屬移風店鎮）人。明代宗景泰六年（1455）歲貢，曾任河南伊陽縣令，以「名節忠義，兼而有之」入即墨鄉賢祠，併入伊陽縣名宦祠。天順年間，盧繼宗回到原籍即墨定居。當時「即墨《易經》失傳」，而盧繼宗「簡默愼重，尤邃於理學」，遂開課收徒，「以《易》教授，從遊其門者甚眾。」藍章就在盧繼宗的教導下，悉心讀書。藍章的六世孫藍啓肅在《明少司寇兼御史中丞大勞山翁藍公年譜》中提及藍章弱冠之年聽從父命跟隨盧繼宗學《易》之事，稱藍章：「弱冠，（藍銅）命學易於鄉先生紹先盧公，祁寒盛暑必籌燈，命讀不使少替。」〔註135〕藍章出生於景泰四年（1453），弱冠之年，即明成化九年（1473）前後。也就是說，藍章在1473年前後開始跟從盧繼宗學習《易》學。

聞人賢：餘姚人，曾於正德十二年（1517）左右在藍氏書院擔任塾師。正德十二年，藍章致仕歸鄉，建設華陽書院，延請塾師，教育子弟，聞人賢

學圖書館藏清鈔本，第73頁。

〔註135〕〔清〕藍啓肅：《明少司寇兼御史中丞大勞山翁藍公年譜》，藍氏家藏鈔本，2012年，第106頁。

受邀執講席。聞人賢在《少司寇藍老先生勞山記》中記載：「及先生（藍章）歸隱，招延賢，居塾席。賢因得執先達之言，以照先生之行。」〔註136〕聞人賢久聞藍章賢明，在即墨執教期間，親自目睹了藍章的風範，更是歎服不已。他在《少司寇藍老先生勞山記》中盛讚到：「然則此山之勞，其果勞矣乎？不猶先生以一人之身，經天下之業，爲勳功之所自出者乎？然則先生其勞山，勞山其先生矣乎？賢又嘗覽勞山之勝，天造地設，皆先生事也；華樓異狀，任物怡遊，先生公也；岡巒體勢，列象尊卑，先生嚴也；亭亭物表，皎皎霞外，先生恭也；東若寅賓，北若拱極，先生敬也；草木敷榮，先生仁也；霜雪墜結，先生威也；勢嵯峨而頻顧其宗，先生孝也；巒後先而每順其序，先生友也；究其千態萬狀，駭目動人，而呈見於勞山者，又即之庭除而可得矣！」〔註137〕聞人賢在文中熱情地謳歌了藍章的豐功偉績，用了公、嚴、恭、敬、仁、威、孝、友八個字集中概括了藍章的高尚品格和道德情操。這篇文章，也成爲了即墨藍氏家族的一篇重要史料。

陳元吉：江西婺源人。藍章作婺源令時，藍田隨從父親至任所，曾受教於陳元吉。章丘李開先在《文林郎河南道監察御史北泉藍公墓誌銘》稱藍田：「又從寓婺源，吳江陳中丞元吉時猶未第，因受學於其門，聞教即書紳，雖題不窘筆，計年不過十二三耳，見者已許其爲國器。」〔註138〕藍田生於 1477年，文中提及藍田十二三歲時，即在 1490 年前後，即可推斷，這一階段藍田曾跟隨陳元吉讀書。

宋璉：字林寺，號曉園，宋繼澄次子，萊陽人。明崇禎己卯年（1639）舉人。明亡後，隨父親隱居不出。1656 年前後，曾在東厓書院教授藍氏子弟讀書。他在《蔭君藍公啓亮暨配楊孺人合傳》中稱：「又二年，南皮公即世，余從先君子自維揚來弔之，遂卜居墨，太史公以世好，館余於東厓書院，使其子若、侄若、婿若、甥從吾遊，而純元則以廩生交余與師友之間。」〔註139〕南皮公即是藍再茂，因其在南皮縣作縣令，故稱南皮。他去世於順治十三年

〔註136〕〔明〕聞人賢：《少司寇藍老先生勞山記》，藍潤《餘澤錄》，藍氏家刻本，順治十六年，卷二，第 87 頁。

〔註137〕〔明〕藍章：《大嶗山人集》，藍氏家印本，1996 年，第 149 頁。

〔註138〕〔明〕李開先：《文林郎河南道監察御史北泉藍公墓誌銘》，藍氏家藏刊本，光緒丙戌增修《即墨藍氏族譜》，卷五，第 10 頁。

〔註139〕〔清〕宋璉：《蔭君藍公啓亮暨配楊孺人合傳》，《藍氏族譜》不分卷，河北大學圖書館藏清鈔本，第 73 頁。

（1656）。因上文可知，藍再茂去世時，宋璉和其父宋繼澄前來弔唁，並在東厓書院居住下來，教導藍氏子弟讀書。

江玉璣：藍啓肅的岳父。藍啓肅早年聘江玉璣的女兒爲妻，後因江女早亡，便改聘周世德（求仲）女爲妻。藍啓肅在自撰《皇清鄉貢進士考授內閣中書舍人藍公年譜》中提及自己青年時期跟從江玉璣讀書的情況，稱：「二十一歲，家道漸索。復從前岳江玉璣讀書世澤樓」、「二十四歲，復從江岳讀書華陽山房，人事日多，心血日耗，誦讀之樂非復疇昔。然猶勉強從事，秋冬間，晨夕弗輟。二十五歲，春間復入華陽。」〔註140〕文中藍啓肅提及二十一歲、二十四歲兩次跟隨江玉璣讀書，並稱「復從前岳江玉璣讀書世澤樓」。藍啓肅生於 1653 年，他二十一歲、二十四歲時分別是 1674 年和 1677 年。由此可以推斷，江玉璣在 1674、1677 年以及此前都曾在藍氏家族華陽書院任教。

周祚顯：字有聲，號星岩，康熙三十六年（1697）進士，由進士爲富川令，擢戶部主事，轉刑部郎，授監察御史。後出爲興泉道，致仕歸。他在給藍重祜公妻呂孺人撰寫的壽序《藍母呂孺人八十壽序》中提及：「予往授經藍氏，得盡交其族之豪俊，而於淡成公尤稱快友，每把晤，語滾滾，燭見跋不休，坐中被酒者皆醒。」〔註141〕從中可知，藍祚顯曾在藍氏作塾師，教導藍氏子弟，且與藍重祜相友善。

周衷愷：原名周毓眞，後改名周毓正，字衷愷，號心雪，康熙六十年（1721）進士，任浮山縣令，著有《中溪集》。其族兄周顯祚在《藍母呂孺人八十壽序》又稱：「而予族弟衷愷嘗爲孺人諸子師。」〔註142〕從中可見，周衷愷曾給藍重祜的兒子們做過塾師。

馮文炌：字伯章，號素齋，清代即墨（今山東省即墨市）人。少孤，事母至孝，勤奮好學，博覽群書。性曠達嗜飲，每酒罷盞殘，索紙疾書，千言立就。雍正元年（1723）拔貢，雍正七年（1729）副貢，遊歷遼、薊、秦、楚，足跡遍天下。晚年選任樂安縣教諭，未就任，卒於家。著有《柏蔭堂集》。馮文炌與藍氏家族五代人都有著密切聯繫。其父與藍啓肅交往甚厚，馮文炌

〔註140〕〔清〕藍啓肅：《清貽居集》，藍氏家鈔本，雍正元年，第6～7頁。

〔註141〕〔清〕周祚顯：《藍母呂孺人八十壽序》，《藍氏族譜》不分卷，河北大學圖書館藏清鈔本，第83頁。

〔註142〕〔清〕周祚顯：《藍母呂孺人八十壽序》，《藍氏族譜》不分卷，河北大學圖書館藏清鈔本，第83頁。

自幼得以與藍氏族人交往，並做過藍啓延的幕僚。藍啓延督調軍餉，勞累而卒。馮文炌扶柩歸即墨安葬。任藍啓延幕府前曾授業於華陽書院。藍啓延死後，馮文炌又回華陽書院執教。藍中琮、藍中瑋、藍中珪、藍中高、藍榮照、藍用和都曾受教於馮文炌。他爲藍氏家族的教育和文化建設作出了重要貢獻，也得到了藍氏族人的深深愛戴。這在藍氏族人的詩歌中多有體現。藍中高、藍中珪、藍中瑋、藍用和等在《哭馮素齋夫子》、《挽素齋馮老夫子二首》、《觀海憶馮素齋先生》、《憶素齋先生》等詩歌中，深情地回顧了馮文炌與藍氏族人交往的點點滴滴，表達了對馮老夫子的愛戴與懷念。馮文炌所作《藍司寇公傳》、《貞壽藍母周孺人八十壽序》、《清貽居集序》等，也都是藍氏家族的重要文獻史料。

另外，藍氏族人也會擔任教育子弟的塾師。十二世藍重蕃就提及自己曾受業於十世藍湄。稱：「恨余從公受業時，未領略其一二。」〔註143〕而藍重蕃也曾經擔任過華陽書院的山長。《素軒詩集序》又稱他「去城市，卜宅元代祖居，樂田園，課子孫。」〔註144〕

就藍氏家族來看，族人各有自己的交際範圍，尤其是傑出的族人，他們的交際廣泛，交遊層次也較高，對家族發展的影響也較大。以藍章、藍田爲例，藍章深受業師盧繼宗、座師劉健影響，與同僚楊廷和、劉大夏、彭澤過從甚密；藍田先後受教於程敏政、楊廷和、楊一清，與楊愼、劉澄甫、張鳳翼等爲學友。又參與麗澤詩社、海岱詩社，分別與楊愼、劉澄甫、張含、邊貢、楊良臣、楊鹽、馮裕、黃卿、陳經、石存禮、劉淵甫等相交遊唱和。

（二）家族交遊推動即墨藍氏家族發展

即墨藍氏家族作爲一方大族，其家族交遊在拓寬家族發展渠道，推動家族文化交流，豐富家族文獻，促進家族發展等方面都發揮了重要作用。

1、拓寬發展渠道

藍氏家族自五世祖藍章始踏上仕途起，先後培養出大小官吏一百餘人，取得卓著的仕宦成就。這大大拓寬了家族發展渠道，對家族發展有著重要影響：

〔註143〕〔清〕藍重蕃：《素軒詩集序》，藍湄《素軒詩集》，即墨藍氏家印本，2013年，第 1 頁。

〔註144〕〔清〕藍重蕃：《素軒詩集序》，藍湄《素軒詩集》，即墨藍氏家印本，2013年，第 1 頁。

　　第一，隨著社會地位逐步提高，藍氏家族婚配對象的層次不斷提高。從《藍氏家乘》可見，藍氏家族一世到四世娶妻均是普通家族女子，即使是藍章也因娶妻時功名未就，其妻徐氏也來自普通人家。由於藍章在科舉、仕宦方面的成就，提高了藍氏家族的社會地位，所以自五世祖藍竟、藍奇開始，藍氏家族娶妻幾乎全部來自官宦世家、書香門第。尤其是與即墨望族周、楊、黃、郭等存在著密切的姻親關係。同時，通過直系姻親而擴大到旁系姻親，姻親之間相互幫扶，形成一個非常龐大的社會關係網。以五世藍田為例：明嘉靖十年（1531），藍田因被他所參劾過的陳洸、張璁等陷害報復，被逮入濟南獄，後經朝中賢良多方解救，方得獲釋，被罷官遣返。其中，在營救藍田的朝中賢良中，以太常寺卿劉鈗相助最多。劉鈗（1476～1541），字汝忠，號西橋，青州人，其父親為歷官三朝的內閣宰輔劉珝。劉鈗少時即聰敏過人，深受憲宗帝厚愛，蔭封其為中書舍人，劉鈗歷官五十餘年，官至太常寺卿兼翰林院五經博士，進階資善大夫。劉鈗對藍田的幫助，不但表現在其對後學晚輩的推薦提攜上，更表現了其對藍田文學及氣節的推重。所以他在藍田危難時出言相助。除此之外，還有一個重要的原因，就是藍田與劉鈗的侄子劉澄甫的關係。劉澄甫（1482～1546），字子靜，號山泉，劉鈗兄劉鈁之長子。正德三年（1508），中進士，即授行人司行人，歷官廣西道監察御史，兩淮巡鹽，山西布政使司左參議。因其懲治貪官污吏不畏權貴，因此得罪朝廷要員，遂致仕回鄉。而藍田，與劉澄甫少時同受業於大學士李東陽門下，共同的個性及文學愛好使他們成為摯友，藍田後將其長女嫁於劉澄甫子劉士雲為妻，堪為詩文聯姻。這雙層的關係使劉鈗在藍田危難時出言相救。據太僕寺卿李舜臣《劉鈗事狀續遺》記載，劉鈗得知藍田被逮入濟南獄後，不顧個人安危，面見朝廷，為藍田辯護，並對張璁曰：「藍御史不過論陳洸顧洸何如人哉，而公終為之何？今人莫不賢藍御史，公何不為賢者，而洸為何？公今即何如法藍御史，公能使人不曰藍御史人賢者乎！」經過多方解說，藍田遂得獲釋。

　　在家族教育方面，藍氏姻親也作出了積極貢獻。《藍氏家乘》記載的藍氏家族八位塾師中，有盧繼宗、江玉璣、周祚顯、周衷愷、宋璉五位與藍氏存在著姻親關係。其中，藍章的業師盧繼宗是其弟藍竟的岳父；藍啓肅的業師江玉璣是藍啓肅的岳父，因江氏女早亡，啓肅改聘周世德（求仲）女為妻；周祚顯、周衷愷兩兄弟，因藍啓肅聘周世德（求仲）女為妻，故而藍氏與周

氏也是姻親關係。同時，邑人周祚顯爲藍重祜妻呂孺人撰寫《藍母呂孺人八十壽序》稱：「孺人姊妹五人，適吾宗者二人，故吾從弟元祿斯年，並與公亞也，孫知權娶孺人仲子又恒之女，而長君伯鎮又予之侄婿」；宋璉，與藍啓華爲姨兄弟。藍啓華稱宋璉之父宋澄嵐爲姨丈，有詩《宴丈石齋即席贈別澄嵐姨丈》。他們都爲藍氏家族的子弟教育作出積極貢獻。

第二，藍氏家族踏入仕途，擴大了交遊的範圍和層次。從社會交往來看，一世祖、二世祖是普通農夫，其社會交往無可記述者。而三世祖「尤喜賓客，過從燕飲輒終日」（明王鴻儒語），四世祖所交皆是即墨地方鄉賢，「每天日晴霽，輒招所知以往，觴詠竟日，因相與舉洛中故事爲耆英之會，邑中士大夫無不至者」（明劉健語）。隨著藍章考中進士，踏上仕途，藍氏家族社會地位不斷提高，交際大大突破了即墨當地，範圍擴大、層次提高。尤其是藍章、藍田、藍潤等，科舉成就突出，官職較高，社會影響較大，社會交際也相當廣泛，上至當朝帝王，次至文武百官、時賢才俊，下至地方鄉賢、士大夫。廣泛的社會關係，爲藍氏家族教育培養子弟，推動家族持續發展，營造了良好的文化氛圍，提供了諸多便利。

2、推進文化交流

由上面的分析來看，藍氏家族自五世、六世始，娶婦嫁女的對象多是官宦名門，至少也是讀書有功名的人家。尤其是與即墨望族周、楊、黃等的聯姻，對加強家族之間的文化交流具有重要作用。一方面，廣大藍氏「母親」多出身書香門第或官宦世家，自幼受到良好的教育與薰陶。嫁入藍氏家族的同時，也將原家族的優良傳統帶到了藍氏家族，並影響藍氏家族家風，教育藍氏家族子弟。如七世藍史孫之妻欒氏，爲膠州御史欒岱滄之女。欒氏家族乃官宦之家，欒氏的祖父、外祖父都是官宦出身，家族文化氣息濃厚，欒氏自幼受到良好教育。因此，儘管藍史孫早亡，欒氏仍能獨自撫養教導四個孤兒，使他們延續藍氏家族文脈，而各有所成。再如，即墨楊氏家族與藍氏家族是累世姻親。即墨楊氏家族六世楊良臣有三子（爲七世），長子楊羹，字爾和，號中齋，庠生，土官，爲南京刑部右侍郎藍章的門婿、御史藍田的姊丈。次子楊舟，字爾浮，性情豪邁離奇，科門不售，隱居鄉間。在墨水上游築盧曰「載軒」，種黍釀醪，會友觀嶽、鼓琴唱合。藍田是他的常客。三子即楊鹽。曾爲沛縣令，治沛多惠政懿行。他廉介耿直，不媚上官，清廉爲江北第一。他長子楊懋林之子楊兆龍（1562～1628），字雲從，曾任雲和把總爲藍

田長子藍柱孫的門婿。楊鹽爲藍田的學生，楊鹽曾手錄藍田詩文集。後藍田作品散佚，正是楊鹽手錄本使得藍田作品得以最大程度的保全。即墨楊氏後人楊中淇在《藍侍御集序》記載稱：「吾八世祖沛縣公兄弟與先生（藍田）同時姻好，爲文字知己，有手錄侍御詩文七冊，後藍恭元先生搜羅先人遺稿，苦不可知，吾高叔祖文敬公持以相贈，而侍御集乃克全焉。是先生之文，始則存於楊氏，閱百年而今又選訂於小子，固足見吾兩姓世好，姻睦因緣，相關而益。」〔註145〕

藍氏家族作爲書香門第，文人輩出而多喜好交遊，友人之間詩文來往，相互唱和，有力地推動了藍氏家族的文學創作。

從藍氏族人現存的詩文作品來看，與友人相互唱和交遊的詩文占到相當的比例。尤其是以藍章、藍田、藍因、藍啓肅、藍啓蕊、藍啓華、藍中高、藍中珪等的作品爲代表。藍水在《大嶗山人集》跋文中稱：「先侍郎公及先侍御公，皆好文藝，凡知交贈送詩文及書札等，皆裝成卷冊。」〔註146〕五世藍章：現存詩歌八首、文章十六篇，其中贈友人詩歌三首、文五篇。另據《大嶗山人集》載劉大夏、韓文、康海、毛紀、屠元勳、白鉞、靳貴、王鴻儒、王鼎、曹元、石玠、趙璜、賈詠、陸完、梁儲、洪鐘、楊廷和、楊愼十八人，寫給藍章的書信四十三篇。藍水在《大嶗山人集》跋文中又提到：「彭澤與先侍郎公書大約有二百首，裝爲二卷，存仁珍處，當時伊有家難未向之借抄。文革時，此二卷與以上所有墨蹟，俱化爲烏有。」〔註147〕從中可見，藍章與彭澤、楊廷和等書信來往頻繁，至少有二百四十三篇書信之多。根據書信往來的原則，可推知，藍章也應該有二百四十餘篇寫給以上友人的書信。但非常遺憾，這些書信都已散失。而六世藍田，文名與關中康海、山右馬理相鼎峙，交友廣泛，一生師友吟詠唱和，至老不輟。藍田早年參加了楊愼、張含發起的「麗澤社」、繼而與楊愼、劉澄甫等唱和不輟，晚年又與馮裕、劉澄甫等在青州結成「海岱詩社」。藍田現存詩歌五百零五篇，其中與友人相關詩歌就達二百零四首之多。十一世藍啓肅：現存詩歌九十八首、文六篇，與友人相互唱和詩歌五十一首。另 2012 年藍信寧印《清貽居集》載佚文存目十四篇，其中爲友人及其家人撰寫壽序、祭文、賀信共計八篇；藍啓蕊：與友人

〔註145〕〔清〕楊中淇：《藍侍御集序》，《北泉集》，民國二十七年，第10頁。
〔註146〕〔明〕藍章：《大嶗山人集》，即墨藍氏家印本，1996年，第43頁。
〔註147〕〔明〕藍章：《大嶗山人集》，即墨藍氏家印本，1996年，第43頁。

唱和詩歌十八首。藍啟華：與友人唱和詩歌十五首。十三世：藍中高：與友人唱和七十九首。藍中珪：與友人唱和四十四首。此外，藍因，藍史孫、藍再茂、藍漪、藍湄、藍啟亮，也多有與友朋唱和的詩作存世。

3、豐富家族文獻

記載藍氏家族歷史的文獻，除藍氏族譜外，主要是單篇文獻。其中18篇重要的文獻史料都出自即墨周氏、楊氏、黃氏及萊陽宋澄嵐、宋璉父子等姻親之手。678篇來自藍氏族人的師友同僚之手：如明國子監祭酒南陽王鴻儒為三世祖藍福盛撰寫了《大明贈通議大夫南京刑部右侍郎藍公神道碑銘》，官賢、劉健、周經分別為四世祖藍銅撰寫了《明故義授七品散官累贈通議大夫南京刑部右侍郎藍公行狀》、《明故義官藍君墓誌銘》、《明贈文林郎貴州道監察御史藍君墓表》；涞水張嘉謨撰寫了《少司寇藍公漢中去思碑》，巴陵楊一清撰寫了《跋都御史藍公生祠記樂歌去思碑卷》，康海撰寫了《奉贈刑部侍郎藍公往南京序》（正德九年），王九思撰寫了《都御史藍公生祠記》（城固縣），段炅撰寫了《巡撫都御史藍公漢中生祠記》（嘉靖四年）、《巡撫藍公平利縣生祠記》（嘉靖九年），趙京仕撰寫了《重修撫秦都憲藍公祠碑記》（順治十年），婺源知縣張弘美撰寫了《重修名宦藍公生祠碑記》，潛縣知縣鄭遹玄撰寫了《重建藍公祠序》、《重建藍公祠堂碑文》，常大忠撰寫了《潛山重建藍公祠碑記》等等。這些傳記材料，系統追述了藍氏家族的發展歷史，重點記載了藍氏家族先賢的嘉言惠行，全面總結了藍章在科舉、仕宦、文學及家族建設中的重要成就，豐富了藍氏家族文獻，成為藍氏家族最為寶貴的家族史料。

四、居處遭際與即墨藍氏家族發展

（一）家族居處與即墨藍氏家族發展

1、家族居處形式

徐揚傑在《中國家族制度史》中，對宋代以來的家族居處形式進行了分析。他指出：「宋以後逐漸形成的近代封建家族制度，主要有兩種形式，一是由個體小家庭組成的聚族而居的封建家族組織，二是累世同居共財的大家庭。」〔註148〕聚族而居的封建家族常是別居、分財、異爨。即族眾雖然相對集中和穩定地居住在同一個或臨近的村落，但單立門戶，財產獨立。這些家

〔註148〕徐揚傑：《中國家族制度史》，人民出版社，1992年，第309頁。

族原本是普通的農耕家族，多因善於經營得以發跡，其中不乏有識之士，重視教育，培養子弟，經過幾代努力，最終取得科舉成功，並走上仕途，繼而帶動整個家族的發展，逐步形成耕讀持家、科宦興族的傳統，從而轉化爲文化仕宦家族；累世同居的家族基本特點是同居、共財、同爨。同居也就是說，全體家眾共同居住一所房宅之中；共財就是財產屬家眾共有，家眾在外所獲得財物一律繳入公庫，不准私自留用；同爨就是一個鍋裏吃飯。這種家族多是地方名門郡望，家族成員累世高官，家族經濟實力雄厚，家族教育成熟嚴格，家族管理分明有序，常常數百年鼎盛不敗。一般情況，南方多累世同居的世系，而北方多聚族而居的世家。很顯然，即墨藍氏家族是「由個體家庭組成的聚族而居的封建家族組織」。它的顯著特點基本上是各立門戶，財產獨立，聚族而居。《即墨縣志》及即墨《藍氏家乘》中均有家族成員析產立戶、各自經營方面的記載。

2、居處形式對藍氏家族的影響

聚族而居的家族組織形式，對即墨藍氏家族影響最大的是，由於家族成員各自獨立經營而造成貧富不均、社會地位不等，進而造成家族成員爲子弟提供的教育質量和社會關係不同，致使整個家族在科舉仕宦、文學創作等方面所取得的成就分佈不均，過多地集中在某些支系之中。藍氏家族自昌陽舁山遷入即墨後，主要分爲四個分支，即盟旺山支、瑞浪支、石門支、百里支。無論是從科舉仕宦成就，還是從文學創作、地方影響來看，盟旺山支都佔有絕對優勢。從科舉方面來看：盟旺山支共考取進士 5 人（含武進士），舉人 12 人（含武舉一人），貢生 51 人，廩生、增生 90，庠生、武生等 143 人。瑞浪支共有廩生、增生、庠生 42 人。石門支共有廩生、增生、庠生 28 人。百里支僅有廩生、增生、庠生 6 人；從仕宦成就來看，盟旺山支共培養大小官吏 113 人（含贈官、候選官員），其中以藍章（正三品贈二品）、藍田、藍再茂、藍潤（從二品）等最爲著名。瑞浪支共培養大小官吏 9 人。石門支共培養大小官吏 15 人。百里支未見有從政者。而瑞浪、石門二支基本都是地方小吏或者是贈官、散官，仕宦成就不高；從文學成就來看，據《藍氏家乘》記載，盟旺山支有作品問世者 50 餘人，著作共計 130 餘卷。由於作品流失，現有作品存世者尚有 42 人，其中以藍章、藍田、藍囷、藍因、藍潤、藍湄、藍啓肅、藍啓蕊、藍啓華等成就突出。尤其以藍田文學成就最高，影響最大。由於家族史料所限，藍氏家族其他三支文學成就缺略，未見有出色的作品存世；從

地方影響來看，盟旺山支更是突出：明清時期，即墨五大家族 15 人入祀鄉賢，藍氏盟旺山一支占 5 人。盟旺山支有 22 人被載入同治版《即墨縣志》。即墨地方政府共建有各類坊表 108 座（含貞節、烈節坊 58 座），藍氏盟旺山一支占 20 座，而藍章一人占 12 座；藍再茂成爲即墨史上第一個被封君的人；藍潤成爲即墨歷史上六個翰林之一，蒙當朝皇帝親自賜名。藍氏其他三支在地方影響甚微。

　　僅就盟旺山支看，其科舉、仕宦和文學等方面的成就分佈也比較集中。從藍氏家族代表人物世系表中，我們可以比較清楚地看到這一點：

表 2-3　即墨藍氏家族世系代表人物圖表

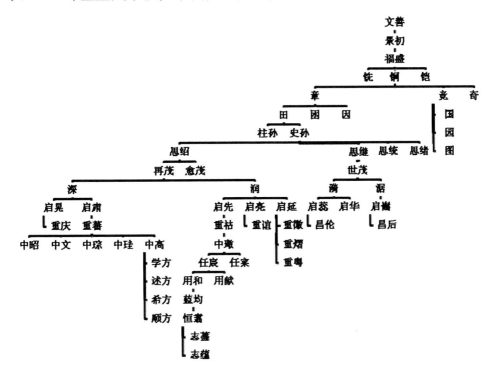

　　從圖中可見，藍氏家族盟旺山支一世祖藍文善、二世祖藍景初父子相承，至三世祖藍福盛時，文獻雖記載其兄弟求異居，但其兄弟聲名無聞，以藍福盛爲著；第四世，藍福盛有三子，藍銑、藍銅、藍鎧，而以藍銅爲著；第五世，藍銅三子，長子藍章，次子藍竟，三子藍奇，而以藍章爲著；第六世，藍章有三子，長子藍田、次子藍困、三子藍因，雖然三子皆有文名，但以藍田爲著；第七世：藍田有二子，嗣子藍柱孫，子藍史孫。嗣子二女無子，以

藍史孫爲著；第八世：藍史孫有四子，長藍思紹，次藍思繼，三藍思統，四藍思緒。其中以藍思紹、藍思繼爲著；第九世，藍思紹有子藍再茂、藍愈茂，而以藍再茂爲著；藍思繼有子藍世茂。第十世，藍再茂有二子，長子藍深，次子藍潤均有賢名。藍世茂有二子，長子藍漪，次子藍泿，以次子爲著；第十一世，藍深有二子，嗣子藍啓晃，子藍啓肅。以藍啓肅爲著。藍潤有三子，長子藍啓先，次子藍啓亮，三子藍啓延，以藍啓延爲著。藍漪有二子，長子藍啓蕊，次子藍啓華，俱以文名世。第十二世，以藍重慶、藍重蕃、藍重祐等爲代表；第十三世以藍中珪、藍中瑋、藍中高、藍中璈等爲代表；第十四世，以藍學方、藍順方、藍希方等爲代表；第十五世，以藍用和爲代表；十六世，以藍均爲代表；第十七世，以藍恒耒爲代表；第十八世，以藍志薑、藍志蘊爲代表。

總之，藍氏家族各立門戶、聚族而居的組織形式，一方面使家族傾斜發展，成就主要集中在盟旺山一支。而在盟旺山一支內部又主要彙集在藍銅－藍章－藍田－藍史孫這一支系。另一方面，由於藍氏家族的耕讀持家與族內互助的傳統，使得整個家族和諧敦睦，家風清肅，在明清數百年間持續發展。

（二）家族遭際與即墨藍氏家族發展

在家族發展過程中，藍氏家族屢遭變故，災禍頻仍。尤其是部分族人的英年早逝，使得藍氏家族發展斷代，啓蒙教育缺失，大大折損了藍氏家族的士氣，嚴重影響到藍氏家族的發展。嘉靖三十四年（1555），藍氏家族六世祖藍田去世。在此後的數年間，其子藍柱孫、藍史孫兄弟相繼英年早逝，藍史孫留下藍思紹等四個兒子，藍柱孫留有二女，皆由藍史孫之妻欒氏苦節撫育，藍氏家族出現嚴重中衰。至九世藍再茂時，他勵精圖治，苦心經營，藍氏家族得以重振家聲。繼而十世至十三世期間，藍氏家族在科宦、文學、家族建設諸多方面都取得重要成就，實現了家族復興。但是，藍氏家族的輝煌也伴隨著連綿的災禍。先是藍潤長子藍啓先早亡，其妻以身殉節。藍潤悲不自勝，有《哭長子啓先夫婦》等詩。繼而藍再茂、王淑人以及藍啓亮、其妻楊氏等相繼逝世。萊陽宋璉在《蔭君藍公啓亮暨配楊孺人合傳》中記載稱：「乃遭家忽異人道之傷，五年而一至，太史公捐賓客於乙未，未幾，而庚戌王淑人相繼逝矣。罔極之悲，方切風木。至丁巳而極，內助且先夫子以隕落也。天不惜純元（藍啓亮），純元亦復自摧傷哉，遂於辛酉歿乎。」

〔註149〕藍啓肅在《皇清鄉貢進士考授內閣中書舍人藍公年譜》也記述，從二十歲始，短短十餘年之內，他先後失去了數位親人：父親、母親、嫡母、繼祖母相繼離世。而在他的思舊詩中有《哭第五殤兒兼慰室人二首》，從中可以推測他有五個年幼的孩子先後夭折。這給他帶來了一個又一個沉重的打擊，使他長時間沉浸於悲傷之中。邑人周毓正在為藍啓肅作的傳中稱：「而連遭大喪，衰毀逾常。」〔註150〕而在連續失去親人的同時，不良之徒乘機侵凌，藍氏家族舉步維艱。再加上科舉考試接連受挫，藍啓肅在哀傷與悲苦中走完了四十八年的生命歷程。藍啓肅死後，藍氏家族仍是災禍不息。藍啓延在《皇清鄉貢進士考授內閣中書舍人藍公年譜》續補中稱：「今（藍啓肅）即世已四年矣，四年中家門不幸，骨肉迭摧，執筆傷心，何能有所記述。」〔註151〕更為悲哀的是，數年之後，值西陲甘陝用兵，總督年羹堯統兵西征，藍啓延督調軍餉，勞累而卒。此後，藍氏家族青年才俊藍中琮 22 歲病死，藍榮照因情在華陽書院自縊而死，年 32 歲。這一連串的家庭變故，嚴重地打擊了藍氏家族的士氣，加速了藍氏家族的衰落。

第二節　撰修族譜等與即墨藍氏家族的維繫

和睦穩定是家族持續發展的基礎。在發展過程中，即墨藍氏家族非常注重維繫家族和睦穩定。他們定期撰修族譜以梳理世系、明確親疏，積極開展家族祭祀來敦睦宗族、教育子弟，並置辦族產以供給族內公務開支、賑濟貧弱族人，通過多種途徑促進家族和睦，維繫家族穩定，為家族發展打下了堅實基礎。

一、族譜撰修與即墨藍氏家族維繫

族譜是記載一個以血緣關係為主體的家族世系繁衍和重要人物事蹟的特殊圖書體裁。即墨藍氏家族的族譜編纂工作，始於明萬曆四十二年（1614），至清代末年，藍氏家族先後七次撰修族譜，這些族譜記載了藍氏家族的發展歷史，梳理藍氏家族的發展世系，總結了藍氏家族的發展成就。它既是家族

〔註149〕〔清〕宋琭：《陰君藍公啓亮暨配楊孺人合傳》，《藍氏族譜》不分卷，河北大學圖書館藏清鈔本，第 73 頁。

〔註150〕〔清〕藍啓肅：《清貽居集》，藍氏家印本，2012 年，第 11 頁。

〔註151〕〔清〕藍啓肅：《清貽居集》，藍氏家鈔本，雍正元年，第 9 頁。

的發展歷史，又是家族的教科書。

（一）藍氏族譜撰修情況

即墨藍氏家族確切世系的確立當在明代。明代以前，也可以說是藍章、藍田之前，藍氏雖然有過輝煌，但家族史料存留極少，世系傳承不清。明初，倭寇入侵即墨、萊陽諸城，大肆屠殺，百姓流離，喪亂之下，藍氏世系多失考。至明中葉，藍章、藍田父子進士蟬聯，又以文學和直節著稱，故而被載入史冊。隨著即墨藍氏家族社會地位的提升和社會交際範圍的拓寬，藍氏家族開始注重家族文化建設，整理保存了大量的家族文獻，爲藍氏家族理清世系傳承，撰寫藍氏族譜，提供了豐富的史料。所以《即墨藍氏族譜·序言》稱：「藍氏故居舁山，自南宋咸淳年間遷居即墨之黃埠，夷考歷世淵源，由宋及元舁山黃埠祖譜牒無存。至明成化嘉靖間，我盟旺山族祖司寇公侍御公相繼顯達，勳名載在史冊，故藍氏始有譜焉。」〔註152〕而實際上，至藍章、藍田時期，藍氏家族家聲大振，家族史料倍增，雖有整理，但並沒有著手撰修族譜。直到萬曆四十二年（1614），藍氏家族九世祖藍再茂等，爲追溯先人業績，確定家族世系，敦睦藍氏族眾，教導培養子弟，才著手撰修族譜。所以，藍溥在《即墨藍氏族譜序》中稱：「藍氏故無譜也，譜之自伯父封太史公始。」〔註153〕

藍氏家譜修撰態度嚴謹，既沒有沾染當時追攀祖籍名望陋習，也沒有溢美之嫌，只是根據存世材料，如實修撰。因爲至「一世祖處士公始可得而詳也」（藍再茂語），所以本次修譜是以藍文善爲藍氏家族盟旺山一支一世祖，從而確立了即墨藍氏盟旺山支的明確的發展世系。自萬曆四十二年至清末，共撰修族譜七次。近年來，藍氏後人組織了第八次撰修族譜。至今藍氏家族已經發展至二十六世，整個藍氏家族世系清晰，昭穆井然。

（二）族譜撰修的重要作用

明代萬曆《餘姚江南徐氏宗譜》在論及族譜的作用時說：「修譜，所以合族。同族者，必相待以敬，相孚以恩，相規以德，毋以強凌弱，毋以少犯長，毋以遠間親。務要出入相友，守望相助，疾病相扶持，患難死傷相救護。」

〔註152〕《即墨藍氏族譜·序言》，藍氏家印本，2007年百里支《即墨藍氏族譜》，第3頁。

〔註153〕〔清〕藍溥：《即墨藍氏族譜序》，盟旺山支《即墨藍氏族譜》，藍氏家印本，2007年，第3頁。

〔註154〕即墨藍氏家族通過撰修族譜，明確了家族世系，理清了親疏關係，總結了家族歷史，為家族的和睦穩定作出貢獻。首先，確立了以藍文善為一世祖的明確的家族譜系，並詳細記載了家族發展世系，使得藍氏家族從元代末年至至清代末年近七百年、十八代的家族歷史清晰貫通。其次，撰寫族譜工作本身，就需要族人通力合作來整理家族文獻，理清親疏關係，促進了宗族和睦。再次，族譜全面記載家族發展歷史，詳細地記載了藍章、藍田、藍再茂、藍潤、藍啓肅等傑出族人在科舉仕宦、文學及家族和地方建設中的貢獻，以及他們所取得的榮譽。

可見，藍氏族譜的編纂，明確了藍氏家族的世系傳承，梳理了族人的親疏關係，系統記載、整理了藍氏家族的文獻和功績，對敦宗睦族，維繫家族穩定，教育後人，提供了史料和保障。

二、祭祖活動與即墨藍氏家族維繫

祭祖活動是由於祖先崇拜而產生的一種儀式。祖先崇拜是鬼神崇拜的發展，也是鬼神崇拜的一種形式。祖先崇拜和一般的鬼神崇拜不同的是，它是以已故先人為崇拜對象。人們尊崇祖先的亡靈，定期舉行祭祀，一方面認為祖先的亡靈會保祐子孫後代，賜予他們幸福。另一方面，在於追述先人的豐功偉績，以達到教育後人，敦睦宗族的效果。即墨藍氏家族在發展過程中，通過祠堂祭祀和林地祭祀兩種方式，緬懷先人，追述功績，敦睦宗族，教育後代，很好地發揮了祭祖的重要作用。

（一）家族祭祀場所

即墨藍氏家族的祭祀活動，主要集中在家族祠堂和家族林兩個場所。

1、家族祠堂

祠堂又稱家廟、祖廟，是家族中後人祭祀、緬懷祖先的地方。祖廟制度雖然商周時期便有，但是等級森嚴，普通家族大量設置家廟是在明清時期。即墨藍氏家族祠堂建於嘉靖戊戌年（1538），原本是朝廷為褒獎藍章的豐功偉績而為其所建。所以，藍溥在其《重建家廟記事》中稱：「家廟之制所由來遠矣，古今之通義也。奉旨而建者何？曰褒功也，朝廷之特典也。」〔註155〕藍氏家族文獻記載了當時藍章祠堂的規模結構和整體情況（有侍郎公祠堂圖）：

〔註154〕費成康主編：《中國家法族規》，上海社會科學出版社，1998年，第273頁。
〔註155〕〔清〕藍溥：《重建家廟記事》，藍氏家藏藍啓延手抄本，第3頁。

邑西門裏路北侍郎藍公祠堂石門坊一座，坊陰書「誥褒名臣」，在明嘉靖戊戌建立。南北神路長十八丈，闊南八尺八寸、北七尺。照壁一座。大門一座，懸「勑建家廟」匾額。左右石獅。

勑建家廟三間，中堂神閣肖侍郎藍公神像，上懸嘉靖御書「慎厥身修」匾額。廟牆畫漢中府歸陝省班師全圖。即墨令陳基題寫對聯：

左聯　德堪啓駟門三字獄寧開湯網而當道豺狼復畏埋輪常斂跡

右聯　勳足標麟閣一丸泥已閉秦關故憑城狐鼠咸從建節盡投誠

門匾　明資善大夫進階正二品侍郎藍公之祠

墨庠司訓談化育題寫門聯：

正色立朝當年奸雄膽已落

秉旄平寇至今功德碑猶存

門外抱廈三間，左右石象。

楚江譚鳳禎題寫楹聯：

秉鉞掃帶牛之孽九伐申威秦關得以靜閒譬如雲漢日星永紀師貞光信史

垂紳殲指鹿之橫五刑弼教燕關賴以肅清用是春露秋霜爰崇祀典報豐功

楊萬里題寫：

名耀朝端正逆瑙之專橫氣如虹膝如鐵帝鑒臣忠四十年沉升中外蒙庥偃僵猶一日

勳高劍閣值流寇之猖狂撫以恩震以威天開民祐百二州尸祝幽明載德鑰鑰重三秦

由上可見，因為是朝廷勑建，所以藍章的祠堂規格較高。整個藍章祠堂建制宏闊，莊嚴肅穆。勑建祠堂、御書匾額充分彰顯了朝廷的恩寵，陳基、楊萬里題寫楹聯，高度概括了藍章的豐功偉績，反映了地方的褒揚和社會的讚譽。藍氏祠堂原本是為藍章修建，後世又進行了擴建，增設了五祀廟一座，在月門東，廟前門房三間；後祠三間，祀宋元碑譜及處士公以下七世神主；方伯公支祠三間在五祀東，餘香館在家廟西，三進共房九間，把藍章的個人祠堂變成藍氏家族的祠堂。

在此後數百年間，即墨藍氏家族於崇禎辛未年（1631）、順治戊戌年

（1658）、康熙辛酉年（1681）〔註156〕，屢次對家族祠堂進行修繕。即墨藍氏祠堂雖歷經數百年，始終保持著莊嚴肅穆的風範，成爲家族緬懷先輩，激勵後人，維繫家族和睦的重要場所。

2、家族林地

吳江趙寬在《東厓十二詠序》中指出：「祖林，世澤之積。」〔註157〕林地既是家族先人葬身之地，也是家族祭祀先人、開展家族教育的重要場所。前文論及，即墨藍氏家族在盟旺山創建祖林，約在十三世紀後期，至清代末年，約有六百餘年歷史。清代末年，藍恒矩、藍志雍等撰寫的即墨藍氏家族《塋域志》，其中詳細記載了即墨藍氏家族林地情況，並附有四世贈侍郎祖塋、邑北賜兆五世侍郎祖塋繪圖。其文稱：

> 吾家盟旺山原祖林，歷有數代，其中古墓共一百一十餘坵，而皆呼爲元代祖林者，特以塋中古碑有元泰定甲子年號，吾族世系至元始有可考故也。其非準名也無疑。按隆慶二譜載，封太史公與方伯公俱葬盟旺山後塋，故於塋北又有方伯公後續葬支塋，業百餘年。族之人有持封太史公誥命碑記葬元代祖林，以爲言者，以致互相爭執。嘻，誠屬爭所不庸爭也。迨光緒戊申，經上縣派委員楊同縣尊陳親詣勘丈，斷令息訟，從此封塋不許續葬，凡官界內俱屬葬藍氏先塋，惟祖林西老二支支塋不在界內。〔註158〕

由此可見，藍氏家族林地主要有盟旺山祖林、四世贈侍郎公（藍銅）祖林、五世賜兆侍郎（藍章）祖林、封君公（藍再茂）祖林及老二支支塋等。其中，盟旺山祖林，據《盟旺山祖林碑記》載，應建於宋末元初，約在 1274 年前後，在今藍家溝村東；五世賜兆侍郎祖林，嘉靖十二年（1533），朝廷差官督造塋域，於縣之北原；封君公、方伯公祖林建於清順治十三年（1656）前後，在盟旺山後塋。而方伯公藍潤後人曾在改支塋續葬百有餘年。直至光緒戊申年（1907）有官方出面封方伯公塋不許續葬，仍葬盟旺山祖塋。

（二）家族祭祖活動

即墨藍氏家族的祭祖活動，主要集中在祠堂和墓地兩個場所。這兩個場

〔註156〕另外，十一世藍啓晃曾組織修繕，時間不詳。

〔註157〕〔明〕藍章：《大嶗山人集》，藍氏家印本，1996 年，第 134 頁。

〔註158〕〔清〕藍恒矩、藍志雍：《塋域志》，2007 年續修《即墨藍氏族譜》，第 1509 頁。

所祭祀的規格、目的和要求都有所不同。

1、祠堂祭祀

即墨藍氏祠堂本是朝廷賜建以祭祀藍章所用，後成為藍氏家族祠堂，用以祭祀家族所有的先人。藍奎〔註159〕在《重訂祀產條規序》中稱：「我藍□（此處空白，下同）〔註160〕三世祖贈侍郎公起家，□五世祖司寇公在勝朝有定策功，勅賜塋兆建廟肖像以祭，□六世祖侍御公更起四楹於廟，後凡元明以來諸遠祖咸列祀焉。」〔註161〕藍氏家族文獻中對家族祭祀的時間和祭品均有記載。《重訂祀產條規序》稱：「惟春秋享祀各有定品。」〔註162〕《重訂祀產條規》還在相關規條中也提到了一年中各個祭祀的時間。其中有這樣的規定：

家廟初一十五暨年節燈節行禮畢隨即關鎖門戶日常不許妄開如有損壞，公議修整；朔望至家廟暨東厓祠堂行禮務宜衣冠整齊管公人備香茶。

從中可見，藍氏家族祭祀活動一般是在每月初一、十五以及元旦、中秋、春節等傳統節日進行，而且不同時節的祭祀有不同的規格和祭品。這一點從藍氏家族文獻及藍氏族人的詩歌中也有所反映。藍昌倫《元旦祀司寇公廟》：「廟立宗功崇，簾垂北斗光。丹青飛露布，梐枑動風霜。生共碧天闊，歿同白日長。四方霖雨外，盡如此馨香。」藍中珪有五言古詩《丁丑元旦瞻拜先司寇祖像》：「檢書懷祖勳，今自仰瞻分。眉聚星辰麗，胸羅岱獄文。三臺當世傑，八陣邁時群。功業垂青簡，冠裳動夕曛。風霜年代遠，愛愨子孫殷。春酒椒花獻，愾乎似有聞。」他們都以詩歌的形式記錄了元旦時節祭祀先人藍章的情形。

2、墓地祭祀

墓地祭祀，也是後人緬懷先人、教育後代的一種重要途徑。即墨藍氏家族文獻，對墓地祭祀情況也多有記載。即墨藍氏家族《房社約》對藍氏家族墓地祭祀活動時間、祭品都作了規定：「元朝祖塋暨明朝勅建祖塋，春秋祭

〔註159〕藍奎，字聚五，號耀生，清嘉慶庚辰歲貢生，任德平縣訓導。
〔註160〕此處原為空白，似因原文缺失或者字跡模糊不清而空格，本書以「□」代替。
〔註161〕〔清〕藍奎：《重訂祀產條規》序，《重訂祀產條規》，道光二十一年，第2～3頁。
〔註162〕〔清〕藍奎：《重訂祀產條規》序，《重訂祀產條規》，道光二十一年，第2～3頁。

掃，每塋豬羊各一口，每冢桌面，壹副油饊，貳碟骰荼食。桌在外，務要豐潔，洋洋如在，勿褻神以貽羞。」同時，對參加人員及祭祀程序都作了嚴格要求：「入塋祭掃定於卯刻，齊集後至者，即在罰跪。赴會定於午刻，齊集後至者，罰治錢五十文，司會各照派定次序。如有萬不得已之事，當先期以告眾，過日補會悞會者，罰治錢貳百文。勿懶惰推辭，自甘不肖也。」〔註163〕藍潤在《清明日祭先壟》中也對墓地祭祀作了描述：「祀事逢嘉會，几筵列豆籩，□愴昭格應。敬慎永懷宣。展墓邀神貺，克家望後賢。雍容觀禮度，試誦白華篇。」

從中可見，即墨藍氏家族每年春秋兩次對元朝祖塋暨明朝勅建祖塋進行掃祭，每次祭拜都提前知照族人，安排次序，同時要置辦豬羊、油饊、骰荼食等祭品。每次祭拜都會規定具體時間，並對不按時參加和不能參加的人員作出處罰。

即墨藍氏家族在聚族集體祭拜的同時，族人也可自行祭拜先人。如藍深為人至孝，他事父極盡孝道，父親死後，他初一、十五必到墓地祭拜，猶覺不足。宋璉《臨淮令藍公傳》記載：「（藍深）朔望必趨墓省視或泣，繼之推其心，以為吾庭幃求之不得。其於魄之降者，而盡吾心乎，往者吾晨昏奉之，而猶未敢即安也。今漸遠，而至朔望一月之間，僅兩即親側矣。乃視聽之無從，是以泣下耳。孝哉！」〔註164〕藍啓晃也極重孝道，每月必至先人墓地祭奠，寒暑不輟。清人謝永貞在《司訓藍公傳》中稱藍啓晃：「先人邱墓，月必一至，過必瞻拜，雖淒風苦雨未嘗少間也。」〔註165〕

（三）祭祖活動的重要作用

祭祀祖先不僅僅是祭拜活動，它包含了緬懷先人，弘揚孝道，教育子弟，敦睦宗族等多項功能。

1、緬懷先人，弘揚孝道

《論語·學而》曰：「慎終追遠，民德歸厚。」祭祖活動，在於不忘所出，緬懷先人，是孝道的延伸。即墨藍氏家族《房社約》稱：「祖宗德業光昌，垂

〔註163〕〔清〕藍深、藍潤：《房社約》，康熙壬午，藍啓延手抄本，第13頁。
〔註164〕〔清〕宋璉：《臨淮令藍公傳》，《藍氏族譜》不分卷，河北大學圖書館藏清鈔本，第78頁。
〔註165〕〔清〕謝永貞：《司訓藍公傳》，《藍氏族譜》不分卷，河北大學圖書館藏清鈔本，第66頁。

裕後昆。歷元明以迄今日，閱四百餘載，福澤可謂厚矣。凡係孫枝席久大之
庇，誰無報本之思。報本維何？心術之光明也，行誼之端方也，忠厚之纘承
也。體斯三者以式家訓，是謂仁孝之志。若夫人文蔚起，振家聲而昭祖烈，
在奮勉有爲者接踵而興耳。不則力檣經商，亦我贈侍郎公發祥之基，非末務
也。」〔註166〕藍潤也在《藍氏祠堂碑記》中對建設祠堂，祭祀祖先的作用作
了歸納：「祠堂之設曷爲乎？曰：子孫不忘所自始也。」藍奎也在《重訂祀產
條規序》中稱：「禮莫重於祭，祭者所以追遠竭誠也。此祭田所由設與？夫木
無本則枝不茂，水無源則流不長，君子反本復始不忘其所由生，未嘗不於四
時奉祀惻愴於心者也。」〔註167〕

2、教育子弟，敦睦宗族

藍深、藍潤在《房社約》中，明確強調了祭祀活動在子弟教育和家族敦
睦方面的作用，稱：「春秋祭饗，僅一卮酬地乎？中規中矩，可慰先靈於九原。
蔑棄祖法，則怨恫及之，雖牲體在陳，亦爲虛文。吾家房社期會，忠孝節義，
整齊嚴肅，嘗聞之上世矣！皇清丙戌歲，我父敕封太史公與我大伯復立社約，
聯我本支，以篤親親之誼，願子子孫孫勿替引之也。嗚呼！我父往矣，典禮
具在，敢云廢而不修繼。自今面相告誡，各勤職業，居安思危，遇災而懼。
勿作怨，勿俹德，勿以小加大，勿以少凌長，去逆效順，承先啓後，祖宗之
源遠流長，庶幾其不墜也。」〔註168〕因此，即墨藍氏家族充分發揮祭祖的作
用，不失時機地開展子弟教育，維繫著家族敦睦的局面。清乾隆版《即墨縣
志·孝義》稱藍啓肅：「朔望，會族姓於庭，諄諄提命。」〔註169〕錢陳群在《西
和知縣藍公啓延傳》中也稱藍啓延：「歲時伏臘，必集宗族長幼於家廟中，勤
勉備至，咸謂『方伯有子矣』」。

由此可見，通過祭祀活動，藍氏家族弘揚了孝道，整飭了家風，增強了
宗族意識，強化了宗族敦睦，促進了家族的安定和睦。

〔註166〕〔清〕藍深、藍潤：《房社約》康熙壬午，藍啓延手抄本，第13頁。
〔註167〕〔清〕藍奎：《重訂祀產條規序》，《重訂祀產條規》，道光二十一年，第2～3
　　　　頁。
〔註168〕〔清〕藍深、藍潤：《房社約》，康熙壬午，藍啓延手抄本，第13頁。
　　　　〔清〕藍奎：《重訂祀產條規序》，《重訂祀產條規》，道光二十一年，第2～3
　　　　頁。
　　　　〔清〕藍深、藍潤：《房社約》，康熙壬午，藍啓延手抄本，第13頁。
〔註169〕〔清〕尤淑孝：乾隆版《即墨縣志》，中國和平出版社，2005年點校本，卷
　　　　九，第171頁。

三、家族公產與即墨藍氏家族維繫

即墨藍氏家族作爲文化世家，雖然族內各個家庭基本上各立門戶、獨立經營，但是舉辦祭祀活動、修繕祠堂祖宅、開展家族教育、接濟貧困族人等族內公共事務，仍需要大量資金來維繫。因此，即墨藍氏家族通過各種途徑積累了較爲豐厚的公產，用以維繫家族的公共開支，確保了家族的穩定發展。

（一）家族公產的分類

即墨藍氏家族的公產，是家族成員共同擁有的資產，主要包括家族房產、祭田、義田、祠堂、林地、書院等。《藍氏家乘》記載，藍氏家族族內公共財產計田產近三十處，房產七處。另外，族內分支也有部分公產，用於本支內部開支，主要包括贈侍郎（藍銅）公產、賜兆塋（藍章）公產、封君（藍再茂）公產等。

1、房產

藍氏家族發展歷史比較長，家族宅院規模大，數量多。大部分房產屬於各支系私有財產，也有一部分房產屬於家族共有。即墨藍氏家族文獻中存有嘉慶元年正月的《公產歷年出入總簿》，其中記載了藍氏家族的部分房產：

老宅傳桂堂房屋一處
西園房屋五間
看塋屋三間
清遺居屋三間
庭館十四間
兵房館（江式齋）十間
雜貨鋪（胡延柱賃）三間
王以金屋二間
華陽書院
應健堂
封君祖公（藍再茂）房產
玉香館房屋四蹬
胡延杞住屋三間
用袚　典屋三間

王中奇典屋三間

黃敄住屋二間

從中可見，藍氏家族既有家族共同房產，也有某支系共同房產，這些房有些由家族共用，有些房產則對外租賃，收取租金，補給家用。

2、祭田

祭田是古代家族的公共田產，主要用來供給祭祀祖先物品、修繕祠堂等開支，餘資也常用作接濟貧困族人等。即墨藍氏家族初期並沒有設置專門祭田，至六世祖藍田時，藍氏家族逐步開始置辦少許祭田，此後一度擱置。至藍再茂時，藍氏家族祭祀費用由他一力承擔。此後爲確保祭祀活動正常開展，其子藍深、藍潤等開始增設祭田，爲祭祀活動提供保障。藍奎在《重訂祀產條規序》中對藍氏家族早期祭田設置作了記述，稱：「惟春秋享祀各有定品，猶慮子孫無所資以致誠敬，爰置公產若干畝，竊歎侍御公之貽謀孔長也。後人宜恪守城規，善承先志，非惟藉以報本追遠，即敦宗睦族之道亦於此而寓，是公產之設不綦重哉！詎數傳而後日以寖衰，我太史公體先人孝思不匱之意，極力維持，賴以不廢嗣。臨淮公、方伯公，克善繼述，增置地畝。」〔註170〕藍啓肅也在《三世祭田約言》中，對藍氏祭田的設置情況作了追溯：「我家祀事，其來舊矣。至我封君公，獨立任之，歷今四世。但舊無祭田，恐有難繼，不可以傳後而行遠，我高祖以上祭田，本支房會所積，漸有成效。」〔註171〕

但考慮到藍銅、藍再茂、藍深、藍潤三世尚無專門祭田，至藍啓肅時，爲他們設置祭田，稱爲三世祭田。藍啓肅《三世祭田約言》〔註172〕，對藍氏祭田的設置情況作了追溯，並對祭田的管理和經營提出要求：

> 今爲我贈君公、封君公、臨淮公、方伯公三世祭田，是我兄弟叔侄所當急舉者。乙亥歲，曾與我長兄蒙陰公議行未果，而長兄即世，不可更遲矣。今有未分公產泉嶺莊，原係各房分收籽粒，分納錢糧，共同約定，即以此爲三世祭田，司其事者收租納稅，料理祀事，分辦祭品，措置贏餘，照管莊務。自今年始，凡我兄弟叔侄，各出情願，愼勿營私，自便致誤大典，更勿騷擾莊佃，永爲遵守，

〔註170〕〔清〕藍奎：《重訂祀產條規序》，《重訂祀產條規》，道光二十一年，第3頁。

〔註171〕〔清〕藍啓肅：《清貽居集》，藍氏家印本，2012年，第99頁。

〔註172〕〔清〕藍啓肅：《清貽居集》，藍氏家印本，2012年，第99頁。

　　不得少有紛更，獲罪先人也。愼之，愼之！子孫賢，神明吾意；不

　　賢，恪守吾法。不肖子孫，縱極貧窘，亦不許執爲公產，擅行典賣，

　　如有故違，問官懲治，公約。

　　藍啓延在續補《藍啓肅年譜》中也提及此事，稱：「己巳，聯族伯叔兄弟
輩重整本家房會，置祖林祭田，又約同堂兄弟子侄，出公田百畝爲祖父祭祀
之用，十數年來漸有成效。」〔註173〕藍重蕃《皇清鄉貢進士欽授內閣中書舍
人先府君藍公行述》稱藍啓肅：「又聯族人整房會，置祭田二百餘畝，復約本
支出田百畝以爲三世祭田，至今不改。」〔註174〕

　　直到清代末年，藍氏家族仍有一定數量的公田。

　　嘉慶元年正月的藍氏家族《公產歷年出入總簿》，也記載了藍氏家族的部
分公田：

　　西茱園

　　北茱園一畝八分

　　羊頭莊地

　　十畝地地

　　某鼓埠地十畝二分

　　五龍山嵐一處

　　華陽書院山嵐一處

　　臺頭海口一半（典出）

　　西核桃行地

　　栗行大道北地半畝

　　新買土地廟南地一段

　　修之祥　倩西茱園三畝一分一釐，典出一畝

　　張金倩西茱園八分七釐

　　修雲　倩西茱園九分六釐

　　金虎　倩西茱園七釐

　　李永儀　倩羊頭地

　　王士魁　倩羊頭地三畝一分六釐

　　江啓起倩羊頭地一畝

〔註173〕〔清〕藍啓肅：《清貽居集》，藍氏家鈔本，雍正元年，第10頁。
〔註174〕〔清〕藍啓肅：《清貽居集》，藍氏家印本，2012年，第24頁。

李信　倩栗行後大道北地五分

宋澤　倩五龍地一畝二分

宋喜先　倩石鼓埠地十畝二分

秦廷懋　分種東莊地六畝六分六釐六毫

藍存元　倩東莊楊行地三畝

李喜魁　倩東莊楊行地六畝

丁鳳　倩盟旺山地五畝

贈侍郎祖（藍銅）公產　坐落石棹中地七畝二分

秦廷懋　倩地二畝二分

藍應享　倩地五畝

封君祖公（藍再茂）產

李剛　倩地四畝

李四五　倩地二畝

李祿　倩地四畝

封君祖公產又一項　地十二畝

從中可見，藍氏家族各支公有田產除西菜園、羊頭莊地、十畝地地、五龍山嵐一處、華陽書院山嵐一處、西核桃地等沒有標明畝數外，其他可統計的公產計五十一畝二分三釐。

贈侍郎公藍銅支系自有公田十四畝四分；封君祖公藍再茂支系自有公田二十二畝。

道光十七年藍氏《重訂祀產條規》中也記載了藍氏家族的部分公產土地：

賈家莊稅畝地七畝二分

園地稅畝二畝七分（原係四畝，被藍惺典一畝三分與尤姓）

歇佛寺中畝地三畝五分

石桌稅畝地二畝二分

楊行地稅畝十畝

水溝西崖稅畝地五畝

盟旺山稅畝地四畝

祖林後稅畝地三畝

狼狼埠稅畝地二畝

楊頭稅畝地四畝

戲樓西南崖地稅分五分

盟旺山嶺東頭稅畝地四畝

泉兒頭門前稅畝地五分

廟兒嶺稅畝地十五畝（除石崗五畝只算十畝）

共計地七十四畝三分。

這些公田主要用於對外租賃，收取糧租。

3、義田

義田之稱，始出於《越絕書・外傳記越地傳》，宋范文正公始在家族中設置義田，用以贍養族人或貧困者。即墨藍氏家族藍啓晃、藍重桂、藍重慶、藍重穀、藍重頤、藍琛等傚仿范文正公義舉，捐荒地置辦義田，設置義莊，並作《義莊記》。謝永貞在《司訓藍公傳》中稱藍啓晃等：「置義田三頃以收族人之失業者，而義學之設，良師之聘，不獨恤其生，且以成其材，則又文正公之所未及者也。」〔註175〕《義莊記》中也對這件事作了詳細記述：

> 宋范文正公，置義莊以贍族人，千古盛事也。聞處公之後，行公之行者代不乏人，然皆未如公之周悉盡善也。惟我藍氏自昌陽徙居即墨，其家世載諸元代祖林碑記中，茲不詳書。及我九世祖兄弟二人，長則我贈侍郎祖，次則城外我九世叔祖也，兩支子孫迄今益蕃，但無居址者有之，無地土者有之。我祖封太史公、我父臨淮公，每遇婚嫁喪葬、食貧不能自給者，恒濟助焉。若置義莊一節，常有志而未逮。今不孝承前人餘蔭，辦稅祀先之外，間一周恤之，惜無厚蓄多藏，遍爲照顧也。今將自置女姑山莊暫荒地三頃指爲義莊，凡我同宗，不拘遠近，願開耕者即往開耕，三年後按畝入荒田納稅，願蓋房屋者，即往嶺南大井北擇地修理居住，願種樹木者，即往擇荒場栽植。庶幾少助衣食之萬一，以聚我族人貧令之散處者，勿典勿賣，俾子孫世守之。然此亦略完我兩世先人之志願耳。如云效范文正公之盛事，不孝晃則未之敢當也，特書數語記之。

從中可見，即墨藍氏置家族辦義田是效法范文正公義舉，主要是爲了完成藍再茂、藍深等的願望，接濟貧困族人，使他們能維持生計，免於淪落。

〔註175〕〔清〕謝永貞：《司訓藍公傳》，《藍氏族譜》不分卷，河北大學圖書館藏清鈔本，第 66 頁。

4、林地

即墨藍氏家族林地面積可觀，僅五世祖賜兆塋就佔地五十畝，加上盟旺山祖林、贈侍郎公祖林、封君公祖林，有數百畝之多。一方面，林地地產租賃收入可觀。由於史料所限，僅可從嘉慶元年正月的《公產歷年出入總簿》記載中窺見一斑。另一方面，林地中栽植大量松柏等木材，這也是藍氏家族的重要財產。道光二十一年藍奎手抄的《祀產條規》中記載了即墨藍氏祖林及各分林地的樹木：

《重訂祀產條規》記載道光二十一年藍氏闔族公計：敕建家廟樹株柏樹十六株、楸樹九株、槐樹五株

元代祖林樹株並我封君祖塋內樹株：松樹大小二百八十四株、柏樹大小四百二十三株、柞樹大小五十七株、柳樹二十一株、楊樹八株、棠梨一株

賜兆塋樹株：柏樹二百八十五株大、柏樹十株小、槐樹五株、柞樹五株大、柞樹四十三株小、山茶三株、集樹三株、松樹二株

贈侍郎祖塋樹株、松樹、柏樹、槐樹、柞樹、楊樹、集樹

從中可見，藍氏家族祖林及各分支林地數百畝，地產和林木數量豐富，收入可觀，成爲即墨藍氏家族公共收入的重要組成部分。

5、書院

吳江趙寬在《東厓十二詠序》中指出：「書院，學問之地」。〔註176〕即墨藍氏家族共建三座書院，即東厓書院、華陽書院和讀書樓，作爲家族子弟培養和教育場所，也是家族重要的公產。在上文「家族經濟等與家族發展」部分已詳細介紹，於茲不再贅述。

（二）家族公產收入與管理

1、家族的公產收入

關於即墨藍氏家族公產收入，藍氏家族文獻記載較少，其早期的公產收支已無從查探。即墨藍氏家族文獻中存有嘉慶元年正月的《公產歷年出入總簿》，雖言《公產歷年出入總簿》，但僅記載了乾隆五十九、六十年、嘉慶元年三年家族公產的糧、錢收支總帳。這些帳目應該只是藍氏家族收入的一部分，不足以窺見藍氏家族的全部收入，但從中我們僅可瞭解藍氏家族後期公產收支的概況：

乾隆五十九年收支情況

乾隆五十九年糧食：

本年共支雜糧二石正

本年共收雜糧四石九斗四升

除支應存二石九斗四升（俱糶出）

乾隆五十九年收錢：

本年共收錢三十一千一百文

本年共享錢二十三千二百一十文

除用下應存錢七千零百九十文

乾隆六十年收支情況

乾隆六十年糧食：

本年共收雜糧四石九斗四升本年共糶雜糧一石一斗八升

本年共支（欠）雜糧七斗六升　除欠實收雜糧四石一斗八升

本年共支雜糧二石正　除支應存二石七斗六升

乾隆六十年收錢：

本年共收錢三十一千九百四十文

本年共使錢五千六百八十文

除使下應存錢二十六千二百六十文

二年共存下三十三千三百五十文

嘉慶元年收支情況

嘉慶元年收糧：

本年共收雜糧四石八斗九升

本年共支雜糧二石正

嘉慶元年收錢：

本年共收錢二十七千八百三十文

《公產歷年出入總簿》中不僅記載了藍氏家族乾隆五十九、六十年和嘉慶元年三年的收支總數，還詳細記載了家族公產收入和開支的細目：

庭館十四間　每年納足錢三十八千文

兵房館（江式齋）十間　十六千文

雜貨鋪（胡延柱賃）三間　十三千文

王以金屋二間（每年納足二千四百文）

華陽書院　十三千七百文

修之祥　倩西茉園三畝一分一釐，典出一畝，每年納足十七千八百文

張金倩西茉園八分七釐　每年納足六千九百六十文

修雲　倩西茉園九分六釐　每年納足十千文

金虎　倩西茉園七釐　每年納足五百六十文

李永儀　倩羊頭地（約五石）

王士魁　倩羊頭地三畝一分六釐十五斗

江啓起倩羊頭地一畝穀三斗五升

李信　倩栗行後大道北地五分三升

宋澤　倩五龍地一畝二分四斗

宋喜先　倩石鼓埠地十畝二分（穀物若干）地錢五百文

秦廷懋　分種東莊地六畝六分六釐六毫穀物三十六升

藍存元　倩東莊楊行地三畝畝租三市升半

李喜魁　倩東莊楊行地六畝每畝七市升

丁鳳　倩盟旺山地五畝　十六斗

韓敬魁　每年納海米十斤

傅文燦　十六千

每年應收糧錢

尤琳二千三百六十文

修之祥　五百五十文

南山　高維等三人一千四百四十文

應健堂八百一十文

贈侍郎祖公產　坐落石棹中地七畝二分

秦廷懋　倩地二畝二分　六斗

藍應享　倩地五畝　十二斗

贈侍郎祖公產使賬

清明支飯錢二千五百文

十月朔支飯錢二千五百文

賜兆塋

姜開秀每年納錢四千文

姜十漢每年納錢四千文

姜升每年納錢四千文

封君祖公產收賬

李剛　佃地四畝納租八斗

李四五　佃地二畝納租四斗

李祿　佃地四畝納租八斗

玉香舘房屋四蹬

胡延杞住屋三間

用祓　典屋三間　典錢十三千

王中奇典屋三間　典錢四十千

黃敉住屋二間　錢二千四百

封君祖公產使賬

清明供錢六百文

春分供錢六百文

四月卅日供錢六百文

五月初八日供錢六百文

五月廿六日供錢六百文

秋分供錢六百文

十月朔供錢六百文

十二月十五日供錢六百文

用梓糧錢二百文

士臨兄糧錢一百五十文

封君祖公產又一項　地十二畝經裴公案下將地分開每房各管六畝

秦廷懋　佃地六畝納租一石三斗

從中我們可以看出，即墨藍氏家族收入主要途徑有租賃公產田地收糧、祖林公產房屋租金，糧食留足需要外全部出糶，最終均折合成錢幣。從上述僅存的帳簿來看，即墨藍氏家族公產每年收入在三十千文左右，年際變化不大。其支出因項目不同而多少不均，但公產費用足以供給家族維繫方面的花銷，基本都有結餘。當然，這個帳簿可能僅僅是藍氏家族公產收入的一部分而已。

2、家族公產的管理

即墨藍氏家族族產的收支、管理，也是家族管理的重要內容。分析起來，

主要有以下三點特徵：

第一，長支負責管理。即墨藍氏家族公產初設始自六世祖藍田，九世祖藍再茂繼其踵武，雖有所增加，但族產數量有限，基本不存在管理問題。至十世、十一世時期，藍氏族產不斷增加，族產的收支和管理問題才凸顯出來。關於族產的管理問題，藍氏家族文獻中少有涉及，僅可從藍奎《重訂祀產條規》序言中窺見一斑。其文稱：「惟是我族長支大半宅城，餘支距城均數十里，以故公產世世界長支管理，迄今二百餘年未嘗替也。」〔註177〕從文中可見，即墨藍氏家族族產由長支負責管理，而且二百餘年沒有變化。按時間推論，該文撰寫於道光二十一年（1841），上推二百年，即到了九世祖藍再茂時期，也就是說，藍氏家族族產自設置以來均是由長支統一管理。

第二，設置管公人。族產雖然由長支統一管理，但具體事務委派管公人負責打理。藍奎《重訂祀產條規》中部分條款涉及到管公人的職責權限和有關要求：

一出入公帳逐項注明以便聚族公算，如有冒銷，另派人管。

一朔望至家廟暨東崖祠堂行禮，務宜衣冠整齊。管公人備香茶。

一每年正月十六日清算公帳，以午為期，每支一人，不許不到，管公人備飯貳頓開入公帳，如因雨雪不便以清明為期。

一祭品務期精潔。不遵規另派人供。

一家廟封窗掃地暨年節封燈貼對安棹懸像，管公人料理。

一凡祠堂祭器不許典當如有失落，管公人墊賠。

一先人封誥、像軸管公人收藏。

一譜板計一百二十六頁，存管公人處。

一看塋人暨看祠堂人如不小心伺候並作踐樹株等情，管公人嚴加飭責。

總結起來，管公人不僅負責家族族產的收支核算，同時還兼顧著管理祠堂物品、籌辦祭祀活動、管理看塋人、看祠人等任務。實際上，管公人就是家族族產的大管家。

第三，聚族公議定事。即墨藍氏家族公產的管理，常是以公議定事。《重訂祀產條規》提及相關公議事項：

一家廟初一十五暨年節燈節行禮畢隨即關鎖門戶，日常不許妄開。如有損壞，公議修整。

〔註177〕〔清〕藍奎：《重訂祀產條規》，道光二十一年，第3頁。

一世鬴堂街樓上懸三世名宦匾額。如有損壞，公議修整，不許拆毀，違者以不肖論。

一東厓書院繫懸像之處，或滲漏公議修整。

一塋域祠堂有必得修葺之處，臨時公議辦理。

一塋內樹株或被風雨損壞同族公議變賣充公，登記公帳。

可見，即墨藍氏家族族產雖然由長支統一管理，由管公人具體負責，但大小事務須有族人選派代表公議決定。

3、公產的用途

即墨藍氏家族作為即墨地方望族，家務繁多，開銷較大。《公產歷年出入總簿》中不僅記載了家族收支總目，還詳細記載了各項花銷細目。另外，道光二十一年藍氏家族《重訂祀產條規》中也提及藍氏公產的用途。從中我們可以看到藍氏家族公產的主要用途：家族年節期間，祭祀等活動備置祭品、整飭家宅祠堂、供給餐飯費用；門軍辭歲、扣節賞錢；贖入被族人典賣的族產費用；去玉皇廟祭拜、供奉僧人費用；修繕祖宅、塋域、祠堂費用等等。

四、藍氏「母親」與即墨藍氏家族維繫

即墨藍氏家族娶妻從第五世起，逐步由普通人家轉向了書香世家或者官宦大族。來自不同的仕宦家族或書香門第的藍氏「母親」們，不僅在營造家族門風、相夫教子、維持家計方面無私奉獻，而且能在家族危難之際，勇擔重任，為即墨藍氏家族維繫作出多方面的重要貢獻。

（一）營造優良門風

即墨藍氏家族，詩書傳家，尤重禮教，一直以門風清肅著稱。這不僅是因為藍氏諸多先人持身端正，嚴於自律，也是藍氏諸多「母親」嚴守禮法，以身作則的結果。《都察院右僉都御史藍章父母誥命》稱藍銅之妻于氏：「系出仁賢之族，歸於詩禮之門，秉正道以相夫，化行宗黨，佐義方以成子，名顯甲科。」﹝註178﹞《都察院右都御史藍章並妻誥命》稱藍章之妻徐氏：「祇勤靡忒，淑慎有常，系出名門，來歸大族，禮嚴蘋藻，孝忱克助於禮先，動協圖箴，懿範躬行於治內……。」﹝註179﹞李開先在《文林郎河南道監察御史北

﹝註178﹞ 〔明〕《都察院右僉都御史藍章父母誥命》，藍章《大嶗山人集》，藍氏家印本，1996 年，第 80 頁。

﹝註179﹞ 〔明〕《都察院右都御史藍章並妻誥命》，藍章《大嶗山人集》，藍氏家印本，

泉藍公墓誌銘》中稱藍田：「配范氏，同邑人，提舉志女。……繼劉氏，陝西
邠州人，少保戶部尚書昭之孫女。……各有賢德。」〔註180〕傅以漸在《藍公
暨元配孫氏繼配崔氏墓誌銘》中稱藍再茂：「元配孫氏，敕贈太孺人，詔贈太
淑人，同邑舉人孫公丕獻女，……繼崔氏，詔贈太淑人，平度州人，河間府
通判崔公校女。……繼沈氏，敕封太孺人，京都錦衣衛百戶沈公世桂女。各
有淑德。」〔註181〕馮文炌《貞壽藍母周孺人八十壽序》也稱藍深妻周氏：「性
介芝蕙，德懋珩璜，南雄守之孫女，光親藜火，臨淮深公之介婦。」〔註182〕
另如藍潤副室張氏、藍啓亮之妻楊氏、藍啓肅之妻周氏、藍重祐之妻呂氏、
藍中璥之妻周氏俱有淑行。他們不僅自己持身嚴正，還會將父族的家族文化
和優良傳統帶入夫家，爲藍氏家族優良家風的形成作出貢獻。清人黃植在爲
外祖母周氏作《十三世祖母孺人周氏傳》中，對外祖母在藍氏家族家風形成
中的作用進行了高度評價，稱：「先外祖母孺人姓周氏，廣東僉事天近公諱日
燦之曾孫女，廩生祚崇公之女，年十七歸藍氏。事舅姑克盡婦道，處娣姒以
和，內外無間言。藍氏自侍郎公、御史公後，世以秉禮稱，太學公承先緒，
尤重禮教。孺人以淑德佐助之，由是一家中彬彬有禮，墨邑中稱德門者首推
外家焉。」〔註183〕這不僅是對周氏的讚揚，也是對所有即墨藍氏「母親」在
藍氏家族門風建設貢獻的高度概括。

（二）教導培養子女

母親作爲子女的啓蒙老師，在子女教育中與父親起著同樣重要的作用。
《南京刑部右侍郎藍章父母誥命》就充分肯定了母親在子女教育中的作用，
稱：「母德兼乎教育，與父實均，惟賢是勸，顧慈範有裨乎風化，肆禮文備著
於典章，在古則然，於今尤重。」〔註184〕即墨藍氏家族諸多「母親」糸出名
門，賢惠端淑。一方面，即墨藍氏家族諸多「母親」以自己的孝慈、恭順、
寬大、賢淑品格教導、影響子女，對子女的性格品行的塑造起到重要作用。《都

1996 年，第 79 頁。

〔註180〕 〔明〕李開先：《文林郎河南道監察御史北泉藍公墓誌銘》，藍氏家藏刊本，
光緒丙戌增修《即墨藍氏族譜》，卷五，第 10 頁。

〔註181〕 〔清〕傅以漸：《藍公暨元配孫氏繼配崔氏墓誌銘》，藍潤《餘澤錄》，順治十
六年（1659），藍氏家刻本，卷四，第 56 頁。

〔註182〕 〔清〕馮文炌：《貞壽藍母周孺人八十壽序》，藍氏家藏鈔本，第 61 頁。

〔註183〕 〔清〕黃植：《十三世祖母孺人周氏傳》，藍氏家藏鈔本，第 101 頁。

〔註184〕 〔明〕《南京刑部右侍郎藍章父母誥命》，藍章《大嶗山人集》，藍氏家印本，
1996 年，第 88 頁。

察院右僉都御史藍章父母誥命》也盛稱藍章母親於氏：「慈惠夙成，儉勤兼至，系出仁賢之族，歸於詩禮之門。秉正道以相夫，化行宗黨，佐義方以成子……」。〔註185〕黃植《十三世祖母孺人周氏傳》稱讚藍中瓛妻周氏：「孺人性嚴正，訓子女有法，內外肅然無喧嘩之聲。子女輩奉教令唯謹，閨門之內凜乎若朝。遷彼鍾郝之禮法，覺卑卑不足道也。」〔註186〕

　　另一方面，即墨藍氏族人中男性早亡情況較多，常常出現孤兒寡母相依爲命，艱苦維持生計的狀況。這些孤弱的母親撫孤苦守、堅貞不二，她們堅貞不屈的品質感染著子女，激勵著他們積極進取、奮發有爲。對此，即墨藍氏家族文獻中多有記載。楊鹽在《八世贈按察公孝行公指揮公合傳》中稱藍思紹等：「未弱冠，其父守泉公卒。母欒氏乃膠西中順大夫檢齋公之女，岱滄御史公之姊也。賦性慈惠，貞淑治家，嚴而有法。孀居撫養二子，既稍成立，嘗訓之曰：『汝先人幾世爲官，汝當淬勵進身，不墮汝之家聲，乃爲孝耳。』時人聞其言，咸稱歎比之孟母等云。」〔註187〕藍潤早亡，當時其子藍啓延僅三歲，其妻張氏苦節撫孤。清人錢陳群《藍明府傳》稱：「（藍啓延）生三歲而孤，依母張存活」〔註188〕。藍啓延《家母張太孺人貞節紀略》也記述了母親對自己的嚴格教導：「而家母惕然有深憂也，呼不肖延而流涕曰：『延乎生，不聞嚴父之訓，十六年來，以養以教，而畢婚而遊庠，俾汝不至放蕩不才者，嫡兄之力也。今天不垂慈，嫡兄逝矣，汝年未弱冠，情無定也。世事之反覆何常，倘不克自振拔，雖敝廬薄田，豈敢有愛焉！聲色貨利，莫或禁之矣，禍至而悔恐無及也。曾不聞，舊家大族子弟之蕩廢者乎？』」〔註189〕張氏苦節撫孤、教導弱子，終有所成，受到邑人的尊重和讚揚。楊玠在《藍母張太孺人貞壽徵詩啓》中稱讚張氏：「持身嚴正，立志端方，之死靡他，稱未亡人者，四十餘年於茲，義方有道，訓遺孤子者百千萬日無窮，撫繐帳而流涕，皓月空閨，曹令女之斷鼻良有以也。」〔註190〕《縣親友祭張太孺

〔註185〕　〔明〕《都察院右僉都御史藍章父母誥命》，藍章《大嶗山人集》，藍氏家印本，1996年，第80頁。

〔註186〕　〔清〕黃植：《十三世祖母孺人周氏傳》，藍氏家藏鈔本，第101頁。

〔註187〕　〔明〕楊鹽：《八世贈按察公孝行公指揮公合傳》，藍氏家藏刊本，光緒丙戌增修《即墨藍氏族譜》，卷五，第18頁。

〔註188〕　〔清〕錢陳群：《藍明府傳》，《藍氏族譜》不分卷，河北大學圖書館藏清手抄本，第81頁。

〔註189〕　〔清〕藍啓延：《家母張太孺人貞節紀略》，藍氏家藏清手鈔本，第77頁。

〔註190〕　〔清〕楊玠：《藍母張太孺人貞壽徵詩啓》，藍氏家藏清手鈔本，第61頁。

人文》也盛讚曰：「惟醴有源，惟芝有根，是故吾以太孺人（張氏）之令範，卜藍之克昌，而又以乳源君之盛德，信太孺人之善教也。」〔註191〕邑人周毓正《藍母周孺人傳》記載了藍啓肅妻周孺人苦心教導兒子藍重蕃之事，稱：「孺人晚而舉子，竹庵先生（藍啓肅）捐館時甫成童，又尪羸，病時時作。孺人護之劬勞甚，然有小忤督之如嚴師，曰：『天下惟孤兒成立最難，吾何敢稍姑息』。久之，嗣君念宗修行檢，能世其家。孫入黌序，有聲。孺人稍解顏。而念宗居，常與朋儕語輒於邑，曰：『不肖蕃為母氏憂三十餘年，心血盡矣。困伏泥土，終不獲邀升斗為乘，白加一餐，其何足比於人』，因泣下。聞者心怦怦動，益歎孺人善教，為不可及。」〔註192〕邑人周顯祚《藍母呂孺人八十壽序》也對藍重祐妻呂氏嚴以持家，悉心教子的事蹟作了記載：「甲申，歲大祲，粟踴如珠，邑著姓多輟業。時淡成公已捐館舍，孺人課諸子益嚴。秋冬間，自塾返，輒呼至榻前，夜讀問日所誦習，稱述祖德，深以昵近，匪人為戒。夜雖闌，不命之退，無敢退私室。諸子稟其教，知自愛，皆成令器。予曰：『有是哉，孺人不惟婦順又母儀也，所聞於載籍中亦難言之矣。』數年來，孺人倦勤以家事付諸婦，告之曰：『祀事無怠也，故舊無簿也。』閫以外無讕言，室以內無惰容，婦道畢矣，好為之。」〔註193〕由此可見，在即墨藍氏家族男性早亡情況比較嚴重的情況之下，諸多藍氏「母親」擔負重任，艱難撫孤，為即墨藍氏家族的文化傳承和子弟教育作出貢獻。

（三）維持家族生計

即墨藍氏家族作為一方大族，它的發展和穩定離不開一代代藍氏「母親」的勤儉持家和苦心經營。藍氏家族「母親」們，操持家務，辛勤經營，在家族經濟逐步衰落的情況下，盡力周旋，為丈夫分憂，艱難維持家計。劉健在《明故義官藍君墓誌銘》中稱藍鋼：「娶同邑於氏，又得賢內助，由是家日益裕。」〔註194〕萊陽宋璉在《蔭君藍公啓亮暨配楊孺人合傳》中稱：「純元（藍啓亮）有拂意事，則多方解釋。和於眾，寬然有大度，臧獲之失，不使一聞

〔註191〕〔清〕《縣親友祭張太孺人文》，藍氏家藏清手鈔本，第73頁。

〔註192〕〔清〕周毓正：《藍母周孺人傳》，藍氏家藏鈔本，第37頁。

〔註193〕〔清〕周顯祚：《藍母呂孺人八十壽序》，《藍氏族譜》不分卷，河北大學圖書館藏清鈔本，第83頁。

〔註194〕〔明〕劉健：《明故義官藍君墓誌銘》，藍潤《餘澤錄》，藍氏家刻本，順治十六年（1659），卷一，第11頁。

於夫子也。」〔註195〕同時，即墨藍氏族人樂善好施，慷慨好客。即墨藍氏「母親」們多方籌措，供給所需，確保了家族的正常運轉。周毓正《藍母周孺人傳》稱藍啓肅：「竹庵先生少以文名，喜交遊，然善病，嘗養痾華陽書院，距城五十餘里，經月不歸，賓客從之者屢滿戶外。」〔註196〕謝永貞《司訓藍公傳》稱藍啓晃：「先生治家尚勤儉，食無兼豆而雅好賓客。烏履到門，歡然握手，雖敝衣敗屨無因而至前者，亦必致敬，盡禮延坐款留。以故，座上之賓貴宦恒少，而窮親故友居多焉。」〔註197〕周祚顯《藍母呂孺人八十壽序》記載藍重祜妻呂氏：「公喜賓客，好壯遊。旅京師久，輿馬僕隸甚都。家居日，召故人會飲，非大風雨，戶外屨常滿。粲脯酒漿，雖有倉卒客，咄嗟而辦，無不豐潔。」〔註198〕黃植《十三世祖母孺人周氏傳》也稱藍中璈：「太學公又慷慨好施與，座上客常滿。」〔註199〕當家族繁榮時期，招待賓客的花銷不足以影響家族經濟。但是在家族經濟衰落之際，大量的花銷使得原本已不富足的藍氏家族經濟更加拮据。在這種情況下，正是依靠藍氏家族「母親」們多方籌措，才使得藍氏家族得以維繫家計。周祚顯《藍母呂孺人八十壽序》記載藍重祜妻呂氏善於持家，稱：「間嘗詰之（藍重祜），君清白吏，子孫瘠田數頃，僅得比中人，又素不問家人產，何以給此。公笑而不答，其諸弟語予：『此皆吾嫂氏呂孺人內助力也。』」〔註200〕邑人黃植也稱藍中璈妻周孺人：「而孺人拮据，補苴米鹽錢穀之屬，井井有條理，故成太學生揮霍之志而家業亦不至於中落者，孺人之力也。」〔註201〕

從中可見，即墨藍氏族人雖然家產不豐，不善經營，且廣泛交友，宴飲不絕，而即墨藍氏家族仍能得以維繫，這是藍氏諸多「母親」，多方籌措，艱難維持的結果。

尤其是藍田之副室胡氏、藍史孫之妻欒氏，在藍氏家族困頓危難之際，

〔註195〕〔清〕宋璉：《陰君藍公啓亮暨配楊孺人合傳》，《藍氏族譜》不分卷，河北大學圖書館藏清鈔本，第73頁。

〔註196〕〔清〕周毓正：《藍母周孺人傳》，藍氏家藏鈔本，第37頁。

〔註197〕〔清〕謝永貞：《司訓藍公傳》，《藍氏族譜》不分卷，河北大學圖書館藏清鈔本，第66頁。

〔註198〕〔清〕周祚顯：《藍母呂孺人八十壽序》，《藍氏族譜》不分卷，河北大學圖書館藏清鈔本，第83頁。

〔註199〕〔清〕黃植：《十三世祖母孺人周氏傳》，藍氏家藏鈔本，第101頁。

〔註200〕〔清〕周祚顯：《藍母呂孺人八十壽序》，《藍氏族譜》不分卷，河北大學圖書館藏清鈔本，第83頁。

〔註201〕〔清〕黃植：《十三世祖母孺人周氏傳》，藍氏家藏鈔本，第101頁。

更是擔當起維繫家族存亡的重任。藍章有三子：藍田、藍困、藍因，藍困、
藍因二人無子嗣。而藍田早年子嗣問題也未解決，整個藍章支系面臨著斷嗣
之險。不得已，藍田過繼族弟之子藍葵，更名為藍柱孫。而後藍柱孫早卒，
僅有二女。後所幸在藍田五十一歲時，副室胡氏生子，取名藍史孫。正是藍
田這個晚年所得之子，育有藍思紹、藍思繼、藍思統、藍思緒四子，不僅
使得藍章一系得以延續，而且開枝散葉，壯大家族力量。而就整個藍氏家族
發展來看，藍氏家族中後期所取得的成就基本上集中在藍章、藍田、藍史孫
這一支系。足見，胡氏在藍氏家族發展中的巨大貢獻。藍啓延在《先高祖母
旌表貞節欒孺人事略》中對五世祖母胡氏在家族發展中的貢獻高度讚揚，
稱：「先侍御晚年無子，藍氏幾危矣。其一線不絕者，蓋稱先五世祖母胡氏
云。」〔註202〕

　　但是不幸的是，藍田的兒子藍史孫與其兄藍柱孫一樣，均英年早逝。藍
史孫死後，其妻欒氏年輕守節，撫養四個年幼的兒子，並要照顧藍柱孫的兩
個女兒。此時藍氏家道中衰，生計艱難，欒氏守節撫孤，艱苦經營，其狀況
可想而知。周如砥《七世貞節欒孺人八世孝行公合傳》記載藍思繼稱：「顧念
母早歲遘愍，徒以予藐諸孤，不獲從先君子地下，稱未亡人者三十年。毋論
母子伶仃，形影相弔，撫摩煦育，劬勞萬端。自王父、父相遞殞世，門祚中
衰。維時，繼兄弟越在襁褓，不克問家人產。而二庶子弗恃，伯之二遺孤女，
亦未有所適。諸難駢興，不啻鞿掌，母獨從閫內經營之，……，一切亦惟予
兄弟之故。乃今饗像杳矣，而烏養竟闕，春暉靡報。此而即安，母乃淚也。」
〔註203〕藍啓延在《先高祖母旌表貞節欒孺人事略》中也高度評價了其高祖母
欒氏，稱：「夫何昊天不弔，先高祖又復不壽，先高祖母當兩世赫煥之餘，苦
節冰操，孑然支持，不知費幾許心，受幾許艱辛，淑德芳行，比於丈夫矣。」
〔註204〕正是在欒氏的艱難維繫下，即墨藍氏家族才度過了危難期，將藍思紹
等四個孩子撫育成人，使藍氏家族得以延續。

　　綜上所述，即墨藍氏家族諸多「母親」，在優良家風的營造、子女的教育、

〔註202〕〔清〕藍啓延：《先高祖母旌表貞節欒孺人事略》，《藍氏族譜》不分卷，河北
　　　　大學圖書館藏清鈔本，第30頁。
〔註203〕〔明〕周如砥：《七世貞節欒孺人八世孝行公合傳》，藍氏家藏刊本，光緒丙
　　　　戌增修《即墨藍氏族譜》，卷五，第20頁。
〔註204〕〔清〕藍啓延：《先高祖母旌表貞節欒孺人事略》，《藍氏族譜》不分卷，河北
　　　　大學圖書館藏清鈔本，第30頁。

家計的維持等方面都起到積極作用，為維繫即墨藍氏家族的穩定，推進即墨藍氏家族發展，作出重要貢獻。

第三章　明清社會與即墨藍氏家族發展

作為一個文化世家，即墨藍氏家族發跡於明代初期，衰落於清代末年，它的興衰發展以及家族功業、文化成就的取得，與明清兩朝的政治、科舉及區域文化等都有著密切的聯繫。

第一節　明清政治與即墨藍氏家族發展

即墨藍氏家族與山東地區其他仕宦家族一樣，大多以農耕發跡，通過科舉獲取功名，踏上仕途，從而成就家族的顯赫地位。縱觀即墨藍氏家族發展，我們不難發現，即墨藍氏家族的發展與明清政治密切相關，尤其是一些重大政治事件對藍氏家族發展產生深遠的影響。如藍福盛抵抗唐賽兒解即墨之圍；藍章忤逆閹黨劉瑾、鎮撫陝西漢中叛亂；藍田逆鱗進諫、彈劾權貴；藍再茂在吳橋兵變中保全南皮、明清易代之際捍衛即墨等，這些重大政治事件，既成就了廣大藍氏官員的仕宦美名，又造就了藍氏家族的輝煌業績。

一、藍福盛解即墨之圍與藍氏家族嶄露頭角

即墨藍氏家族三世祖藍福盛抵抗唐賽兒，解即墨之圍，是藍氏家族在地方嶄露頭角，登上歷史舞臺的重要事件。明代初年，由於靖難之役，永樂十八年（1420）唐賽兒等人在益都（青州）起義，周邊地區百姓踴躍響應。三月十三日，唐賽兒的部屬董彥杲率部攻克即墨縣城，把軍需物資帶走後，焚毀縣衙和倉庫，並迅速佔領即墨全境。藍福盛急忙奔走鰲山衛，向指揮使王

眞求援，要求王眞派兵對叛軍進行鎭壓。王眞對藍福盛說：「想平定賊寇，你可糾集鄉紳等先行。」藍福盛組織鄉紳奮勇抗擊，率眾追叛軍到泊石橋。清同治版《即墨縣志·孝義》篇對這件事作了記載，稱：「永樂中，妖賊唐賽兒遣其黨攻即墨，邑人皆潰，城遂陷。福盛走鰲山衛乞援於指揮王眞，眞曰：『欲平賊，君請先之。』福盛馳馬荷戈追賊於泊石橋，率兵士直犯其營，大戰破之。後眞奏捷，指福盛爲鄉導，授巡檢，辭不受，予鈔一千貫。或以賞不酬庸爲福盛憾，福盛笑曰：『吾知安吾邑人而已，功非所知也。』」〔註1〕從中可見，在抗擊唐賽兒叛軍圍攻即墨的戰鬥中，藍福盛表現出了強烈的責任意識和卓越的膽識才幹。而且他不計個人得失，功成弗居，辭去巡檢官職而不受，使得藍氏家族在即墨地方政治舞臺上嶄露頭角。

二、藍章藍田父子並稱成就藍氏家族宦名

即墨藍氏家族，仕宦成就突出，宦名顯赫。而建立藍氏家族仕宦基業，奠定藍氏家族仕宦美譽的主要是藍章、藍田父子。藍章剛直不阿，曾因忤逆權奸劉瑾、蕭敬、廖堂等被貶或受到報復。劉瑾是武宗時期的權閹，他專擅朝政，殘害忠良，排除異己，時人稱他爲「立皇帝」。藍章因忤劉瑾下獄，謫撫州通判。雖然屢受貶斥，卻成就了其亢直有節的美名。故而邑人楊還吉盛讚藍章：「以直節顯其氣節文章，卓然爲一世表」。〔註2〕膠州張謙宜《藍氏先集合鈔引》稱：「即墨藍司寇，功名表見於臺省，其直道孤行，嘗得罪劉瑾，下獄謫罰矣；又嘗諫武宗崇儉節用，忤閹人蕭敬、廖堂，戰功不得盡錄，委置於留都卿貳，乃怨尤俱泯，完節以歸。」〔註3〕

在鎭撫陝西、漢中寇亂中，他高瞻遠矚，運籌帷幄，演繹八陣圖，訓練兵士，固守城池，抵制寇亂，多方周旋，不勞民力，在鎭撫叛亂、保護當地百姓安危方面作出突出貢獻。明朝政府多次予以嘉獎，藍氏家族十八世藍水在《先司寇公事略》中記載：「捷聞，賜白金文綺璽書獎勵，加二品俸，時正德甲戌也。」〔註4〕西鄉、金州、固城、平利、襄城、黃沙、洋縣、沔略、徽寧等地百姓紛紛建生祠，紀念藍章在鎭撫叛亂中的豐功偉績。邑人馮文炌在

〔註1〕 〔清〕林溥：同治版《即墨縣志》，中國和平出版社，2005年點校本，卷九，第241頁。

〔註2〕 〔清〕楊還吉：《大嶗山人集序》，藍氏家藏印本，1996年，第1頁。

〔註3〕 〔清〕張謙宜：《藍氏先集合鈔引》，藍氏家抄本，第53頁。

〔註4〕 〔明〕藍章：《大嶗山人集》，藍氏家印本，1996年，第35頁。

《藍司寇公傳》中稱：「以司寇之經略，而位不酬勳，誰之咎也？吾思鄖廖諸賊，勢如燎原，當正德時，微公以談笑殲之，則關隴川湖且非國家所有。而逆閹之禍，又待懷宗而始見哉，宜乎。陣圖名高，而畫像而祀者，至今秦蜀不絕也。」〔註5〕其孫藍史孫在萬曆十六年二月二十二日上遞即墨縣衙的印帖中，也稱祖父藍章：「自發身甲科以至卿佐，隨處為國為民，心無不盡，功亦茂著中間，明夷正志，鴻逵羽儀，尤見志節，非尋常所及。」不僅如此，藍章在鎮撫陝西、漢中的叛亂中，採用且剿且撫的政策，竟然讓叛亂的盜匪感服，委實不易。藍章曾稱：「盜眾皆赤子無知，被迫至此耳，盡殺之無益」。乃宣佈朝廷恩威以遣散之，眾皆感喻，所降男女萬有二千。藍水《先司寇公事略》記載稱：「往者盜撫於蜀，蜀有印符，盜不肯受，曰：「吾願受撫藍公，領藍公符歸也。」公印符既盡，盜俟之數日，曰：「吾必得藍公符乃去。」」〔註6〕可見，藍章的卓越才乾和寬厚德行也征服了叛軍，贏得了他們的信賴。

藍田仕宦中影響最大是「大議禮」及彈劾權臣事件。藍田官職僅為六品，但在大議禮事件中，不畏強權，據理力爭，逆鱗進諫，七上奏疏，聲動朝野，其事蹟見載於《明史·葉應聰傳》、《即墨縣志·節義》等。清同治版《即墨縣志·節義》篇對藍田有這樣的記載：「時大禮議起，田疏凡七上，偕同官憾門哭，廷杖幾斃。」〔註7〕藍田因大議禮事件受廷杖，月餘始愈。愈後，仍冒死逆鱗強諫，並接連上疏彈劾大學士費宏、尚書楊旦及席書、陳洸等權臣，直聲震動京畿。後被席書等人誣陷下獄，經多方營救，才得以免官歸里。

藍田嚴守禮法、逆鱗進諫，不畏強權、彈劾姦佞的壯舉，足以流芳百世，受到當時乃至後人的高度讚揚。萊陽宋璉在《蔭君藍公啟亮暨配楊孺人合傳》中稱藍田：「雖官御史，名著當時。」〔註8〕章丘李開先在《文林郎河南道監察御史北泉藍公墓誌銘》中對藍田予以高度評價，稱讚藍田：「亢直而與世相

〔註5〕〔清〕馮文炌：《藍司寇公傳》，《大嶗山人集》，藍氏家印本，1996年，第155頁。

〔註6〕〔明〕藍章：《大嶗山人集》，藍氏家印本，1996年，第35頁。

〔註7〕〔清〕林溥：同治版《即墨縣志》，中國和平出版社，2005年點校本，卷九，第223頁。

〔註8〕〔清〕宋璉：《蔭君藍公啟亮暨配楊孺人合傳》，《藍氏族譜》不分卷，河北大學圖書館藏清鈔本，第73頁。

左，可不謂賢耶！老其才而大其用，公何爲獨不然耶？得志一時，名流百世，二者果孰後而孰前耶？」邑人楊中淇在《藍侍御集序》中稱藍田：「爲御史四年，先後因言事兩入秘獄，受廷杖，放歸田里。一時小人側目，而合天下都人士則無不知有藍北泉者。由是觀之，其立身有本矣。即不文，先生固不朽。」〔註9〕膠州張謙宜在《藍氏先集合鈔引》中也盛讚藍田：「繼武臺班，廷諍大禮，下獄受杖，爲嘉靖直臣。」〔註10〕藍章、藍田父子在重大政治事件中的突出表現，不僅成就了自身的剛直不阿、亢直有節的美名，成爲一代名宦，還爲家族子孫從政樹立了標杆，營造了藍氏家族仕宦的優良傳統。

三、藍再茂等勇赴時難爲藍氏家族再添新彩

藍國固守墨城，藍再茂在吳橋兵變中保全南皮，藍深抵禦海寇，藍潤解榕城之圍等歷史事件，爲即墨藍氏家族仕宦再添新彩。清同治版《即墨縣志·勳績》篇記載：「正德辛未，劉寇即墨。國（藍國）督鄉兵守西門，七晝夜不倦。寇去，城賴以安」〔註11〕；藍再茂保全南皮是藍氏家族仕宦史上又一個重要功績。明崇禎四年（1631）末，駐紮山東登州的孔有德部，奉命回東北抵抗滿族人，當這些軍隊通過北直隸南部時，於吳橋發動兵變。明崇禎五年（1632），孔有德部圍萊州，圍剿叛軍的官兵往返於南皮五次，人將三萬。藍再茂深入敵營進行勸說，使南皮免於兵火之亂，百姓得保安寧。期間，藍再茂備牛酒草豆以供應軍需，不動公帑，不派民丁，共費銀一千二百兩，自息抵補。藍潤以右參政督糧福建時，有海寇來犯榕城，藍潤奮力抵抗。武進周清原《藍方伯傳》記載：「海寇猝攻榕城，潤已丁外艱謝事，尚在圍城中，急率領家僕數十人，召集敢勇，晝夜守水部門，間出擊賊。賊知不可犯，乃遁去。」〔註12〕膠西王如辰也在《臨淮公墓誌銘》中也記載藍深抵禦海寇的事蹟，稱：「不數月，海寇竊發，去邑僅百餘里。風鶴震驚，人心洶洶。先生（藍深）奮忠義，勵士卒，與眾誓曰：『蕞爾邑，何恃無恐，我惟與城存亡耳。』……未幾，海氣肆靖，鄰封官民被害者比比，而淮邑安然無虞，蓋先生之綢繆至

〔註9〕〔清〕楊中淇：《藍侍御集序》，《北泉集》，民國二十七年，第10頁。

〔註10〕〔清〕張謙宜：《藍氏先集合鈔引》，民國二十七年，《北泉集》，第9頁。

〔註11〕〔清〕林溥：同治版《即墨縣志》，中國和平出版社，2005年點校本，卷九，第228頁。

〔註12〕〔清〕周清原：《藍方伯傳》，《藍氏族譜》不分卷，河北大學圖書館藏清鈔本，第102頁。

悉也。」〔註 13〕藍國、藍再茂、藍深、藍潤等在國家危難之際，挺身而出，敢於擔當，勇赴時難，爲即墨藍氏家族仕宦再添光彩。

可見，時事造英雄，即墨藍氏家族在一些重大政治事件中的突出表現，贏得了忠君愛民的美譽，造就了輝煌的仕宦業績，提高了藍氏家族的社會影響，推動了即墨藍氏家族的發展。

四、明清鼎革藍氏家族的選擇及對家族的影響

朝代更替是明清時期最重要的歷史事件，它對藍氏家族的發展有著重要的影響。明清易代之際，即墨地區先後爲清兵、叛匪等所侵擾，百姓生命財產屢受威脅。以藍再茂爲代表的藍氏家族在整修城牆、加強城防、組織抵抗等方面都作出了突出貢獻。

明崇禎十五年（1642），藍再茂出資捐修損壞的東城，長九十尺。用銀五百餘兩，彌月告成。此時，由熱河等地流竄入山東境內的清軍隨至，圍攻即墨城，藍再茂又偕子藍深、藍滋（藍潤）專守東城門，捐銀捐糧，身先士卒，督率城中軍民鼎力拒守，使清兵久攻不克，迫使清兵撤走，即墨城得以保全。《縣親友敘先封太史公歷履》中對這件事作了記錄，稱：「獨是去冬，敵人叩關本縣東城。自門以北傾倒日久，尚未修理。乃不忍坐視，竭力任修，不動公帑，不派一夫，計修九十尺，用銀五百餘，彌月告成。東兵隨至矣，設不修破城，眾必棄城，雖捐多金，將誰與守，謂非其保障之功不可也。及其憂國憂民，殫精拮据，偕兩子廩生藍深、藍滋（藍潤）專守東城，督卒青衿，協力死守，晝夜巡察，衣不解帶者三閱月，而捐銀捐糧，不恤空囊。諸如雇覓壯丁，犒賞營兵，製炕炮造大藥器械等項，費銀五百餘兩。是以城頭嚴密，攻者三至城下，而東城屹如山立，不敢內窺者有，獨當一面之勢，運籌帷幄，鞏固封強，咸加人一等矣。」〔註 14〕

但是，翻閱明清鼎革之際的即墨歷史，尤其是崇禎十七年明代亡國、清朝初主中原的歷史，我們會發現即墨地區幾乎沒有劇烈的抗爭就比較和平地實現了過渡。究其原因，可以說是一個歷史性的誤會。明崇禎十七年（1644），李自成攻陷京都（今北京市）。崇禎皇帝朱由檢弔死在煤山（今北京市景山），明朝滅亡。即墨黃宗賢、郭爾標、周六等人，乘機煽動當地農民作亂。這年

〔註 13〕　〔清〕王如辰：《臨淮公墓誌銘》，《藍氏族譜》不分卷，河北大學圖書館藏清鈔本，第 61 頁。

〔註 14〕　〔明〕藍再茂：《世鷹堂遺稿》，藍氏家印本，2014 年，第 100 頁。

秋天，黃宗賢、郭爾標、周六等人率眾圍攻即墨城，即墨知縣倉皇逃竄。河北明軍前來增援，結果大敗而歸。藍再茂與黃宗昌等人組織城中豪紳士民，固守城門，頑強抵抗。黃宗賢、郭爾標、周六等率眾圍城三十餘天，攻城十幾次，均未成功。後楊遇吉乘夜出城趕赴萊州求助。由於當時山東地區各種勢力更迭頻繁，楊遇吉不知道當時萊州已歸順清廷，膠州總鎮柯永盛委參將楊遇明、孔國治、守倅韓朝相等領兵至即墨，黃宗賢、郭爾標、周六等四散敗亡，即墨圍解。當楊遇吉等明白過來，爲時已晚，就這樣，清政府毫不費力拿下了即墨城。所以，在崇禎十七年明清易代之時，即墨地區和平過渡，沒有出現劇烈的抗爭。

正是因爲，在明清鼎革之際即墨地區實現了和平過渡，所以即墨地區五大家族在這場重大政治變革中受到的創傷較輕。就藍氏家族來看，明清鼎革幾乎沒有人員傷亡和財產的損失，也沒有影響家族發展。相反，在清廷入主的第三年，也就是順治三年（1646），藍潤便考取了該年的進士。而且深受順治帝寵幸，官運恒通，十餘年間，升任山西、湖廣布政使。藍氏其他族人如藍深、藍啓肅、藍啓延等也各有所成，在這一時期，藍氏家族實現了第二次發展高峰。

第二節　明清科舉與即墨藍氏家族發展

明清兩代，是我國歷史上科舉最爲鼎盛的時期。在科舉制度的影響和帶動下，山東地區迎來了家族發展繁榮的重要時期，科宦、文化家族如雨後春筍般湧現出來。據不完全統計，明清兩朝，三代以上科舉入仕的大家族就有二百餘家，其中在國內有較大影響的大家族也有六十餘家。人們將其稱爲「仕宦家族」、「科舉家族」或者「文化家族」。他們一個共同特徵是以科舉起家，入仕爲官，並且持續數代長盛不衰。而即墨藍氏家族，正是迎著科舉大潮崛起的文化家族。即墨藍氏家族的崛起、持續發展和諸多成就的取得，都與明清科舉有著密切聯繫。

一、明清科舉政策與相關舉措

明清政府高度重視科舉。明洪武三年五月初一下詔開科舉，稱：「明制，科目爲盛，卿相皆由此出。」〔註15〕規定凡「中行文武皆有科舉而選，非科

〔註15〕〔清〕張廷玉：《明史》卷六十九志第四十五選舉一，中華書局，1974 年，第

舉者毋得與官」〔註16〕，清順治九年（1652）各地學宮建立的臥碑文：「朝廷設立學校，選取生員，免其丁糧，後以廩膳，設學院、學道、學官以教之，各衙門官以禮相傳，全要養成賢才，以供朝廷之用。」〔註17〕同時清政府還規定，正規科甲出身爲正途，餘爲異途，其出異途出身者，漢人經保舉，漢軍非經考試，不得授京官及正印官。從而在社會中樹立了「萬般皆下品，唯有讀書高」的思想。讀書人一旦通過了國家科舉考試的最初一級，院試考試合格的考生，通稱「生員」，別稱「諸生」、「庠生」、「博士弟子員」，俗稱「秀才」。而在取得生員資格之前的應試考生，通稱爲「童生」。取得「生員」資格，便擁有了一定的特權。做了秀才，意味著未來可能做官，因此州縣官也要以禮相待。他們在地方上享有一定特權，如可免除丁糧，犯了法也須先請學政革除學籍才能審處等。

科舉發展，離不開學校教育。爲確保科舉能夠吸收更多的優秀人才，明清政府又開辦太學、府學、州學、縣學、衛學等各級官學，並提供優厚待遇，爲廣大學子讀書深造提供良好的條件。明初，中書省臣上書奏請革除舊政，廣開官學，稱：「學校之教，至元其弊極矣。上下之間，波頹風靡，學校雖設，名存實亡。兵變以來，人習戰爭，惟知干戈，莫識俎豆。朕治國以教化爲先，教化以學校文本，京師雖有太學，而天下學校未興，宜令郡縣皆立學校，延師儒，授生徒，講論聖道，使人日漸月化，以復先王之舊。」〔註18〕對於官學建設，明代政府高度重視，洪武二年，太祖初建國學。明洪武三年五月初一，下詔稱：「學校則儲才以應科目者也」〔註19〕，再次確立了學校作爲儲備和培養科舉人才場所的重要地位，並設立了較爲系統的學校教育體系。學校分爲中央官學和地方官學。《明史》稱：「論學校有二：『曰國學，曰府、州、縣學。府、州、縣學諸生入國者，乃可得官，不入者不能得也。』」〔註20〕明代的國子監建立於明太祖初定金陵時（1365），改應天府爲國子學。

1675 頁。

〔註16〕 〔明〕王世貞：《合山堂別集》卷八十一科試考一，中華書局，1985 年，第1539 頁。

〔註17〕 《欽定大清全典事例》卷389《禮部・學校・訓士規條》。

〔註18〕 〔清〕張廷玉：《明史》卷六十九志第四十五選舉一，中華書局，1974 年，第1686 頁。

〔註19〕 〔清〕張廷玉：《明史》卷六十九志第四十五選舉一，中華書局，1974 年，第1675 頁。

〔註20〕 〔清〕張廷玉：《明史》卷六十九志第四十五選舉一，中華書局，1974 年，第

後來到洪武十五年（1382），重建校舍於雞鳴山下，名曰國子監。至明成祖永樂元年（1403），又在北京建國子監。從此，國子監有南北之分。以北京的爲京師國子監，而以舊國子監爲南京國子監。國子監學生稱爲監生。清代沿用明制，國子監也稱國學或太學，始設於順治元年（1644）。並仿明制分六堂教學，凡國之貴游子弟，皆可考選入監學習，滿州功臣子弟有志向學的亦請送監肄業，國子監的生徒分爲監生和貢生兩類。地方官學，明清基本一致，按地方行政區域設立府學、州學、縣學。府、州、縣學設置比較普遍，學生通稱爲生員，生員分爲廩膳生、增廣生、附學生三種，廩膳生員在學期間由政府提供伙食。生員實行動態管理，初入學者爲附學生員，參加歲、科兩試，成績優異者，可依次遞補爲增廣生、廩膳生，廩膳生員可通過貢監進入國子監肄業。另有按軍隊編制的都司儒學、行都司儒學、衛儒學。地方尚有專科學校，如武學、醫學、陰陽學等。就即墨地方來看，就有縣學、衛學等官辦學校。《鰲山衛古城》中便記載了明清時期鰲山衛學在人才培養方面的成績，稱：「從明洪武二十一年（1338）到清同治十一年（1872）的 480 餘年間，鰲山衛學及其衛籍的生員中，取得進士的 13 名（其中武進士 3 名）、舉人 33 名、貢士 230 餘名。」〔註21〕

由上可見，明清政府高度重視科舉，一方面確定科舉爲進入仕途的正統途徑，並規定重要崗位必須由通過科舉的人員才能擔任；另一方面，設置官辦學校，廣開讀書之路，爲讀書人提供優厚的條件，爲普通家族、甚至是貧寒之家的崛起提供了平臺。

二、明清科舉對即墨藍氏家族的影響

作爲在明清科舉大潮影響下發展起來的文化家族，明清科舉在激發藍氏家族發展、開啓藍氏家族文教，造就藍氏文化世家、推進藍氏文學發展等方面都起到重要作用。

（一）激發了即墨藍氏家族科舉興族的夢想

元末明初，即墨藍氏家族作爲一個普通的農耕家族，過著力田致富的農家生活。對於一個普通家族來說，要培養人才，躋身仕途，進入上流社會，那是一個遙不可及的夢想。而明清政府將科舉作爲國家選拔人才的重要途

1675～1676 頁。

〔註21〕黃濟顯：《鰲山衛古城》，中國文史出版社，2007 年，第 22 頁。

徑，爲明清普通家族開啓了一條通過讀書－參加科舉－取得功名－踏入仕途
－實現家族發跡的科舉興族的道路。明朝政府科舉取士的舉措，極大地激起
了廣大家族，尤其是普通乃至貧寒家族的發跡夢想。即墨藍氏家族的崛起，
正是在這種科舉發跡的夢想引導下實現的。朱麗霞在《清代松江府望族與文
學研究》中指出：「毋庸置疑，望族尚文的首要目的在於科舉。科舉作爲一種
政府招納人才的制度，對於習文尚學構成了一種強有力的支持。」〔註 22〕在
這種導向的指引下，即墨藍氏家族自三世祖藍福盛開始學習文史知識，注重
家族教育，開啓家族蒙教，先後創建了東厓書院、華陽書院，並延請宿儒
名師來書院執教，爲子弟提供了系統而嚴格的家族教育。也正是這種系統而
嚴格的家族教育，爲藍氏家族培養了大批優秀人才，進而實現了家族發跡的
夢想。

（二）造就了即墨藍氏家族科舉仕宦的輝煌

作爲農耕起家的藍氏家族，正是依靠科舉迅速崛起。明清科舉開啓了藍
氏家族科宦之途。藍氏家族在進行嚴格而系統的家族早期教育基礎上，又鼓
勵子弟進入各級官學接受正規教育，參加各級科舉考試，並踏入仕途，在科
舉、仕宦方面取得了豐碩的成果。

表 3-1　即墨藍氏家族功名一覽表〔註 23〕

序號	世次	姓名	中式時間	曾任職務	最高職級
進士五人（含武科一人），官吏五人					
1	五世	藍　章	明成化甲辰進士	南京刑部右侍郎	正三品 贈二品
2	六世	藍　田	明嘉靖癸未進士	河南道監察御史，陝西巡按	六品
3	十世	藍　湣	崇禎辛巳進士（武進士）	歷任南京金陵衛守備，神威營坐營都司	正四品

〔註 22〕朱麗霞：《清代松江府望族與文學研究》引言，上海古籍出版社，2006 年，第
　　　　50 頁。
〔註 23〕由於本文主要以即墨藍氏家族盟望山支爲研究對象，因此此處即墨藍氏家族
　　　　功名一覽表，是指盟望山支功名匯總表。爲幫助讀者全面瞭解整個即墨藍氏
　　　　家族科舉仕宦情況，筆者將即墨藍氏家族瑞浪、石門、百里三支功名表一併
　　　　附錄。另外，由於文獻不足，即墨藍氏家族部分族人的世次、官職、職級缺
　　　　乏記載，本書在表格中作空缺處理。

4	十世	藍　潤	清順治丙戌進士	歷升山西、湖廣布政使	從二品
5	十一世	藍啓延	清康熙庚辰進士	陝西西和縣知縣	七品

舉人十二人（含武舉一人），官吏十一人

1	五世	藍　章	明成化丁酉舉人	南京刑部右侍郎	正三品 贈二品
2	六世	藍　田	明弘治壬子舉人	河南道監察御史	正六品
3	九世	藍登瀛	明三科武舉人		
4	十世	藍　潤	清順治乙酉舉人	歷升山西、湖廣布政使	從二品
5	十一世	藍啓肅	康熙甲子舉人	考授內閣中書	從七品
6	十一世	藍啓延	康熙丁卯舉人	陝西西和縣知縣	見上表
7	十二世	藍昌後	康熙丁卯鄉魁	授文林郎，官德州學正	正八品
8	十五世	藍用和	乾隆丙子舉人	官廣東龍門縣知縣	正七品
9	十八世	藍志藎	同治壬戌恩科順天舉人	選授蒙陰縣教諭	正八品
10	十八世	藍志蘊	光緒乙亥恩科舉人	揀選知縣，例授文林郎	正七品
11	十八世	藍志傑	光緒乙亥恩科舉人	例授文林郎，以知縣用	正七品
12	十九世	藍人玠	宣統辛亥師範科舉人	分部補用司務	

貢生五十一人，官吏三十一人

1	六世	藍　困	明選貢生		
2	六世	藍　因	蔭入官監	官江寧知縣，陝西慶陽府通判	六品
3	六世	藍　圖	明太學生		
4	六世	藍　圜	明例貢生	官陝西寶雞縣主簿	正九品
5	六世	藍　圍	明例貢生	官江南如臯縣主簿	正九品
6	七世	藍柱孫	明選貢生		
7	七世	藍史孫	明例貢生		
8	九世	藍再茂	明崇禎戌辰選貢生	任南皮縣知縣	七品
9	十世	藍　深	順治辛卯恩貢生	任江南臨淮縣知縣	七品
10	十世	藍　淶	康熙己未歲貢生		
11	十世	藍　溥	康熙丁巳歲貢生		
12	十世	藍　湄	康熙己卯歲貢生	官曲阜縣訓導	從八品

13	十一世	藍啓晃	康熙甲寅歲貢生	官蒙陰縣訓導	從八品
14	十一世	藍啓先	順治壬辰拔貢生		
15	十一世	藍啓新	康熙丁丑恩貢生	候選直隸州州判	從七品
16	十二世	藍重慶	康熙癸未歲貢生		
17	十二世	藍重頤	雍正壬子歲貢生		
18	十二世	藍重誼	康熙戊寅拔貢生		
19	十二世	藍昌倫	康熙丙申歲貢生	敕授修職佐郎，官壽張縣訓導	從八品
20	十三世	藍中玭	乾隆庚申歲貢生	堂邑縣訓導	從八品
21	十三世	藍中珪	乾隆戊子歲貢生	官高苑縣訓導	從八品
22	十三世	藍中高	乾隆癸酉拔貢生	官日照縣教諭	正八品
23	十三世	藍中璨	乾隆甲午歲貢生	候選訓導	從八品
24	十三世	藍中瑋	乾隆庚辰歲貢生	候選訓導	從八品
25	十三世	藍中瑜	乾隆丙辰恩貢生	候選教諭	正八品
26	十三世	藍中珵	乾隆庚午恩貢生	候選教諭	正八品
27	十三世	藍中王步	乾隆庚辰歲貢生	正藍旗教習，選授，長山縣訓導	從八品
28	十四世	藍仕憲	乾隆甲申歲貢生		
29	十四世	藍仕任	乾隆丙午歲貢生	候選訓導	從八品
30	十四世	藍恪方	乾隆庚戌恩貢生		
31	十四世	藍學方	乾隆壬子歲貢生	敕授修職佐郎，官蓬萊縣訓導	從八品
32	十四世	藍順方	嘉慶辛酉拔貢	歷任澧州、靖州知州、寧遠知縣、茶陵知州、常德府同知	正五品
33	十五世	藍榮焜	同治庚午正貢生		
34	十五世	藍用鐸	咸豐辛酉恩貢生	候選直隸州州判	從七品
35	十六世	藍曦	道光戊子歲貢生	候選訓導	從八品
36	十六世	藍奎	嘉慶庚辰歲貢生	選授德平縣訓導	從八品
37	十六世	藍城	例貢生		
38	十六世	藍澍	例貢生		
39	十七世	藍恒逢	同治壬申歲貢生	候選訓導	從八品
40	十七世	藍亨彥	例貢生		七品
41	十七世	藍岱宗	例貢生		八品

42	十八世	藍志藎	咸豐辛酉拔貢生	以知縣用，呈改教職	正七品
43	十八世	藍志茀	光緒壬寅歲貢生	候選訓導，改指江蘇侯補縣丞，諮歸山東侯補縣丞	正八品
44	十八世	藍志雍	光緒庚子歲貢生	試用縣丞，例授修職郎	正八品
45	十八世	藍志化	光緒丁酉拔貢生	考取八旗官學教習，例授文林郎	
46	十八世	藍志清	例貢生		
47	十八世	藍志澄	例貢生		
48	十八世	藍之侖	例貢生		
49	十八世	藍濱志	例貢生		
50	十八世	藍瀘志	例貢生		
51	十九世	藍仁極	光緒戊戌歲貢生	候選訓導	從八品
監生廩生增生九十人，官吏八人					
1	六世	藍　國	明陰陽訓術		
2	七世	藍　芝	明陰陽訓術		
3	七世	藍　芮	明廩生		
4	八世	藍思紹	明禮部儒士	加銜光祿寺署丞	從六品
5	八世	藍思繼	明廩貢生		
6	八世	藍思統	明衡府禮士		
7	八世	藍思緒		明兵馬司指揮	正六品
8	八世	藍宏仁	明增生		
9	十一世	藍啓亮	廩生，蔭官貢生		
10	十一世	藍啓僔	廩生		
11	十二世	藍重穀	增生		
12	十二世	藍重桂	廩生		
13	十二世	藍重蕃	監生		
14	十二世	藍重祜	廩貢生	正紅旗教習，考授知縣	正七品
15	十二世	藍重微	附貢生		
16	十二世	藍重粵	增生		
17	十二世	藍昌齡	監生		
18	十三世	藍中瑹	附監生	考授州同	從六品

19	十三世	藍中莪	監生		
20	十三世	藍中選	增生		
21	十三世	藍中昭	廩生		
22	十三世	藍中文	廩生		
23	十三世	藍中望	監生	考授州同	從六品
24	十三世	藍中璇	附廩生		
25	十三世	藍中玢	增生		
26	十三世	藍中球	增生		
27	十三世	藍中矩	增生		
28	十三世	藍中瑛	廩生		
29	十三世	藍中立	增生		
30	十三世	藍中珌	監生		
31	十四世	藍至方	增生		
32	十四世	藍敬方	監生		
33	十四世	藍承方	增生		
34	十四世	藍庚方	增生		
35	十四世	藍希方	監生		
36	十四世	藍述方	監生		
37	十四世	藍仕宸	增生		
38	十四世	藍仕寅	監生		
39	十四世	藍仕軫	增生		
40	十四世	藍仕熙	增生		
41	十四世	藍仕健	廩生		
42	十四世	藍仕振	增生		
43	十四世	藍仕存	增生		
44	十四世	藍仕發	監生		
45	十五世	藍應燦	監生		
46	十五世	藍用椿	增生		
47	十五世	藍用祚	監生		
48	十五世	藍用禧	增生		

49	十五世	藍用庠	監生		
50	十五世	藍用獻	監生		
51	十五世	藍用訓	監生		
52	十五世	藍用翕	廩生		
53	十五世	藍用翊	監生		
54	十五世	藍用謙	監生		
55	十五世	藍用樞	廩生		
56	十五世	藍用謨	監生		
57	十六世	藍㙓	監生		五品
58	十六世	藍岳	增生		
59	十六世	藍基	監生		
60	十六世	藍塤	監生		
61	十六世	藍墱	增生		
62	十六世	藍型	增生		
63	十六世	藍淑	監生		
64	十六世	藍昆	監生		
65	十七世	藍恒琛	監生		
66	十七世	藍恒法	廩貢生		
67	十七世	藍恒矩	廩生		
68	十七世	藍恒瓚	附生		
69	十七世	藍恒玠	監生		
70	十七世	藍亨立	廩生		
71	十七世	藍恒羴	增生		
72	十七世	藍恒砓	廩生		
73	十七世	藍恒桂	增生		
74	十七世	藍恒瑨	監生		
75	十七世	藍恒安	監生		
76	十七世	藍恒果	監生		七品
77	十七世	藍恒遠	監生		
78	十七世	藍恒晙	監生		

79	十七世	藍恒濟	監生		
80	十七世	藍侍宗	監生		
81	十七世	藍會宗	監生		
82	十八世	藍志楨	增生		
83	十八世	藍志蕡	廩貢生		
84	十八世	藍志瑚	監生		
85	十九世	藍人傑	廩生		
86	十九世	藍仁本	附生		
87	十九世	藍人鐸	廩貢生	試用教諭	
88	十九世	藍仁慶	監生		
89	十九世	藍仁榮	增生		
90	二十世	藍心笏	附生		

庠生武生一百四十三人，官吏六十二人

1	三世	藍福盛		明義官	
2	四世	藍銅		七品散官	七品
3	五世	藍竟		明宣義郎	
4	五世	藍奇	明庠生	承事郎	
5	七世	藍芸		明醫學訓科	
6	七世	藍芳		明義官	
7	七世	藍蕙	明庠生		
8	七世	藍荷		明省祭官	
9	七世	藍藻	明庠生	引禮官	
10	七世	藍蘇		明箚付贊畫	
11	七世	藍璧		明臨洺驛丞	
12	七世	藍芥	明冠帶		
13	八世	藍正業		明省祭官	
14	八世	藍光業	明庠生		
15	八世	藍振業	明庠生		
16	八世	藍大業	明庠生		
17	八世	藍管		明遙授儒士	

18	八世	藍閏		明遙授儒士	
19	八世	藍增		明箚付贊畫	
20	八世	藍鴻業		明遙授官帶	
21	八世	藍宏祐	明庠生		
22	九世	藍愈茂	明庠生		
23	九世	藍世茂	明庠生		
24	九世	藍篤茂	明庠生		
25	九世	藍登名		明箚付把總	
26	九世	藍登龍		明冠帶把總	
27	九世	藍永壽	明庠生		
28	九世	藍永暉		明省祭官	
29	九世	藍亭煥	明庠生		
30	十世	藍漪	明庠生		
31	十世	藍濟	庠生		
32	十世	藍渡	庠生		
33	十世	藍沛	明庠生		
34	十世	藍澈	庠生		
35	十世	藍鳳翔	明武生		
36	十世	藍湑	明庠生		
37	十世	藍洵	明庠生		
38	十一世	藍啓豫	武生		
39	十一世	藍啓泰	庠生		
40	十一世	藍璵	庠生		
41	十一世	藍啓震	庠生		
42	十一世	藍啓仕	庠生		
43	十一世	藍啓蘂	庠生		
44	十一世	藍啓華	庠生		
45	十一世	藍啓嶲	武生		
46	十一世	藍啓元	庠生		
47	十一世	藍啓穎	武生		

48	十一世	藍紫綬	庠生		
49	十二世	藍重煜	庠生		
50	十二世	藍瑞徵			從九品
51	十二世	藍瑞昌	庠生		
52	十二世	藍瑞雯	庠生		
53	十二世	藍重馥	庠生		
54	十二世	藍昌嗣	武生		
55	十二世	藍昌裔	武生		
56	十二世	藍重忞	武生		
57	十二世	藍重斐	武生		
58	十三世	藍中遠	庠生		
59	十三世	藍中琮	庠生		
60	十三世	藍中和	庠生		
61	十三世	藍中璪	庠生		
62	十三世	藍中玠	庠生		
63	十三世	藍中瑞	庠生		
64	十三世	藍中璿	庠生		
65	十三世	藍中琰	庠生		
66	十三世	藍中宣	武生		
67	十四世	藍仕方		侯選布政司理問	
68	十四世	藍仕宷	庠生		
69	十四世	藍仕寰	庠生		
70	十四世	藍仕謙	吏員	考選巡檢	
71	十四世	藍仕益	庠生		
72	十四世	藍仕強			從九品
73	十五世	藍用祺	庠生		
74	十五世	藍用杋	庠生		
75	十五世	藍榮爕		侯選布政司庫大使	
76	十五世	藍榮照	庠生		
77	十五世	藍榮軍			從九品

78	十五世	藍榮煒	庠生		
79	十五世	藍榮炳			八品
80	十五世	藍用經	庠生		
81	十五世	藍用監			從九品
82	十五世	藍用鑒			從九品
83	十五世	藍用錄			從九品
84	十五世	藍用植	庠生		
85	十五世	藍用樽	庠生		
86	十五世	藍用檢	庠生		
87	十五世	藍用鎮			從九品
88	十五世	藍用錫	武生		
89	十五世	藍用奎			七品
90	十五世	藍存德	武生		
91	十五世	藍存簡	武生	以軍功授修武校尉	
92	十五世	藍存貴	武生		五品
93	十五世	藍宗基		軍功五品	五品
94	十六世	藍　均	庠生		
95	十六世	藍　岫	庠生	例贈修職佐郎	
96	十六世	藍　赤	庠生		
97	十六世	藍　清	庠生		
98	十六世	藍　軌			從九品
99	十六世	藍鵬齡		吏員	
100	十六世	藍岐齡	庠生		
101	十六世	藍　琚	武生		
102	十六世	藍　瑞	武生		
103	十六世	藍　佩	武生		
104	十六世	藍　珫	武生		
105	十六世	藍　瑚	武生		
106	十六世	藍　蘇			從九品
107	十六世	藍鳳先	武生		

108	十六世	藍會先	武生		
109	十六世	藍慶先	武生		
110	十六世	藍奉先			七品
111	十六世	藍承先	從九品		
112	十六世	藍述先	武生		
113	十七世	藍恒琛			七品
114	十七世	藍恒萬			七品
115	十七世	藍恒懋		議敘縣丞	正八品
116	十七世	藍恒越	庠生		
117	十七世	藍恒遜			從九品
118	十七世	藍恒進			從九品
119	十七世	藍恒遴			七品
120	十七世	藍恒效	庠生		
121	十七世	藍恒佶	庠生		
122	十七世	藍恒士	庠生		
123	十七世	藍恒林			五品
124	十七世	藍恒衡	庠生		
125	十七世	藍恒鎬	庠生		
126	十七世	藍恒琦	庠生		
127	十七世	藍恒泰			從九品
128	十七世	藍恒達			從九品
129	十七世	藍恒昌			六品
130	十七世	藍維宗			五品
131	十七世	藍可宗			七品
132	十八世	藍志蔭			從九品
133	十八世	藍志蕚			從九品
134	十八世	藍志誨			從九品
135	十八世	藍志論			從九品
136	十八世	藍志謙			從九品
137	十八世	藍志詳			從九品

138	十八世	藍志贊			從九品
139	十八世	藍志信			七品
140	十八世	藍沄志			從九品
141	十八世	藍立魁			從九品
142	十八世	藍信賨			六品

　　由上表可見，正是在科舉制度的引導下，即墨藍氏家族在全族範圍內，形成了重視教育、讀書科舉的良好風氣，堅持耕讀持家，詩書繼世，使即墨藍氏家族成爲名副其實的書香世家。藍氏家族科宦之途自五世藍章起，至清末十八代止。在四百餘年間，即墨藍氏家族在科舉和仕宦方面取得了輝煌的成就。就科舉而言，共培養了進士 5 人，舉人 12 人，貢生 51 人，監生廩生增生 90 人，庠生武生 143 人，合計 200 餘人。也正是在科舉制度的引導下，藍氏族人通過科舉，進而踏上仕途，開啓了藍氏家族科宦興族的序幕，培養了一百餘名剛直不阿，勤政愛民，廉潔奉公的大小官吏，使得即墨藍氏家族由農耕家族逐步轉換爲著名的文化仕宦世家。

　　此外，即墨藍氏家族瑞浪、石門、百里三支，在科舉仕宦方面也取得了一定的成就。爲全面反映明清即墨藍氏家族成就，現將三支功名一覽表一併附錄於此。

表 3-2　即墨藍氏家族瑞浪支功名一覽表（42 人）

序號	世次	姓名	功　名	備　註
1	五世	藍 容	廩生	字葵軒
2	六世	藍 勤	增生	字貞一
3	六世	藍 勉	庠生	字黽之
4	七世	藍 邁	庠生	字皋德
5	七世	藍 迪	太學生	字惠吉
6	七世	藍 適	庠生	字括齋
7	七世	藍 遵	庠生	
8	八世	藍 佺	庠生	
9	八世	藍 任	太學生	
10	八世	藍 佐	庠生	

11	九世	藍　淖	庠生	
12	九世	藍　炯	庠生	
13	九世	藍　照	增生	
14	十世	藍椿林	增生	字萬六
15	十世	藍墨林	庠生	
16	十世	藍旭林	庠生	
17	十一世	藍朋起	庠生	字楸庵
18	十一世	藍朋遠	八品散官，例授迪功郎	字公明
19	十二世	藍維青	九品散官，例授將仕郎	字春陽
20	十二世	藍維光	明醫學訓科	字觀國
21	十三世	藍　城	庠生	字宗翰
22	十三世	藍　藝	武庠生	字廷棟
23	十七世	藍印琮	庠生	字端玉，號方亭
24	十七世	藍印玠	庠生	字聘玉，號碩亭，著《課孫草》四卷
25	十七世	藍印珂	增生	字鳴闞，號雪亭
26	十七世	藍印瑛	太學生	字赤玉
27	十七世	藍印桂	八品耆儒，例封修職郎	字子香
28	十七世	藍　珖	武庠生	字經邦
29	十八世	藍俊齡	庠生	字冠百
30	十八世	藍貴齡	字爵馭	武庠生
31	十八世	藍保登	吏科典史，例授登仕佐郎	字化龍
32	十八世	藍保銘	八品壽官	字箴西
33	十八世	藍鳳爵	七品頂戴	字錫言
34	十八世	藍鳳肇	庠生	字修甫，號東村
35	十八世	藍九齡	八品頂戴	字錫之
36	十九世	藍作誠	郡學廩生	字和民。學名鴻逵，字賓秋。
37	十九世	藍作縉	九品頂戴	字雲卿
38	十九世	藍中元	庠生	字掄廷
39	十九世	藍作會	庠生	一名鴻浦，字春舫
40	十九世	藍作昌	太學生	學名鴻藻，字采臣

41	二十世	藍金德	軍功六品	字品三
42	二十世	藍愷德	庠生	學名鶴山，字子和

表3-3　即墨藍氏家族石門支功名一覽表（28人）

序號	世次	姓名	功　　　　名	備　註
1	四世	藍容	明拔貢生，例授迪功郎，浙江秀水縣縣丞	正八品
2	五世	藍尚禮	貤贈登仕郎，典史	
3	五世	藍尚德	例授將仕郎，任大使	
4	八世	藍應禎	六品散官	字瑞若
5	十一世	藍產玉	庠生	字他石
6	十一世	藍宗玉	庠生	字荊石
7	十一世	藍溫玉	增生	字澤石
8	十三世	藍中祥	武生	字受千
9	十四世	藍士儀	太學生	字鳳來
10	十四世	藍世興	武生	字廷揚
11	十四世	藍清	監生	字潔庵
12	十四世	藍沈	監生	字德庵
13	十四世	藍維林	例授登仕郎	字松五
14	十五世	藍用暉	太學生	字光西
15	十六世	藍輝日	例授登仕郎	字東峰
16	十六世	藍輝月	武生	字魁三
17	十七世	藍翕盛	例贈文林郎，至聖廟奎文閣典籍	字長增
18	十七世	藍翕和	恩榮八品	字順卿
19	十七世	藍翕璉	恩榮八品	字潔亭
20	十七世	藍翕琇	恩榮八品	字星如
21	十七世	藍翕琦	恩榮八品	字荊溪
22	十七世	藍翕耀	恩榮八品	字耀亭
23	十七世	藍翕本	恩榮九品頂戴	
24	十八世	藍從爵	例授文林郎，侯補至聖廟奎文閣典籍。軍功六品	字修古，號蓮山
25	十八世	藍志霞	武庠生	字雨亭

26	十八世	藍誌銘	監生		字勳臣
27	十八世	藍志鐸	庠生		字振文
28	十九世	藍印潭	軍功五品		字子元

表3-4　即墨藍氏家族百里支功名一覽表（6人）

序號	世次	姓　名	功　　名	備　　　　註
1	十四世	藍仕超	增生	字升菴，號蘋山
2	十四世	藍仕宏	庠生	字毅菴，號黃阜
3	十六世	藍　昇	庠生	字旭東，號曉村
4	十七世	藍恒耀	廩生	字昀陞，號德全，又號硯峰
5	十八世	藍志樟	例貢生	原名志樸，字芳卿
6	十八世	藍志棻	清末師範學校畢業	字香齋

（三）推進了即墨藍氏家族文學的持續發展

明清科舉不僅推動了即墨藍氏家族的崛起與發展，也對即墨藍氏家族文學發展產生了多方面的重要影響。

1、科舉培養了龐大的作家隊伍

在明清科舉制度的導引下，即墨藍氏家族注重家族文化教育，並形成了詩書傳家的優良傳統。藍氏家族的讀書人，均接受了系統教育，熟讀經書，並長期參加科舉考試。雖然科舉是一種官員選拔制度，明清科舉應試的壓力、內容的限制和格式的規範，在一定程度上限制了藍氏族人的文學創作。但從考試內容和考試文體來看，科舉卻又是一種文學或經學考試。「以文取士」發揮了科舉「以考促學」的功能，引導著即墨藍氏家族文人學習詩文寫作。據不完全統計，即墨藍氏家族共湧現出一百餘位家族文人，這為家族的文學創作培養了一支龐大的文學創作隊伍。

2、科舉提供了豐富的創作素材

即墨藍氏家族讀書人，或幸運而登第，或不幸而落第，在一定程度上科舉成為主宰人生境遇和情感變化的重要因素。科舉給藍氏族人帶來的喜怒榮辱，必然要或隱或現地投射到他們的文學創作中，從而形成了即墨藍氏家族的「科舉文學」。即墨藍氏家族科舉文學內容豐富，既有科舉成功的喜悅，又

有遭遇科舉失敗的痛苦，還有對科舉、讀書的思考。如藍田的《瓊林宴口占誌喜》：「敕史傳宣赴御宴，宮花簪映杏花鮮。笙簧吹得群仙醉，拜賦吾皇天保篇」，是抒發科舉成功喜悅之情的代表作。整首詩歌用明快的格調，鮮豔的色彩，熱鬧的場面，抒發了詩人高中進士，參加御宴時意氣風發的喜悅心情。其內心興奮之情溢於言表。然而，在中式之前，藍田遭受十次進士考試的失敗，飽受三十年的折磨。這在藍田的詩歌中也有著充分的體現。《下第次韻》、《下第寄弟二首》、《東歸夜步用修韻三十首呈子靜》，都是詩人下第後的詩作。尤其是與劉子靜的三十首唱和詩，更是集中地反映了詩人屢遭科舉挫敗後的複雜心情。再如，藍啓肅《庚辰東歸二首》之一：「帝里風煙接翠微，杜鵑聲裏促春歸。垂壺敲碎人將老，試卷焚餘世相違。病骨羞稱燕市駿，壯心虛擬魯陽揮。雞蟲得失失渾閒事，好去逍遙學息機」，這首詩表達了藍啓肅第六次進士考試失敗後，絕望而又複雜的感情。康熙庚辰年（1700），這也是藍啓肅生命的最後一年，他仍然拖著病入膏肓的身體，第六次參加進士考試。藍啓肅的身上承載著父祖殷切的希望和振興家門的光榮使命，所以他屢受挫折，仍然堅持不懈。然而，第六次進士考試又以失敗告終。詩人在詩中表達出複雜的感情：京城的景色雖好，大地也將回春，可是自己哪有心情欣賞。詩人想到自己年紀漸長，功名不就，而又多病纏身，從而感歎壯志難酬，遂生出世想法。但是，這種想法並非是他看破凡塵，而只是在連續遭受挫折之後的感慨。這在他的臨終詩歌中可以明確地看到這一點：「功名到此心方歇，慷慨猶存志未休」，可見直到生命的最後一刻，功名仍然是藍啓肅追求的目標，但「六赴春闈而不第」，使藍啓肅最終與進士無緣，而遺憾終生。藍志莘，光緒壬寅歲貢生，候選訓導，改江蘇候補縣丞。他在《讀書歎》詩中也描述了自己遭受科舉失敗的尷尬和辛苦：「誦讀平生業，三年苦下帷。每逢心折處，便是淚垂時。憤樂誰曾見，甘辛我自知。卻憐妻子輩，竊視笑書癡。」

3、科舉束縛著族人的文學創作

可具有其時代進步性，也有歷史局限性。尤其是明清科舉八股取士的方式，在一定程度上又影響和制約著藍氏家族的文學創作。明清兩代，圍繞八股文而形成的一整套科舉文化體系，構成一種文化環境，而八股文體式之嚴、考試之難，故人稱「磨難天下才人，無如八股一道」〔註24〕。文人常是

〔註24〕〔清〕伍涵芬：《讀書樂趣》卷六，康熙年間刊本。

疲於迎合八股文風而無暇正常開展文學創作。清初黃生曾對科舉與文選創作的關係，及科舉考試對文學創作的影響作古過分析，他說：「談詩道於今日，非上材敏智之士則不能工。何也？以其非童而習之，爲父兄師長所耳提而面命者也。大抵出於攻文業舉之暇，以其餘力爲之，既不用以取功名，博科第，則於此中未必能專心致志，深造自得，以到古人所必傳之處。」〔註25〕他認爲，讀書人之所以很難寫出上乘的詩文作品，一方面是大多讀書人並非從小就眞心喜歡讀書習文，只不過是爲了應付科考，在父輩的耳提面命下被動學習。另一方面，讀書人大部分時間是在八股導向下備戰科考，只有備考之餘的閑暇時間才進行一些詩文創作，而且這種詩文創作深受八股範式的影響。因此，很難培養出優秀的文學家。即墨藍氏家族文人身處這種文化背景下，自然難以擺脫這種影響。即使是藍氏家族中文學成就最高的藍田也不例外。藍田最初爲文追求高古，致使科場屢遭挫敗。後逐步屈就時風，最終考取進士。章丘李開先稱藍田：「時所作之文，果是高古，藏鋒鍔不露圭角，奮然以變時習爲己任，因而不合於主司。每一下第，輒改一經，久而五經俱遍矣。」〔註26〕藍啓肅曾記述自己學習八股時的情形，猶如邯鄲學步，經過很長時間鍛鍊他才能稍稍適應。他在《皇清鄉貢進士考授內閣中書舍人藍公年譜》中稱：「十六歲，制復八股，如行道失路，極爲研慮揣摩，乃稍稍就繩墨。」〔註27〕可見，由於長期參加科舉考試，即墨藍氏家族文人不同程度的受到八股文的影響，科舉八股死板的形式和苛刻的要求束縛了即墨藍氏文人的文學創作。

所幸，即墨藍氏家族雖然重視科舉，但其家族文化教育不局限於科舉規定的範圍，而是廣泛涉經史子集，旁及佛道等方外典籍。故而，即墨藍氏文人多通學淹博之士。如藍田博通古今，旁及雜典。明張鳳翔《送即墨鄉進士藍玉甫氏下第東歸序》稱：「予考其（藍田）所得，自六籍而下凡諸吏牒子集，天文律曆，梵旨道籙，下逮牛經馬譜，稗史小說，要皆胸中故物也。與之談道理，辯論古今，或評品人物高下，嗒乎如宏鐘響畢，而大小各隨其叩也。如熟讀《禹貢》而知水之原委，讀《本草經》而各知其地，及其時與其

〔註25〕〔清〕黃生：《詩主》卷二，《皖人詩話八種》，黃山書社，1995年版，第85頁。

〔註26〕〔明〕李開先：《文林郎河南道監察御史北泉藍公墓誌銘》，藍氏家藏刊本，光緒丙戌增修《即墨藍氏族譜》，卷五，第10頁。

〔註27〕〔清〕藍啓肅：《清貽居集》，藍氏家鈔本，雍正元年，第5頁。

色味，性倣之何如也。」〔註28〕藍啓肅一生博覽群書，勤讀不輟。他的自傳年譜稱：「三歲，生疹痘，學識字。四歲，能記誦《三字經》及唐詩。五歲，就外傅讀四書，父教之習威儀閑禮數。……二十四歲，復從江岳讀書華陽山房，人事日多，心血日耗，誦讀之樂非復疇昔。然猶勉強從事，秋冬間，晨夕弗輟。二十五歲，春間復入華陽」〔註29〕。清人謝永貞《司訓藍公傳》也稱藍啓晃：「先生幼穎悟，好學問，經書子史淹貫精熟，試輒冠，其儔伍哀，然知名於時。」〔註30〕由於即墨藍氏家族通達的文化教育，雖然在科舉八股的多重束縛下，即墨藍氏家族文人仍然取得了很高的文學成就，湧現出一大批優秀的家族文人。藍田是即墨藍氏家族中文學成就最高者，楊玠在《中翰藍公傳》中盛讚藍田：「侍御（藍田）文名與康德涵，楊用修頡頑榮拂。」〔註31〕藍啓肅詩文成就斐然，邑人周毓正《中翰藍公傳》稱藍啓肅：「引筆為文，汪洋浩瀚，踔厲風發，雖宿儒皆驚歎，以為不及。」〔註32〕藍啓蕊、藍啓華均以文學見稱，深受萊陽宋繼澄賞識。而藍中璥不僅淡泊名利，而且教育子弟不要盲目學習八股。其外孫黃植稱：「公（藍中璥）性豪爽，好讀書史飲酒。甫弱冠讀《朱子通鑑綱目》，慨然曰：『治亂安危之數，盛衰興亡之變，備於此矣。吾人置身天地間，有如許重大事業而顧沾沾工揣摩以詞章老乎？』於是盡棄舉子業，益肆力於史學，取《司馬公通鑑》及《二十二史》置之案頭，時時翻閱，有感則呼童取酒，極飲大醉以消釋，其俯仰古今輪困不平之氣，視人世間科第功名泊如也。」〔註33〕同時他又教育子弟稱：「學文有根本，勿徒汩沒帖括中。」〔註34〕

　　正是由於即墨藍氏家族不僅僅局限於科舉樊籬，而廣泛開展文史教育，故而即墨藍氏家族文學創作雖然受到科舉八股的影響和束縛，但仍然取得了輝煌的成就。

〔註28〕〔明〕張鳳翼：《送即墨鄉進士藍玉甫氏下第束歸序》，《北泉集》，民國二十七年，第九頁。

〔註29〕〔清〕藍啓肅：《清貽居集》，藍氏家鈔本，雍正元年，第4～7頁。

〔註30〕〔清〕謝永貞：《司訓藍公傳》，《藍氏族譜》不分卷，河北大學圖書館藏清鈔本，第66頁。

〔註31〕〔清〕藍啓肅：《清貽居集》，藍氏家印本，2012年，第8頁。

〔註32〕〔清〕周毓正：《中翰藍公傳》，藍氏家藏刊本，光緒丙戌增修《即墨藍氏族譜》，卷五，第40頁。

〔註33〕〔清〕黃植：《外祖太學生藍公家傳》，藍氏家藏清手鈔本，第99頁。

〔註34〕〔清〕黃植：《外祖太學生藍公家傳》，藍氏家藏清手鈔本，第99頁。

（四）科舉衰落導致即墨藍氏家族衰落

隨著科舉制度的衰落和藍氏家族經濟的滑坡，即墨藍氏家族科舉鼎盛時期已經成爲過去，不少族人一生苦讀經書，到頭來皓首窮經，仍是一介布衣。他們開始對科舉制度及讀書的作用提出質疑。如藍啓蕊以文學見長，但一生僅爲諸生，功名未就。他有一首詩歌《讀書歎》：「閔子辭黃宰，求也臣季氏。同學聖人門，取捨已如此。莫問後來人，紛紛誰足齒。掩卷重諮嗟，何以榮素履。」詩人以孔門弟子閔子騫與冉求對待仕途的不同態度，對讀書與仕宦的關係進行重新審視。藍啓華有一首《讀書歎》：「朝讀古人書，暮讀古人書。讀書不復見古人，讀之垂老抑何如。文章一吸東海波，功名載盡南山竹。古人讀書良足珍，今人讀書如雲霧。君不見城南城北黃塵起，寶劍雕弓耀雲日。男兒富貴談笑間，白首下帷夫何藍。又不見江西隴右多素封，沙珠礫玉競豪雄。睥睨王侯狎將相，指揮雲日變雷風。嗟爾讀書之人，塗首閉氣。食不爾果，夜不爾蔽，暑無爲除，寒無爲禦。搏虎徒赤亦已危，臨流無楫顧何濟。悲哉喔喔讀書人，黃昏掩卷空歎息。」詩中對讀書科舉的傳統模式予以否定，表達了對科舉的失望。在這種對科舉質疑思想的引導下，即墨藍氏家族早已沒有了早期對科舉的執著追求，家族科舉教育也隨之鬆弛，從而導致了家族科舉逐步衰落。家族科舉的衰落，最終導致了即墨藍氏家族的整體衰落。

第三節　區域文化與即墨藍氏家族發展

就即墨藍氏家族而言，區域文化有大小兩個範疇。大範疇是指齊魯文化，小範疇是指即墨地方文化。這兩個層面的文化，從不同的角度影響到即墨藍氏家族的發展，滲透到即墨藍氏家族生活的方方面面。

一、齊魯文化與即墨藍氏家族發展

即墨地處齊魯，歷史悠久，人文薈萃。古屬齊國，受齊國稷下諸子思想影響，人多慷慨好義，亢直有節；又長期受到儒家文化薰陶，重孝悌，崇仁義，敦宗族，崇禮法。齊魯兩種文化在即墨文化中有機結合而又保留著各自特色。

（一）齊魯文化的異同與融合

齊國和魯國是周初始建的兩個超級大國。由於與周宗室的關係、文化積

澱、經濟基礎以及地理位置的不同，造就了齊魯兩種風格各異的地域文化。魯國作爲周王室嫡系宗親，鎮撫殷商六族，經濟上富裕，政治上享有特權，文化底蘊深厚，擔負著謹守「周禮」、輔助王室的重任，因此，魯國文化重禮樂，崇教化，思想因循守舊，改革進取精神不足。而齊國爲異姓諸侯國，地處偏遠，經濟基礎差，文化底子薄弱，各方面落後迫使齊國「因其俗，簡其禮」，「舉賢而上功」，使它反而形成了一種努力開拓、奮發前進的風氣。齊、魯都是文化大國，在長期的相互接觸中，兩種文化一直在進行著互相吸取的活動。尤其是稷下學宮的開設，使儒家、道家、法家、墨家名家、兵家、陰陽家、縱橫家等各種學派在爭辯中互相補充，在齊國形成百家爭鳴、兼容並包的局面。齊學和魯學逐步走向融合，而荀子主講稷下學宮，其學說被視爲是齊魯之學的結晶。李啓謙《齊魯文化之異同論綱》中說：「荀子既談禮，又講法；既重工商，又重農業；既重視庶民，又主張君主集權；既主張富民裕民，又主張貴賤有等、貧富有差，巧妙地把兩者融爲一體。如果說韓非思想是晉（三晉）、秦思想的融合體的話，那麼荀子思想則是齊、魯文化的結晶。」〔註35〕荀子揉合兩者形成新的思想體系後，漢代罷黜百家獨尊儒術，確立了儒學統治地位後，齊文化和魯文化逐步走向融合，但在一定程度上仍保留著各自特徵。王修智在《山東社會科學院齊魯文化研究叢書總序》中指出：「齊文化、魯文化是從同一條母根上孕育成長起來的兩枝風格迥異的文化奇葩。齊文化理論駁雜，各具特色，從姜尙、管仲、晏嬰、孫子到黃老刑名、陰陽諸家，並無一個清晰地思想傳承體系；而魯文化中的孔子、墨子、子思、孟子、荀子等代表人物，其思想觀點雖各有異，卻有著一以貫之的基本理路（孟子、荀子是齊文化中人，但爲儒學中堅，似仍可視爲魯文化的繼承發展者）。……但是，如果把齊文化和魯文化放在中國五千年的傳統文化之中去審視、去分析、去比較，就會發現，看似內質差異巨大甚至許多學術觀點針鋒相對的齊文化和魯文化，其實在更深層次上卻是相似相同的，同屬一個文化體系。」〔註36〕文章高度概括了齊魯文化的各自特色，深入剖析了齊文化和魯文化表面差異和深層統一。

〔註35〕李啓謙：《齊魯文化之異同論綱》，《學術月刊》，1987 年第 10 期，第 35 頁。
〔註36〕王修智：《山東社會科學院齊魯文化研究叢書總序》，王蕊《齊魯家族聚落與文化變遷》，齊魯書社，2008 年，第 5 頁。

（二）齊魯文化對即墨藍氏家族的影響

明清即墨藍氏家族生活在濃厚的齊魯文化環境氛圍中，齊魯文化尤其是起源於魯國的儒家文化及齊國耿正有節、慷慨好義尚功重利等文化傳統，對即墨藍氏家族教育、家族仕宦乃至家族文學創作等方面都有著多方面的重要影響。

1、就家族教育而言

即墨藍氏家族作為明清時期的文化世家，深受以儒家思想為主體的魯文化的影響，藍氏家族以儒起家，亦以儒傳家。儒學是一個歷史的、發展的概念。隨著時代的發展，其思想也在不斷地發展變化，但作為中國文化中一種長期居於統治地位的思想學說，其核心並未改變。儒家文化倡導血親人倫、現世事功、修身存養、道德理性，其中心思想是孝、悌、忠、信、禮、義、廉、恥，其核心是「仁」。藍氏族人攻讀儒家經典，深受儒家文化薰陶，踐行儒家思想，其言行之中無不滲透著儒家文化的影響。因此，在子弟教育中，即墨藍氏家族恪守儒家訓導，忠君愛民，恪盡職守，重孝悌，睦宗族，倡禮法，堅持忠厚傳家，詩書繼世的優良傳統。

而即墨藍氏家族教育中，藍氏族人耿正有節、慷慨好義、廣交友朋、尚功重利、輕財樂施等性格的形成，無不滲透著齊文化的影響。

2、就家族仕宦而言

各級官員是國家政策的實施人，官員的教育和培養不僅關係到王權統治，更關係到黎民蒼生，官員的品行和修養關係到政治清明和國家的穩定。儒家出身於「士」階層，又以教育和培養「士」（官員）為己任，所以儒家文化中對官員提出了明確要求，概括起來主要有忠君愛民，勤於職守，清正廉潔，注重文教，尊老敬賢等。即墨藍氏家族在四百餘年的宦途中，始終恪守儒家教導，一百餘名官吏，無論職位高低，均能忠君愛國，體恤民瘼，兢兢業業、任勞任怨，安貧樂道，廉潔奉公，為官一任，造福一方。因此藍氏家族的諸多官吏受到朝廷嘉獎，地方褒揚和百姓的愛戴。同時，即墨藍氏家族官員又受到齊國文化的影響，大都志操耿介、負性氣盛，在朝為官則直言敢諫，嫉惡如仇，不懼權宦、不畏貶官遠謫，出過不少耿介端方的名臣，留下許多彪炳千秋的仕宦典範。如五世祖藍章忤逆權閹，藍田逆鱗進諫，藍深不願草菅人命而憤然辭職，藍潤不願彎腰屈膝而遭免職等，都是即墨藍氏家族仕宦史上光輝的篇章。

二、即墨地方文化與即墨藍氏家族發展

即墨地區歷史悠久，文化資源豐富，爲即墨藍氏家族發展提供了豐厚的文化土壤。其中以即墨的輝煌歷史及明清即墨佛道文化對即墨藍氏家族影響最爲深遠。

（一）即墨歷史與即墨藍氏家族發展

1、即墨的歷史沿革

「即墨」是膠東半島上的一個歷史悠久的小城，在4000年前，這片古老的土地就有人類活動。因古城座落在墨水河畔（今平度市朱毛村）而得名即墨。商、周時，爲萊夷舊地，周初爲太公姜子牙的封邑，戰國時期已是三齊名區，與西面的都城臨淄遙相對峙，並誇殷富。秦統一後，即墨始定爲縣。漢代，劉姓的子孫先後有六七位王子被封於此地。高祖劉邦的孫子「膠東王」劉熊渠、漢景帝劉啓的兒子劉徹、劉寄等都曾在此坐享榮華富貴，他們的權力籠罩著大半個山東半島。一時間，即墨縣城，也成爲膠東國政治、經濟、文化的中心。王莽篡漢期間，即墨被改名「即善」，因劉姓皇位的復辟而得以恢復。漢代以後，即墨日漸荒遠冷落起來。直至隋代，即墨城由平度故城南移八十里創建即墨新城。藍章《重修城隍廟記》稱：「至隋時復置，徙故城之南八十里，今城是也。」〔註37〕即墨縣城雖然由平度遷至今城，但是即墨輝煌的歷史和豐富的文化並沒有被割裂，此後，在近十五個世紀的漫長歲月裏，即墨人民繼續創造著自己的輝煌，即墨歷史和文化一直被繼承和發展。

2、即墨的輝煌歷史

即墨歷史悠久，文化厚重。舊志論即墨人物說：「即墨三齊名區，其間人文蔚興，名賢接武」，即墨之名屢見於《戰國策》、《國語》、《史記》等歷史典籍。

在這塊古老的土地上發生過諸多光耀千秋的重大歷史事件，影響最大的當數田單火牛陣和田橫五百義士的故事等。

田單火牛陣：田單，戰國時臨淄人，爲田齊宗室遠親，時任齊都臨淄的市掾〔註38〕。前284年，齊愍王內被人民所怨，外被秦國仇視其強大，聯合

〔註37〕〔清〕藍潤：《餘澤錄》，藍氏家刻本，順治十六年，卷一，第57頁。
〔註38〕低級小吏，主要負責市場管理。

其他國家發兵攻齊，於濟西大破齊軍，斬殺齊將韓聶，其餘四國相繼撤退。燕國將領樂毅出兵攻佔齊都臨淄（今山東淄博東北），再於半年內接連攻下齊國七十餘城，滅了齊國，僅剩莒（今山東莒縣）和即墨（今山東平度市東南）兩座齊國孤城未能攻克。而楚國又出兵，名為援助，實為攻擊，楚將淖齒虐殺齊愍王，淖齒又被齊人殺死。即墨大夫出戰陣亡。齊國危亡之際，田單率族人以鐵皮護車軸逃至即墨，被推舉為城守。即墨全城軍民由田單率領抵抗，雙方交戰五年。田單堅守即墨，最終以火牛陣擊破燕軍，收復七十餘城。他以過人的膽識和戰略，創造了戰爭史上以少勝多、出奇制勝的成功範例。他本人也因功被任為相國，並得到安平君的封號，而成為千古傳誦的英雄。

田橫五百義士：秦末齊國貴族田橫，反抗秦朝暴政，後自立為齊王。漢朝建立後，田橫兵敗率五百徒屬退居即墨東部海域中一荒島上（今田橫島）。公元前 202 年，漢高祖劉邦遣使臣前往島上召田橫赴洛陽，同時宣諭：田橫來，大可封王，小亦封侯；倘違詔不至，將發兵加誅。田橫即帶兩名門客應詔赴洛陽，行至河南偃師，自刎而死，二門客亦隨之死。劉邦聞後，感其忠義，痛哭流涕，命以王禮厚葬之。留居海島上的五百人聞後也全部自殺於島上，後人感田橫徒屬皆為賢德仁義之士，遂葬之，又立祠以祀之，並將此荒島命名為「田橫島」，將五百義士墓稱為田橫頂。

同時，即墨地方也湧現出一批彪炳史冊的著名人物，如即墨大夫、鄭玄、房鳳、逢萌、童恢、王吉等。他們有些是即墨人、有些是在即墨為官，或以為官清廉剛正而聞名，或以節義端方而見譽，或以學問淵博著稱。

即墨大夫，戰國時齊國人，姓名失傳。齊威王時治即墨，剛正務實，政績卓著。他廉值勤政，幾年間使即墨地方田野開墾廣拓，居民生活富裕，社會秩序安寧。但由於他為人剛正不阿，不去賄賂討好齊威王左右弄權施威的貪官污吏，所以不斷地遭受讒言詆毀。幸好齊威王果斷地派員調查，澄清了是非。一日齊威王上朝理政，當即嘉獎了即墨大夫，「封之萬家」。並烹了弄虛作假、求譽害民的阿大夫，痛斥了那些弄權受賄者。從此，齊國國威大振，轉弱為強，即墨也得以進一步開拓發展。即墨大夫剛正不阿，勤政廉潔的作風影響後人。

鄭玄，字康成，山東高密人。少入太學，研習《周易》和《公羊春秋》，師從張恭祖習《古文尚書》、《周禮》、《左傳》等，後拜馬融學習古文經，博

採眾家，成爲漢代經學的集大成者，世稱「鄭學」。學成歸里，來到不其山下設立書院，講經習禮，遍注群經，學術成就影響深遠，後世多採其說。鄭玄後以先儒從祀孔廟，孔廟東廡從祀的先儒 39 人，鄭玄列第七位。鄭玄拜馬融爲師之初，於門下三年不得見，鄭玄仍潛心學業，持之以恆。三年後馬融召見他，質諸疑義，解答如流。鄭玄辭歸，馬融愧悔相見太晚，歎曰：「鄭生今去，吾道東矣！」鄭玄的教學活動主要在即墨嶗山一帶，今不其山有書院村、院後村，爲康成書院所在地；演禮村，相傳是鄭玄率其弟子演習周禮的地方；舊有書帶草、篆葉楸，爲鄭玄由京城移植而來，惜已無存。明正德七年（1512），即墨知縣高允中在原址重新修建康成書院，延師課士，至清漸圮。在即墨歷代的書院中，最負盛名，歷史久遠，餘韻悠長，遺跡尚可尋覓的，當屬康成書院。

《漢書·儒林傳》記載，房鳳，字子元，西漢不其（今山東嶗山西北人）。初以射策乙科爲太史掌故，又以太常舉方正，爲縣令都尉。後失官。繼而，以大司馬驃騎將軍王根薦，擢爲光祿大夫，遷五官中郎將。與光祿勳王龔、奉車都尉劉歆共校書；皆爲侍中。鳳曾從經學大師尹更始學習經書。尹更始本來自事《穀梁春秋》大家蔡千秋，於《穀梁春秋》研究頗精，後來又學習《左氏春秋》，取其合理章句融入《穀梁春秋》之中。房鳳受其影響，在主攻《穀梁春秋》的基礎上，吸收《左氏春秋》的有益成分，逐漸出現合二種學說爲一的傾向。他精研《穀梁春秋》，史稱「房氏之學」。公元 8 年，王莽篡漢，改國號爲新，房鳳退隱故里，棲身不其山（今鐵騎山）麓，開館授徒。

逢萌，字子康，又字子慶，漢北海郡都昌縣（今山東省昌邑市）人品行高潔，精於《春秋》。自幼家境貧寒，曾任亭長。縣尉路過驛亭，逢萌候迎拜謁，感慨不已，喟然歎曰：「大丈夫豈能爲他人服役！」遂去長安就學，研讀《春秋》。在長安時聞聽王莽殺其子王宇，逢萌對友人說：「三綱絕矣，不去，禍將及人。」於是懸冠於長安東郭城門，回歸故里，攜家渡海到遼東居住。建武元年（25），東漢光武帝即位後，逢萌又從遼東來到嶗山，隱居在不其山（今嶗山之鐵騎山）下，遊吟於林泉之間，授業於不其山下，從之者眾。講學授業，「養志修道，人皆化其德」。漢明帝曾屢次下詔徵其出仕，逢萌伴作瘋狂拒之，後以壽終。華亭錢福在《東厓書屋記》中盛讚稱：「隱於其山者爲逢萌，足振西漢之委靡，而啓東都之節義。」〔註39〕

〔註39〕〔明〕錢福《東厓書屋記》，藍章《大嶗山人集》，藍氏家印本，1996 年，第

此外，漢代諫議王吉也是耿介端方之士。華亭錢福在《東厓書屋記》中也稱讚他說：「有漢王諫議吉，直諫清節，三世公卿。」〔註40〕

3、即墨歷史對即墨藍氏家族的影響

即墨歷史輝煌，名人輩出，義行壯舉光耀千古，這些都對即墨藍氏家族有著多方面的影響。首先，引領即墨藍氏書院教育。即墨地區私人書院教育起步早，影響大。上文提及房鳳、逢萌、鄭玄都是即墨地區早期私人書院教育的代表，尤其是鄭玄及其康成書院影響最大。有人稱，千百年來，即墨承鄭玄餘韻，民風淳厚，文教興盛，簪纓迭出，鄭玄之功大矣！而藍氏家族深受鄭玄影響，尤其是即墨藍氏家族書院教育，即是對康成書院的倣傚，又是對康成書院的繼承和發展。其次，影響即墨藍氏族人性格。即墨大夫、田單、田橫、王吉、童恢等先賢表現出的尚武重義，耿直清廉，重節操等優良傳統，及田橫五百壯士等表現出的慷慨激昂、英勇不屈的精神，深深地感染、教育著即墨藍氏族人，使藍氏家族形成了崇禮儀、重教化、尚道德、重節操的優良家族傳統。

（二）即墨佛道文化與即墨藍氏家族發展

即墨地區依山臨海，景色奇秀，尤其東海嶗山，位於即墨縣東南部，背山臨海，山海交融，景觀秀雅雄奇，匯聚天下奇觀，堪稱海上名山，自古以來便是佛道兩教青睞的聖地。嶗山佛道文化起步較早，內容豐富，尤其是明清兩代，佛道兩教迅猛發展，境內佛寺、道觀遍佈。因此，即墨佛道文化，主要就是嶗山佛道文化。佛道文化成為又一股重要的文化因素，滲透到即墨地域文化之中，這些文化因素對即墨藍氏家族發展有著重要影響。

1、即墨地區佛教

即墨佛教肇始於魏晉，興盛於隋唐，明代再度掀起高潮，至清代後期逐漸衰落，約有一千七百多年的歷史。據統計，僅嶗山佛教寺院自古至今有名可循的就有 30 餘處，建於隋代之前有 6 座，建於唐代的有 4 座，建於宋代的有 1 座，建於明代的有 16 座，建於清代的有 5 座。

魏元帝景元五年（264），崇佛寺（又名荊溝院）建造落成，這是嶗山最

---

128 頁。

〔註40〕〔明〕錢福《東厓書屋記》，藍章《大嶗山人集》，藍氏家印本，1996 年，第128 頁。

古老的寺院，標誌著佛教落戶嶗山。東晉義熙八年（412），高僧法顯西去印度等地求經泛海回國，遇大風漂流到當時長廣郡不其縣嶗山南岸栲栳島一帶登陸。時任太守李嶷篤信佛教，聞聽法顯是到西方取經的名僧，便將法顯接到不其城內，講經說法，並在其登岸之處創建了石佛寺（即潮海院）。從此，佛教在嶗山聲名大振，廣為傳播。此後，嶗山相繼又建起了石竹庵（後改名慧炬院）、獅蓮院（俗稱城陽寺）、法海寺的創建，這標誌著嶗山佛教已初具規模。

隋、唐時期，是嶗山佛教興盛期。隋代即墨縣遷移到今址後，政府重修獅蓮院、荊溝院和慧炬院等著名寺院，規模更加宏偉，信眾日益增加，香火漸趨旺盛，佛教在即墨地區紮根發展。唐代，四川峨嵋山高僧普豐來到嶗山，在王哥莊鎮大橋村東修建了大悲閣，閣內供奉大悲觀世音菩薩，後改名峽口廟，此後又在鐵騎山東修了一座分院，名為林花庵，又在峽口廟東數里的東臺村建了另一座分院，名為普濟寺。隋唐兩代，共建寺院十座，足見隋唐兩代佛教之興盛。

此後的宋、元兩代，嶗山佛教一度式微。這時期僅新建寺院一座。直到明代，佛教才因高僧憨山的到來再現高潮。萬曆十一年（1583）明代四大高僧之一的憨山和尚來到嶗山，並於萬曆十三年起，在嶗山太清宮三清殿前耗巨資修建了氣勢恢宏的海印寺。後因與太清宮道士發生糾紛，進士出身的道人耿義蘭進京告御狀，萬曆二十八年（1600）朝廷降旨毀寺復宮，憨山也被遠貶雷州。嶗山佛教雖遭此打擊，但並未一蹶不振。桂峰、自華及慈沾等著名僧人仍在嶗山進行了許多佛事活動，加之當地鄉宦士紳的支持，嶗山的佛教仍有所發展。

據不完全統計，即墨地區共有佛教寺院 30 餘處，僅明、清兩代創建的寺院有 20 餘處，其中最有影響的是清順治九年創建的華嚴寺。這座寺院規模宏偉，名聲遠播，藏有清雍正年間刊印的《大藏經》一部，還有元代手抄本的《冊府元龜》。據清同治版《即墨縣志》記載，在清代中期之前，嶗山的佛寺有白佛寺（即石佛寺）、法海寺、荊溝院（即崇佛寺）、獅蓮院（即城陽寺）、慧炬院、華嚴庵（即華嚴寺）、海印寺和西蓮臺（即洪門寺）等著名寺院。直到清末民初，華嚴寺與有著一千五百多年歷史的石佛寺、法海寺仍被稱為嶗山佛教的三大寺院。民國時期，嶗山佛教每況愈下，逐漸衰落。

表3-5　即墨歷代佛寺統計表

序號	名　稱	別　名	始建年代	所在地	狀況
1	崇佛寺	荊溝院 金溝院 崇福寺	三國魏元帝景元五年（公元 264 年）	城陽區惜福鎮院後村南	清代漸圮，今無垣。
2	石佛寺	潮海院 石佛庵 白佛寺	南北朝初期（又有資料記爲唐代或宋代修建）	嶗山區沙子口鎮梺栳島村東	1939 年時，房屋尚好，住持爲海靜和尚，有僧 20 人。至 1959 年時該寺仍有僧 4 人。現今其遺址仍存 4 株數人方可合抱的銀杏樹。
3	慧炬院	石竹庵	創建年代無考。隋代開皇二年（582）重修，元代大德年間復又重修。	城陽區夏莊鎮嶗山水庫北岸	明代黃宗昌《嶗山志》記有：「慧炬院在縣南四十里鳳凰山下。」明代萬曆二十八年海印寺被拆毀後，其經卷、供器、文物等移存此處。清同治年間，又將倒塌的廟堂改建爲三間佛爺廟。1939 年時尚完好，住持爲道士韓信奎，有僧 2 人。1966 年被拆除，現只剩廟址 1 個、碑座 1 個。
4	獅蓮院	城陽寺	創建年代無考。隋代開皇年間重修。	今城陽區城陽鎮的城陽村	民國初年廢傾，其遺址尚有一巨大馱碑的石，雕鐫古拙，彌足珍貴，是獅蓮院僅存的遺物。
5	法海寺		北魏武帝年間（424～452），一說爲三國魏武帝年間（155～220）。	位於城陽區夏莊鎮源頭村	1939 年時該寺完好並住有僧人。1959 年該寺有僧 2 人、寄居 2 人。「文化大革命」中，寺內神像、供器、文物、經卷、碑亭等全被搗毀焚燒，房屋改爲小學和幼兒園，現經政府撥款修葺，煥然一新。
6	峽口廟	大悲閣	創建於唐代。該寺爲唐代普豐和尚所建	嶗山區王哥莊鎮大橋村東	明代由寂雲和尚重修，清嘉慶年復又重修，祀觀音，移佛像於後殿。1939 年時尚完好，住持爲能隆和尚，有僧 4 人。1959 年時該廟已傾圮，1966 年拆除。
7	普濟寺		創建於唐代。據傳該寺爲普豐和尚所建，爲峽口廟之下院。	嶗山區王哥莊鎮東臺村	早已傾圮，現無垣。
8	林花庵		創建於唐代。據傳該庵爲峽口廟之下院。	城陽區惜福鎮東葛家村	清代已坍塌，現無垣。
9	白雲庵	上庵	創建於唐代	嶗山區沙子口鎮巨峰南麓	明代憨山和尚撰寫的《萬曆年重修碑》記有：「白雲庵爲古刹，至嘉靖間，全眞樸一向重起之。」明代黃宗昌《嶗

				山志》載：「白雲庵在巨峰南麓，今爲玉皇殿。」清代該庵傾圮，現無垣。
10	普慶庵		創建於宋代	嶗山區王哥莊鎮白雲洞西	1939 年時該庵已破舊，居士王悟禪夏季在此棲居，後傾圮，現不存。
11	歇佛寺		創建於明初	城陽區惜福鎮惜福鎮村	即墨城南淮涉寺之大石佛，係在嶗山雕成，運送時在此暫歇故名，該村舊時亦名歇佛村。解放前該寺漸圮，現無垣。
12	毗盧庵		創建於明代	城陽區惜福鎮傅家埠村東	在歇佛寺南，地勢平行，有廟田 30 畝，禪宇甚盛。解放初期爲小學所用，1959 年時已破爛不堪，尚有僧 1 人。1966 年拆除。
13	大明寺		創建於明代天順年間（1457～1464）	城陽區夏莊鎮寺後村	明代郭氏夫妻樂善信佛，建大明寺。清末該寺傾圮，1958 年拆除。
14	鐵佛庵		創建於明代嘉靖年間（1522～1566）	嶗山區王哥莊鎮青山村西鐵佛洞	原爲佛寺，明萬曆年間道姑劉貞潔居此修眞，民國初年該庵漸圮。
15	朝陽庵	浮山寺朝陽寺潮陽庵全聖觀	明代嘉靖年間。該庵由明代進士黃作孚修建，爲其隱居讀書處。		民國初年，追隨肅親王的曾明本於復辟失敗後將此庵改爲道觀，名全聖觀，並在此出家爲道士。
16	洪門寺	西蓮臺寺西蓮寺蓮臺寺	創建於明代	城陽區夏莊鎮嶗山水庫南岸蓮臺村	該寺由自華和尚修建，內供丈八佛像，自華死後，其弟子 18 人共建磚塔葬師。清乾隆末年已毀，道光年間拆除。
17	清涼院	李村院	創建於明代萬曆年間（1571～1620）	李滄區李村南莊	該院原爲尼姑廟，1939 年時尚完好，住持爲界和和尚，有僧 3 人。1959 年時有僧 1 人、尼姑 2 人、寄居 1 人。1985 年，落實宗教政策，遷入湛山寺。
18	海印寺		明代高僧憨山於萬曆十三年起在太清宮三清殿前建海印寺，萬曆十六年（1588）建成。	嶗山區王哥莊鎮太清宮前	萬曆二十八年（1600 年），皇帝降旨毀寺復宮，現僅存該寺遺址。
19	觀音寺	觀音庵北齋庵	創建年代無考	城陽區流亭鎮流亭村南	明萬曆年間重修。舊時該寺香火甚盛，後漸圮，1958 年拆除。
20	菩薩廟	文殊普賢廟清華庵	創建於明代	李滄區東李村	1939 年時該廟尚完好，住持爲尼姑龍界，有尼姑 2 人。解放後一度由供銷社使用，1959 年時已破敗不堪。

21	於姑庵		創建於明代	市北區錯埠嶺	明清兩代此庵屬崂山之寺院，因明代有於氏女在此出家，故名。清光緒三十四年重修和擴建，共有殿宇和房舍25間。1939年時該廟住持爲尼姑玉芳，共有尼姑5人。1959年時仍有尼姑3人。該庵現爲青島市文物保護單位。
22	清風洞		創建於明代	崂山區王哥莊鎮泉心河南岸之日起石	尼姑廣住居此處苦修18年，舊時洞前有彌羅庵故址。現該廟已傾圮，無垣。
23	蓮花庵		創建於明代	即墨市鰲山衛鎮之北	該庵爲崂山洪門寺（西蓮臺）之下院，現已傾圮。
24	大石寺	大士寺 大士庵 石灣廟 石院廟	創建於明代	崂山區沙子口鎮石灣村西山	該寺有大殿3間，內祀觀音，又有廟田60畝。1939年時尚完好，住持爲義仁和尚，有僧4人。解放後，該寺改作小學，1966年拆除。
25	清涼寺		明代初年	崂山區沙子口鎮小風口南	清末該寺已傾圮，現無垣。
26	石門庵		明代中期	崂山區北宅鎮七口峪村南	該庵在石門山南麓，內祀觀音，清乾隆年間重修。1956年該庵傾圮。
27	白榕庵	姑子廟	明代	崂山區王哥莊鎮曲家溝村東	該庵爲明代崔介庵所建，原爲尼姑廟，後爲道觀。解放前該庵已傾圮。
28	超然庵	姑子廟 草庵	約建於明代初年	城陽區惜福鎮超然村	久圮無垣。
29	華嚴寺	華嚴庵	清代順治九年 （1652）	崂山區王哥莊鎮返嶺後村西	該寺是崂山現存規模最大的寺院。該寺原稱華嚴庵，1931年更名爲華嚴寺，1939年時住持爲蓮橋和尚，有僧40人，1959年時尚有6人。「文化大革命」初期，寺內之神像、供器、經卷、文物、碑碣等全被搗毀焚燒。1987年局部修復。該寺現爲青島市文物保護單位。
30	十梅庵		創建於清代	李滄區樓山後鄉十梅庵村	舊時該庵因有梅10株而得名，內供佛像，壁間有膠州宋孝眞所畫之墨竹。該庵因年久失修，1957年倒塌。
31	靈聖寺		清代後期	崂山區王哥莊鎮解家河村	該寺境頗幽靜，爲華嚴寺之下院。1939年時尚完好，住持爲能高和尚，有僧2人。該寺在1959年時已破舊不堪，現已傾圮。

由上可見，即墨嶗山地區佛教歷史悠久，佛教文化積澱深厚。經歷了隋唐時期的興盛、兩宋的衰落之後，明清時期，嶗山佛教再度繁榮。當時，明代以前寺院尚存 11 所，明清兩朝又新建寺院 21 所，遠遠超出前代一千餘年的總和。嶗山地區呈現出寺院遍佈，信者日眾，梵音四起，香火鼎盛的佛教盛況。佛家文化和佛教思想深入人心，成爲即墨地區文化的重要組成部分。

2、即墨地區道教

嶗山是道教發祥地之一，即墨道教主要集中在嶗山地區。嶗山自春秋時期就雲集一批長期從事養生修身的方士之流，明代志書曾載「吳王夫差嘗登嶗山得靈寶度人經」。到戰國後期，嶗山已成爲享譽國內的「東海仙山」。許鋌《即墨縣志・序論》稱：「萊七邑，即墨其一也，在膠水之東，勞山滄海之間。蓋東方勝遊之地，多禪室仙窟。」〔註41〕西漢武帝建元元年（前 140），張廉夫來嶗山搭茅庵供奉三官並授徒拜祭，開啓了嶗山道教的根基。從西漢到五代時期末，嶗山道教基本屬於太平道及南北朝時期寇謙之改革後的天師道，從宗派上分屬於樓觀教團、靈寶派、上清派（亦稱茅山宗、閣皂宗）。顧炎武《勞山圖志序》稱：「自漢以來，修眞守靜之流，多依於此。」〔註42〕唐末宋初，嶗山開始出現道觀建築，宋代初年，在嶗山隱居的劉若拙被宋太祖的召見並敕封爲「華蓋眞人」，因此蜚聲道界，嶗山各道教廟宇則統屬新創「華蓋派」。元人張起岩《勞山聚仙宮記》記載了這段歷史：「當五代時，有華蓋眞人劉姓者，自蜀而來，遁跡茲山。宋祖聞其有道，召至闕庭，留未幾，堅求還山，敕建太平興國院以處之。上清、太清二宮，其別館也。」〔註43〕金元之際，全眞道崛起於山東沿海地區，嶗山各廟紛紛皈依於「北七眞」的各門派，成吉思汗敕封邱處機之後，嶗山道教大興。新建宮宇更是遍佈嶗山的秀巒翠谷，張起岩又稱：「自王重陽之東也，而全眞氏之教盛行，其徒林立山峙，雲蒸波湧，以播敷恢弘其說，於是並海之名山勝境，率爲所有。」〔註44〕全眞教海上七眞人中的馬鈺、劉處玄、丘處機、王處一均曾到嶗山傳教修眞，其門下弟子更是廣布山庵之間。

〔註41〕〔清〕許鋌：《即墨縣志》序論，林溥《即墨縣志》，成文出版社，民國六十五年影印本，第 11 頁。

〔註42〕〔清〕顧炎武：《勞山圖志序》，《顧亭林詩文集》，中華書局，1983 年，第 39頁。

〔註43〕〔清〕嚴有禧：《萊州府志》卷 13《藝文志》，乾隆五年刻本，第 46 頁。

〔註44〕〔清〕嚴有禧：《萊州府志》卷 13《藝文志》，乾隆五年刻本，第 46 頁。

　　同時，全真教是道教的龍門派和隨山派分支，在嶗山支脈馬山和鶴山迅
速發展起來。馬山位於縣城以西，其山陰的馬山廟規模宏大，它佔地百餘畝，
道士 140 多人，殿堂十多幢，藏經 1500 多卷，下轄不其山的百福庵、四舍山
的仙姑庵、丈二山的通明宮、興隆山的玉皇廟、大沽河岸的天宮院、流浩河
邊的長直院、天井山的龍王廟、城裏的真武廟、城隍廟、東關的高真宮等 20
多處廟宇，是當時最著名的道觀之一。鶴山的遇真庵原屬龍門派，後屬隨山
派（全真派的另一派），大妙（廟）山的玉皇廟屬龍門派分出之金山派。當時
由於道教發展迅速，為加強道教管理，縣城內曾設道會司於城隍廟內，由道
行高的道士任職，監執戒律，處理各派道人之間的糾紛。

　　明代，嶗山道教的「龍門派」中衍生三派，使教派總數達到 10 個，嶗山
及周邊地區道教長盛不衰。至清代中期，道教宮觀多達近百處，對外遂有「九
宮八觀七十二庵」之說。這些宮觀洞庵散落在嶗山的峰谷崖壑間，香火鼎盛，
從者雲集，使嶗山成為盛極一時的道教名山。在嶗山的道觀中，有的是僧道
共居的，也有的是僧道輪流居住的，這也是嶗山道觀的一大特點。據史籍、
資料和碑碣等記載，嶗山各宮觀庵名稱計有 20 宮、10 觀、43 庵、10 廟、4
洞、1 殿和 1 祠共 89 個。在這 89 座道觀中，建於宋代的有 4 座，建於元代的
有 11 座，建於明代的有 50 座，建於清代的有 25 座。高明見《道教海上名山
——東海嶗山》記載了建於清代的道觀，稱：「建於清代者既有潮海宮、天后
宮、明道觀、白雲觀、玄陽觀、大士庵、常在庵、松楊庵、熟陽庵、神普庵、
真姑庵、超然庵、慈雲庵、雲峰庵、聚仙庵、大悲庵、鐵佛庵、薛家廟、龍
王廟（兩處）、玉皇廟、康公廟、三忠祠等二十餘處。」〔註45〕從中足見，嶗
山地區道教的繁盛。

　　清末以來，帝國主義列強的入侵使嶗山道教遭到嚴重破壞，嶗山道教自
此每況愈下。但如今嶗山山區內仍存道觀有太清宮、上清宮、明霞洞、太平
宮、通真宮、華樓宮、蔚竹庵、白雲洞、明道觀、關帝廟、百福庵、大嶗觀
和太和觀等。其中，太清宮、上清宮、明霞洞、太平宮皆修葺一新，成為道
教宗教活動的重要場所。

　　由上可見，即墨道教自漢代肇興以來，持續發展繁榮，在嶗山、鶴山、
馬山等地廣泛分佈，廟、宮、祠、庵等建築遍佈山林、鄉間。史料所載的 89

〔註45〕高明見：《道教海上名山——東海嶗山》，宗教文化出版社，2007 年，第 79
　　　　頁。

座廟宇中，明清兩代就有七十五座。足見明清兩代道教之繁盛。因此，道教文化又成為即墨地區文化的重要組成本分。

3、佛道文化對藍氏家族的影響

明清時期，即墨地區佛教、道教盛行，廟宇、寺院遍佈山林、城鎮和鄉間，佛道思想和文化，滲透並影響著即墨百姓生活的方方面面。即墨藍氏家族作為即墨地方大族，長期受到佛道文化的薰陶。自三世祖藍福盛始，便與佛教、道教解下不解之緣。三世藍福盛便能略通佛道典籍，熱心贊助籌建修繕道宮佛舍事宜，與僧人交往甚密，深受僧道的敬重。此後，即墨藍氏家族一直與即墨地方佛教、道教保持著密切聯繫，佛道文化對即墨藍氏家族產生重要的影響。尤其是對即墨藍氏族人的文學創作和生活態度方面的影響最為突出。

一方面，對文學創作的影響：即墨藍氏族人的詩歌創作中，遊覽寺院道觀、與僧道交往的詩歌佔有相當的比重，詩歌創作的意境得到很大的提升。

首先，即墨藍氏族人與僧道過從甚密，留下大量交遊詩篇。天竺上人、陳守庵道長、戴道人、容堂上人、傅心上人、懷根道人、東昌明上人、黃衣道士、慧炬院上人等都與即墨藍氏族人有著很深的交往。這在即墨藍氏族人的詩歌中多有體現。如藍田的《慧炬院上人四首》、藍史孫的《送戴道人入嶗山》、藍漪《送傅心上人》等都記載了即墨藍氏族人與著名僧道的密切交往。

其次，即墨藍氏族人遊覽寺院道觀，留下了大量遊覽詩歌。即墨藍氏族人得地利之便，徜徉於嶗山，得以遊覽白雲洞、慧炬院、上清宮、太清宮、神清宮、碧霞宮、大嶗觀、上下宮、太平宮、華樓宮、天戒寺、岩谷寺、華嚴庵、紅門寺、淮涉寺、無錫宮、天后宮、焦山寺、金山寺、勞山僧寺、慈濟寺等佛道聖地，感受佛道文化，創作了大量遊覽詩，如藍田的《宿巨峰白雲洞》、《宿勞山僧寺》，藍再茂的《宿容堂上人禪房》、《秋日禪院偶成》，藍中瑋的《神清宮》等，這些詩歌在對美景的描繪中，常生發出脫塵之想，而且多玄語妙思。

其次，提高了藍氏族人詩歌的藝術水平。在佛道文化潛移默化的影響下，即墨藍氏族人的詩歌創作無論是意象的運用，還是情感的表達，都深受佛道文化的影響，充滿濃鬱的佛道氣息。尤其是在詩歌的意境的營造方面，普遍表現出高超的藝術水平。如藍史孫《村居》、藍潤的《真我》《妄念》、藍啓肅

《秋夜不寐和呂西來韻》等詩歌彌漫著佛道氣息，往往通過對事物環境的細緻描繪，以生動的語言，營造出一個個寧靜、平和、悠遠的境界，極大地提高了藍氏家族詩歌的藝術水平。

另一方面，對即墨藍氏族人生活和思想影響：在佛道文化的影響下，即墨藍氏族人多安貧樂道，淡薄功名，性格飄逸放達，普遍存在隱逸思想傾向。主要表現在三個方面：

首先，熱情謳歌田園生活。即墨藍氏家族耕讀持家，不僅大部分族人要依靠農耕維持生計，就是在科宦方面有所成就的族人，通常也難以完全擺脫農耕生活。因此，農耕田園生活成為絕大多是藍氏族人的主要生活方式。但是，在即墨藍氏族人的詩歌中，我們看到的不是農耕生活的艱辛和田園生活的單調，而是田園生活的平靜、祥和、愜意。如藍田晚年耕讀持家，詩歌中不乏有描寫詩人從事農業勞動的內容，如《寫懷次膠西欒簡齋侍御韻》：

> 少勞山人拙且愚，有園三畝郭之西。
> 朝朝抱甕灌白菜，喜見一尺青玻璃。
> 人生一飽亦云足，況有床頭盈缶罍。
> 試看方丈萬錢者，何如簞瓢顏氏居。
> 菜根嚼出真滋味，拍手楚狂歌鳳兮。

詩歌前四句，詩人描述了自己勞作狀況和收穫的喜悅。詩人在城西三畝田園裏種上白菜，每天不辭勞苦進行澆灌，白菜長得旺盛，一棵棵一尺有餘，像青玻璃一樣，惹人喜愛。接下來四句，詩人由此抒發對生活的認識：詩人認為人活著能填飽肚子就足夠了，何況自己家中還有餘糧。同時認為住著高大房屋的有錢人，並不比像顏回那樣簞食瓢飲住陋室的生活自在、舒暢。最後兩句，詩人加以總結，認為生活雖然清苦，就像嚼菜根一樣，才能吃出真滋味，才可以像楚狂一樣可以自由的吟詠歌唱。整首詩歌語言淺顯，充滿著田園氣息。藍史孫的《村居》，藍潤的《正月廿日試犁》、《草堂落成二首》，藍啓肅的《新築草堂》、《過素軒叔園林二首》、《雨後東園小酌》、《閒居草堂燕集》等也都表現出對田園生活的熱情謳歌和讚美。究其原因，主要是詩人們或者遭遇科舉失敗，或者是仕途不順，或者家族遭遇不幸，或者個人生活坎坷，殘酷的現實使他們身心疲憊。在佛道隱逸出世思想引導下，他們回歸田園，在這種生活中安撫心靈，尋找平和、安靜的狀態。

其次，嚮往隱逸出世生活。嚮往隱逸出世生活，是即墨藍氏族人又一個

較為普遍的特徵。實際上，這是即墨藍氏族人在佛道文化影響下，面對生活的不幸與坎坷，而表達出的一種生活態度。如藍章《勞山》：「遙看山色層層碧，漸覺溪流汩汩深。匹馬逕尋蕭寺樹，老僧應識野人心。行云何意遮奇石，啼鳥多情和苦吟。不是將身許明代，便從逢子老山岑。」詩歌描繪了嶗山嫻靜悠然的景色，表達了詩人羨慕並嚮往逢子掛冠而去，隱居嶗山養志清修的悠閒生活。藍史孫的《登山》、藍困的《冬日書懷二首》《登樓看山》、藍中珪的《丁丑同劉錫賏遊華嚴庵》《西連臺》、藍橙的《華樓宮》也都表現出強烈的隱逸出世傾向。

再次，淡薄仕途功名利祿。即墨藍氏家族雖然注重科舉功名，積極開展家族教育，鼓勵子弟通過科舉走上仕途。但是，即墨藍氏家族大小官吏，亢直有節，心胸坦蕩，不阿權貴，不汲汲於功名。尤其在涉及到氣節和原則的重大問題上，不屈不撓，寧願丟官、被貶也不屈服、不讓步，並能泰然處之，表現出凌然的氣節和高尚的品格。如藍章因忤逆權閹劉瑾、蕭敬、廖堂而被貶官、功績不得盡錄，他坦然對待；藍田因逆鱗進諫而受廷杖，因彈劾權臣而遭誣陷免官，他歸園田居，整飭家族，教導子弟，與友人吟詠唱和，怡然自得；藍再茂為南皮令，有政聲，在吳橋兵變中多方周旋，保全南皮，卻遭誣陷被免職，他淡然處之。返歸故里後，「日攜諸父老優游宴集」。高爾儼《賀藍老父母初度序》也稱：「太翁（藍再茂）遂解組歸里，種樹蒔菊，盟鷗鷺而紉蘿薛，抽先人架上縹緗課子若孫，……時或倚杖橫門，……息影煙霞，望者以為飄飄神仙中人矣。」〔註 46〕臨淮令藍深，也因不願草菅人命討好上司而憤然辭職；藍潤曾官居從二品，遭誣陷不肯屈膝而落職。自言：「豈能屈膝下人喁喁作兒女態，麼此祿位哉！」

由此可見，即墨藍氏官員在仕途上表現出超常的坦蕩正直、淡泊名利，這不僅僅是受到齊魯文化的影響，更滲透著佛道文化出世思想的印跡。

4、藍氏家族對即墨佛教、道教貢獻

藍氏家族深受佛道思想影響，同時也為地方佛教與道教作出貢獻。自三世祖藍福盛開始，便有熱心佛道，捐財助資，修繕廟宇。王鴻儒《大明贈通議大夫南京刑部右侍郎藍公神道碑銘》稱藍福盛：「旁通方外之典，道宮佛舍，有以起廢，告者輒予金帛以助，若興國寺，公獨力成之，寺僧繪公像迄今奉

〔註46〕〔明〕藍再茂：《世鷹堂遺稿》，藍氏家印本，2014 年，第 42 頁。

事也。」並盛讚他「名僧佳客日相存，半山施予北海尊。」〔註47〕同時，除
了上文提及的詩歌作品外，藍氏族人所撰寫的史志、序文中保存了不少即墨
地區佛道兩教的史料。尤其是藍水《嶗山志》記載了諸多即墨地區佛教、道
教的人物事蹟、佛道建築。在佛道人物方面，《嶗山志・道》中記載了八位道
教人物：劉若拙、華蓋真人、丘處機、劉志堅、張三豐、邊永清、齊守本、
王生本。《嶗山志・佛》中記載了四位僧侶：釋德清、釋慈霑、釋寂瞳釋廣住
（女）、釋昌仁。此外《嶗山志・附道釋補遺小傳》又補充了與嶗山有關的各
代僧道十二人：唐道姜撫、孫曇，宋道甄棲珍，元道李志明、張志清、徐復
陽，明道李陽興、孫玄清、丁本無、劉貞潔、蔣清山。明釋海近。在佛道建
築方面，對聚仙宮、上清宮、明霞洞、太清宮，八仙墩、張仙塔、那羅延窟、
白雲洞、明道觀、華嚴寺、太平宮、塘子觀、修真庵、凝真觀、峽口廟、百
福庵、歇佛寺、通真宮、慧炬院、法海寺、神清宮、大嶗觀、蔚竹庵等進行
了詳細描述，並保存了一些佛寺、道觀發展演變的史料。如在《嶗山志・下
巨峰》中，藍水對即墨早期寺院建築鐵瓦殿作了記載。其文稱：「……危岩下，
柱礎林立者為鐵瓦殿故址，本名白雲庵，庵有二，上庵在慈光洞西，久圯，
原俱為僧居，明嘉靖間，道士李陽興得邑紳藍因相助，募捐改復鐵瓦，中祀
玉皇，名玉皇殿。瓦長三尺，上鑄施者姓名，殿於清康熙間毀於火」〔註48〕。
相傳，鐵瓦殿始建於唐代，原祀「三清」。明朝初年曾為佛剎，明正德六年
（1512年）及明嘉靖二十七年（1549年）重修時，均有石刻記載。明嘉靖後
期，全真道教後人又在白雲庵下方增修玉皇殿三楹，因以南方化緣精鑄的「鐵
瓦」覆蓋在廟宇的屋頂，故又名「鐵瓦殿」。文中對「鐵瓦殿」的建造位置、
主要建築、發展演變等作了較為詳細的記載，成為即墨地方佛教、道教的珍
貴史料。

〔註47〕〔明〕王鴻儒：《大明贈通議大夫南京刑部右侍郎藍公神道碑銘》，藍潤《餘
　　　　澤錄》，順治十六年，藍氏家刻本，卷一，第2頁。
〔註48〕藍水：《下巨峰》，《嶗山志》，藍氏家印本，1996年，第43頁。

第四章　即墨藍氏家族的文化成就（上）

　　文化是一種社會現象，是指一個國家、民族或家族的歷史發展、傳統習俗、生活方式、文學藝術、行為規範、思維方式、價值觀念等。它是社會發展的產物，也是社會發展的優秀成果。即墨藍氏家族歷史悠久，文化積澱深厚，主要涵蓋了家族文學成就、書畫成就、教育成就、文獻成就諸多方面的文化成果。

第一節　即墨藍氏家族的文學成就

　　明清兩朝，是我國文學史上又一個輝煌的歷史時期。在全國文學發展的浪潮中，即墨藍氏家族五世祖藍章打破家族文學創作零基礎的局面，開啓了家族文學創作的端倪，並取得了重要成就。繼而藍章之子藍田、藍困、藍因三兄弟皆以文學見長，被譽爲「藍氏三鳳」，他們與父親藍章一起創造了即墨藍氏家族文學創作的第一次高峰。在此後數百年間，即墨藍氏家族堅持詩書傳家，培養了一支優秀的家族作家隊伍，創作了豐富的文學作品，實現了家族文學的持續發展。直至清代末年，即墨藍氏家族文學創作仍綿延不絕，前後持續四百餘年。

一、即墨藍氏家族文學發展的歷史背景

　　明清兩朝，即墨藍氏家族實現了家族文學零的突破，並取得輝煌成就，以及形成家族文學特有的風格特徵，這與山左〔註1〕文學整體繁榮及即墨地

〔註1〕山左是山東省舊時的別稱。

方文學的迅速發展以及「黃培詩案」的深遠影響有著密切聯繫。

（一）山左文學的整體繁榮

明代以來，山左文學，尤其是山左詩歌創作空前繁榮。一時間詩派蜂起，名家輩出。七子詩社、海洋詩社、萊陽邑社、丈石詩社、從社、山左大社、海岱詩社等如雨後春筍般湧現。明代前七子中的邊貢，後七子中的李攀龍、謝榛，明代散曲第一人馮惟敏等，均出自山左而享譽文壇。晚明的公鼐、于慎行、馮琦等，也都是山左地區著名的詩人，他們三人均為館閣重臣，主張宏大雅正，闊音鳴世，巧奪自然的詩歌創作風格，詩文、學問冠名山左，三人並稱「山左三大家」。他們的詩歌創作和文學主張對晚明文風、詩風產生了很大影響。

清代康熙以來，新城王士禎繼歷城李攀龍之後主盟海內，山左地區更是詩歌創作繁榮，詩人輩出。除王士禎外，趙執信、宋琬都是各樹一幟的優秀詩人。一時間，山左地區成為清初詩歌創作的重鎮，在清初詩文六家之選或是四家之選中，均占半壁江山。清程國仁在《竹石居稿》序中云：「本朝詩法自濟南歷下主盟百餘年來，學者宗之，以故齊魯間多詩人。」〔註2〕山左文學的繁榮地帶主要集中在政治文化中心的濟南府、青州府、兗州府、東昌府以及膠東半島的登州府、萊州府。根據柯愈春《清人詩文集作者總目提要》和李靈年、楊忠主編的《清人別集總目》，尹奎英在碩士論文中對清代山東各府縣詩文集作者的地理空間分佈進行了統計：濟南府詩文集作者最多，有246人；萊州府，215人；青州府197人；登州府119人；兗州府99人。清代山東詩文集作者分佈最多的12個城市，分別是諸城81人，歷城78人，高密64人，曲阜64人，濰縣44人，即墨40人，益都36人，淄博36人，德州35人，濟寧34人，安丘33人，膠州31人，萊陽29人，披縣29人。〔註3〕尤其是萊州府下轄二州五縣（平度州、膠州、披縣、即墨、高密、濰縣、昌邑）及登州的萊陽逐漸成長為新興的文化區，詩文創作呈現出繁榮的景象，在山左有後來居上之勢。李伯齊先生《山東文學史論》分析到：「從作家的分佈看，唐宋以前登萊以詩文知名的作家不足20人。而明清時期則有150餘人，幾乎占當時山東作家的五分之一。其中濰縣、萊州、膠州、高密、披縣等地作家

〔註2〕 王蕊：《齊魯家族聚落與文化變遷》，齊魯書社，2008年，第145～146頁。
〔註3〕 韓梅：《明清山左即墨地區望族文化與詩歌研究》，山東大學博士論文，第2頁引尹奎英《清代山東詩文集研究》。

較爲集中。萊陽宋氏，膠州高氏、柯氏，即墨藍氏、楊氏，高密李氏，掖縣毛氏，海洋鞠氏等，也都是延續幾代的文化家族。」〔註4〕

可見，明清時代山東地區文學繁榮，而詩學尤盛。即墨藍氏家族文學，正是在山左文學整體繁榮的文化背景帶動和影響下，形成的一股富有生機和特色的文學創作力量。

（二）即墨文學的迅速發展

雖然司馬遷曾說：「夫齊、魯之間於文學，自古以來其天性也」（《史記·儒林列傳》），但是即墨地區所隸屬的萊州府，乃至於近鄰青州府的文學積澱並不深厚。張彤序《掖詩採錄》稱：「青萊自禹貢作牧，聲教已訖，風謠之作，肇見於春秋，萊人之歌泊後文獻無徵。在唐以詩明者惟王仲列，金則劉無黨，若宋之王定民見稱於東坡，而求其詞翰則渺不可得。」〔註5〕尤其是即墨地區，「人尤樸魯，故特少文藝」〔註6〕。周掄文《即墨詩乘》跋曰：「夫即墨自前漢來，鴻儒迭出，宜多風雅。顧薤露蒿里，未便冠首，訓虎乳雀，不紀其文，詠勞山，唐則出自青蓮，賦田單，宋則出自介甫，而本邑獨不存片言隻字。標人物而光山川，元僅餘朱公數絕而已，覽者其有思乎。」〔註7〕可見，明代之前，整個即墨地區的文學創作幾乎是零基礎。

自明代中葉到清末的三百多年間，即墨地區家族崛起，科甲蟬聯，文人輩出，著作層出，形成了一個空前的文學繁榮時期。同治版《即墨縣志》收錄這一時期即墨人的各種著述215種，至少有698卷。《即墨詩乘》輯錄了251人的1198首詩作；《嶗山詩乘》編集了123人的2684首詩作。藍章的《八陣合變圖說》、藍田的《北泉集》、王邦直的《律呂正聲》、周如砥的《青黎館集》、藍潤的《聿修堂集》及郭琇的《華野疏稿》被收錄於《四庫全書》、《四庫全書存目叢書》等叢書之中。

即墨藍氏家族的文學，正是在即墨地區文學創作的大潮中發展起來，並成爲即墨文學大潮中一股重要的力量。

（三）「黃培詩案」的深遠影響

在整理和研究藍氏家族文學成果的過程中，我們會發現一個比較奇怪的

〔註4〕 李伯齊：《山東文學史論》，齊魯詩社，2003年，第315頁。
〔註5〕 〔清〕張彤：《掖詩採錄》，清嘉慶十二年刻本。
〔註6〕 〔清〕林溥：《即墨縣志》，成文出版社，民國六十五年影印本，第115頁。
〔註7〕 〔清〕周掄文：《即墨詩乘》，道光庚子年（1840），卷十二，第35頁。

現象，那就是在藍氏家族這樣一個擁有四十餘人的創作隊伍，儘管詩歌大量散佚但仍存留兩千餘首詩歌的文化世家的詩歌作品中（尤其是入清以來的詩歌作品），我們很難找到關涉政治生活、反映社會現實、揭露階級矛盾的詩歌作品。藍氏族人的詩歌作品只涉及私人生活領域，圍繞詩人自己的生活、交遊、體驗，寫景記事，描物造境，抒發性靈。做到了不談國事，不談民生，不臧否時政，不推行說教，沒有政治功利目的。為什麼會出現這種現象呢？這與一件重要的歷史事件有著密不可分的聯繫。這個歷史事件便是──「黃培詩案」。

明亡後，作為復社分支，山左大社繼續勇扛義幟，開展反清活動。清代著名學者張爾岐稱：「當明之亡，名士標置社會，山東名士與復社者九十餘人。」〔註8〕其中萊陽宋繼澄為山左大社主要領導者。順治九年（1652），宋繼澄設教於即墨，與即墨黃姓、藍姓諸望族文人，在玉蕊樓結為詩社，相互唱和。黃培、黃坦、黃坥以及藍氏家族藍啓華、藍啓蕊兄弟，積極參與詩社活動，進行詩歌創作。尤其是黃培，因所作詩如「一自蕉符紛海上，更無日月照山東」、「殺盡樓蘭未肯歸，還將鐵騎人金徽」、「平沙一望無煙火，惟見哀鴻自北飛」，反映出反清的民族思想而被人告發，致使數百人受到牽連，釀成了清初北方最大文字獄案──「黃培詩案」。該案歷時四年，牽涉縣、州、府、省四級衙門，共計217人受到牽連。最終，該案以即墨詩人黃培被斬首而告終。「黃培詩案」作為清初北方文字獄大案，是清廷對山東地區進行思想鉗制、加強文化管理的重要舉措，對山左文學創作產生重要影響。尤其是即墨地區，作為「黃培詩案」的事發地，整個詩壇籠罩在文化高壓之下。在此後的很長一段時間內，即墨詩壇一片沈寂。後來，文人才逐漸開始創作活動。藍氏家族的藍啓肅便是詩案後積極開展詩歌創作的先行者和實踐者之一。不過，他們的詩歌創作無論是從思想上、內容上，還是形式上都有深刻的變化，形成了我們看到的「不談國事，不談民生，不臧否時政，將詩歌創作轉向個人世界」的創作風格。也正是這種文學創作的風格，使得藍氏族人的文學創作，更注重寫景抒情，挖掘詩人內心世界，抒發詩人的生活體驗；更注重意境營造、語言的錘鍊和修辭的運用。這種風格在藍田、藍啓肅、藍啓華、藍啓藥等人的詩歌作品中運用得最為充分。這種風格也作為一種傳統，一直影響著藍氏家族的文學創作。

〔註8〕〔清〕張爾岐：《蒿庵集》，齊魯書社，1991年，第179頁。

二、即墨藍氏家族文學的發展階段

明清即墨藍氏家族文學創作從五世祖藍章起，至清代末年第十九世藍仁玠等止，凡經十五代，歷時四百餘年，湧現出近百位家族文人，創作文學作品一百三十餘卷。期間，即墨藍氏家族文學既有繁榮，也有低谷，但文學創作綿延不絕。劃分起來，主要經歷了文學繁榮期、文學低迷期、文學復興期和文學衰落期四個階段。現分四個階段，簡要概括即墨藍氏家族文學階段發展特點及相關文人、作品概況，不作深入分析。

（一）文學繁榮期

即墨藍氏家族以農耕起家，一世祖、二世祖只是普通農夫，沒有讀過書，更談不上進行文學創作。三世祖、四世祖時期，政府重視文教，廣開科舉門路，爲普通地主乃至農耕家族發跡提供機遇。三世祖、四世祖開始讀書，已能略通文史，但並沒有文學創作行爲。至五世祖藍章時，伴隨著家族科舉的成功，即墨藍氏家族文學創作活動拉開序幕，並形成了以藍章、藍田父子爲主的五世、六世、七世三代人的家族文學創作隊伍，創造了即墨藍氏家族文學的首度繁榮。

這一時期，即墨藍氏家族文人雖然數量不多，僅有藍章、藍田、藍困、藍因、藍柱孫、藍史孫六人，但他們均以文學見長。尤其是藍章及其三個兒子藍田、藍困、藍因，更是成就卓越，聲名顯赫。由於藍章（五世）、藍田（六世）二人作爲家族代表人物，後面有專節論述，在此不再贅述。

六世：藍困、藍因

藍章有三子：長子藍田，次子藍困，三子藍因。清宋弼《山左明詩鈔》中稱三人：「皆擅才，譽有『藍氏三鳳』之目」〔註9〕。藍啓蕭《書錄先京兆公詩卷後》中稱：「京兆公（藍因）爲先司寇季子，先侍御季弟也，習父兄赫煊之餘，而能以詩文自勵，卓有文名，與明經巨峰公爲藍氏三鳳，洵不誣云。」民國二十七年藍氏家印本《北泉集》（附《南泉遺詩》）中也稱：「藍困，明貢生。康對山先生撰東泉序有云：北泉侍御與弟深甫、徵甫皆擅才譽，能文詞，人或擬爲藍氏三鳳。」

藍困，字深甫，號南泉，又號巨峰，明選貢生。善詩，著有《巨峰詩集》

〔註9〕　〔清〕宋弼編：《山左明詩鈔》，《山東文獻集成》第一輯第 40 冊，山東大學出版社，2006 年，第 542 頁。

一卷。現有藍氏家藏鈔本，存詩22首。其中五言律詩8首，七言律詩13首，七言絕句1首。清人宋弼所編《山左明詩鈔》收錄其《秋日》2首，清人周翕鑽《即墨詩乘》收錄其《秋日》（其二）及《題畫》。

藍困的詩歌存世數量不多，主要描繪家鄉的優美景色和詩人安適而清貧的生活。即墨地區依山臨水，景色秀美。在藍困的作品中，相當一部分詩歌是描繪即墨地區的優美景色，其中不乏經典之句。如《春山》中有「蘭芷風微香野澗，松篁日暖醉村鄰」之句，詩人以蘭芷、松篁野澗「村鄰」等入詩，「風微」、「日暖」恰當抓住春天的特徵，而以「香」和「醉」兩詞畫龍點睛，兩句詩對仗工勻，意境超然，極其準確細膩的描寫出春山優美與寧靜。又如《秋日五首》之二：「野蔓蕭疏綠，霜林寂寞紅。殘蟬鳴向日，孤雁落因風。張翰思吳下，杜陵悲蜀中。閒吟佳興足，莫笑一囊空」，詩人通過對楓葉、野蔓殘蟬孤雁霜葉的描寫，詩人不僅寫出了秋天蕭瑟、蒼涼，同時「張翰思吳下，杜陵悲蜀中」增加了詩歌的歷史內涵。最後，詩人抒發了自己甘於清貧、淡薄名利的思想。整首詩通過描寫自然景觀、借助歷史典故，抒發詩人的思想。

而在《陰雪二首》中，詩人在描繪多景的同時，更多地描寫了自己的生活艱辛：

> 朔風剪歲寒，凍雨半成雪。空齋效鵝蹲，破壁聞鼠齧。
> 床頭擁薄裘，窗影照明滅。潦倒澥東生，掩卷心愁絕。
> 自笑腹便便，不救寒烈烈。呵筆寫新詩，羞向山妻說。
> 窗下熒殘燈，簷外點輕雪。空有半床書，未為蠹魚醬。
> 短髮不勝簪，機心久矣滅。夜寒更且長，有夢驚奇絕。
> 如在冰盤中，偶覺風颸烈。世味同梅清，莫對俗客說。

藍困科舉不順，一生未仕，生活比較清苦。在這兩首詩歌中，我們可以清晰地看到詩人貧寒困頓的生活狀況。風雪交加的寒冬之夜，詩人貧困潦倒，破壁再遭鼠齧，殘燈明滅，被薄難當嚴寒，更顯的寒夜漫漫，詩人效鵝蹲而取暖，儘管詩人豁達樂觀，能笑腹便便，可終究擋不住烈烈的寒風，終究要面對困苦的生活現實。詩人「潦倒澥東生，掩卷心愁絕」的詩句，極其細緻形象地寫出了詩人的真實生活和思想。

由於生活清貧，無緣仕途，所以詩人的思想中超脫、放達的佛老思想不時閃現，如《秋日五首》（之四）「西風吹破帽，笑我鬢蒼蒼」，《秋日五首》（之

五）「閒作黃花主，狂爲綠蟻魔。疏林應笑我，終日杖藜過」，（北泉試舟和韻吳體二首其一）「五柳先生貧自樂，浣花主人老更狂」，（北泉試舟和韻吳體二首其二）「不妨對酒坐終日，一日須傾三百觴」，（午日）「垂帷侍坐詠騷閣，展卷聽評漁父篇」等。

藍困詩歌雖然數量不多，但皆是精心之作。無論是格律、語言還是思想、意境都堪稱上乘，作品含義雋永，特色鮮明，耐人細細品味。首先，擅長運用對仗。藍困現存二十一首詩歌，幾乎每首都有對仗句式，而且對仗工勻；其次，語言洗練、精確。尤其擅長運用點睛之筆。如在「野蔓蕭疏綠，霜林寂寞紅」（秋日五首之二）、「白雲封遠岫，碧澗響青流」（秋日五首之三）、「郭外青山近，嵐光秋更多」（秋日五首之五）、「浪花中躍錦鱗出，石磧畔飛沙鳥驚」（捕魚）中，詩人準確地運用「蕭疏」、「寂寞」、「封」、「響」、「近」、「多」等詞語，可謂點鐵成金，生動靈活，使詩歌頓時增色。

藍因，字徵甫，號東泉，藍章第三子。著有《京兆詩集》一卷。現存家藏鈔本，有詩歌 20 首。其中五言律詩 9 首，七言律詩 7 首，七言絕句 4 首。《山左明詩鈔》收錄 2 首：《江上晚懷》和《天戒寺石村憲長邀飲和壁間韻》。《即墨詩乘》收錄其詩歌四首：《赤壁和邵前川憲副席上韻》、《金山寺》、《東園清風亭》、《嚴谷寺賞紅梅》。

藍因早年因父蔭踏上仕途，一生比較順達，生活條件比較優越。他喜好交遊，愛好收藏，書畫、名帖無不搜羅，尤愛美石。藍田在《祭季弟通判東泉徵甫氏文》中稱：「惟弟平時酷嗜於石，先廬別業精葺堂宇以遊以息，與石爲伍。蓋淪於渤海、太湖之濱，或委於羅浮天竺之麓，列之臺樹，置之盆盎。富哉石乎，累累而聚高者僅數仞，重者殆千鈞，……蓋不出戶庭而仙山靈嶽，福地洞天盡在於此矣。明窗淨几，左右相映者，又有法帖、名畫、舊琴、瓦硯、周彝、漢鼎、玉軸、牙籤，賞鑒批閱，殆望飲食，吾弟所學之清一時所未有也。」〔註10〕

由於條件優渥，生活閒適，所以藍因的詩歌以遊覽詩、唱和詩和贈別詩爲主。遊覽詩如《金山寺》、《同趙鷺洲方伯遊報恩寺》，唱和詩如《東麓亭和陳竹莊主政韻》、《赤壁和邵前川憲副席上韻》、《天戒寺石村憲長邀飲和壁間韻》等，贈別詩如《送張子南還歸省》、《贈周總兵提督登州營》、《臨別周總

〔註10〕　〔明〕藍田：《祭季弟通判東泉徵甫氏文》，《北泉集》，藍氏家印本，民國二十七年，第 49 頁。

戎索予題扇次前韻》等。藍因的詩歌，完全沒有藍囷詩歌的愁苦、悲涼，他的詩歌語言清新，節奏明快，風格淡雅，處處洋溢著輕鬆歡快的氣息。如《東園清風亭》：「愛爾東園久，危亭今始過。團牆盤古木，貼沼見新荷。高誼才相共，扁舟奈別何。西山餘落日，把酒各狂歌。」即便是抒發傷感，如「野寺遭風雨，淙淙月未晴。寂寥孤客耳，愁歎萬家聲」（辭平川大巡至白雪寺阻雨）、「遊人自怕黃昏笛，吹破愁城淚點多」（江上晚懷），也總是淡淡哀而不傷，愁而不苦，詩風淡雅平和。

七世：藍柱孫、藍史孫

藍田有二子，即嗣子藍柱孫，子藍史孫。二人均博學能文，惜皆英年早逝。雖留存作品數量不多，但各有詩集存世，可見其詩文創作的梗概。

藍柱孫，原名葵，號少泉，明選貢生。著有《少泉遺詩》，現有藍氏家藏鈔本，存詩歌 15 首：古體詩 3 首，七言律詩 2 首，五言絕句 4 首，七言絕句 6 首。《山左明詩鈔》收錄詩歌 3 首：《題畫》、《即景》、《題題金主出獵圖》。《即墨詩乘》收錄其詩歌 6 首：《即景》（2 首），《題畫》（4 首）。

藍柱孫長於寫景，其僅存的十五首詩歌中，《即景》2 首、《四景》4 首，另外題畫 4 首均是描寫景物的詩作。其中《即景二首》其一：「江上潮平春日斜，潮痕淺落白鷗沙。船頭坐到無人處，燕子飛來銜落花。」寥寥數語便描繪出春日傍晚，潮水退卻江面的寧靜祥和，其詩歌語言清新、自然，詩境淡遠、平和。

藍柱孫在詩歌中，對當時的社會矛盾有一定的反映。其中《感時》，就是其中具有代表性的一首：「沽尤水〔註11〕涸鰲山禿，無草無蝦易斗穀。班匠〔註12〕未了民兵來，催科見肉猶鞭扑。三三兩兩逃谷中，又聞派租吞聲哭。」詩歌描寫了賦稅重壓下百姓的艱苦生活：沽尤水乾涸了，沒了魚蝦；鰲山變得光禿禿的，沒了草木；老百姓沒有收成，生活沒了著落。但朝廷不但不體恤民情，反而變本加厲，代役金還沒交上，催繳租稅的官差又來了，交不上租稅便遭受鞭扑。不堪重負的百姓紛紛逃往山裏避難，但又聽說山裏也逃避不了稅賦，這讓他們走投無路，欲哭無淚。這首詩歌具有較強的現實意義，是即墨藍氏家族詩歌作品中為數極少的反映現實社會矛盾、針砭時弊的作品

〔註11〕 昔稱沽水，又稱尤水，由多條支流匯聚而成，流域包括萊西、即墨、平度、膠州等地，南流入膠州灣。

〔註12〕 指班匠銀，是明朝對工匠徵收的代役金。

之一。

藍史孫（1527～1560），字汝直，號守泉，明太學生。他整理家族文獻，編輯《四朝恩命錄》（未完成），已散佚。著有《守泉詩集》，現存藍氏家藏鈔本，有詩歌 26 首：五言律詩 9 首，七言律詩 7 首，五言絕句 4 首，七言絕句 6 首。《即墨詩乘》收錄其詩歌 4 首：《中秋夜》（2 首）、《晚歲》、《題畫》。《山左明詩鈔》收錄其詩歌 5 首：《歲晚》、《登山》、《北泉雜詠》、《中秋夜》、《題畫》。《即墨縣志》藝文收錄《淮涉寺》1 首。

藍史孫的詩歌，多取材田園風光、平常生活，他善於運用樸素的語言、白描的手法描繪景物，喜歡直率地抒寫個人感情和生活體驗，引導讀者走進詩人所營造的意境中，去體味其中悠然沖淡的情致。如藍史孫的《漁家》等都是這類的代表性作品。

（二）文學低迷期

即墨藍氏家族第七代藍柱孫、藍史孫的英年早逝，造成藍氏家族人才中斷，使藍氏家族由高度繁榮狀態迅速進入了中衰時期。家族中衰，帶來了即墨藍氏家族文學創作的中衰。即墨藍氏家族第八世，文學成就不高，僅有藍思繼撰寫了幾篇應用性文章。藍思繼的這幾篇文章，雖然文學性不強，卻是不可多得的家族史料。

八世：藍思繼

藍思繼，號述泉，藍史孫次子。藍思繼的作品有限，僅在藍氏家族文獻中存有幾篇文章。其中《書〈四朝恩命錄〉後》是重要的一篇。即墨藍氏家族五世祖藍章、六世祖藍田成就輝煌，創作了家族發展的高潮，屢受當朝封賞。但在藍田去世後，即墨藍氏家族文獻散佚嚴重，藍史孫曾對父祖所受朝廷封賞相關文獻加以整理，並命名爲《四朝恩命錄》，可惜未竟而卒。藍思繼與其兄藍思紹，繼承父親遺志，加以整理刻印，完成《四朝恩命錄》，並撰寫了《書〈四朝恩命錄〉後》，對《四朝恩命錄》成書、目的及主要內容作了簡要記述，是即墨藍氏家族的一篇重要家族文獻。

另外，藍思繼尚有《爲蒙恩優恤詞》、《爲祈恩俯賜除豁塋地詞》、《爲比例乞恩復除塋地稅詞》、《爲乞恩復賜除豁塋地詞》和《爲比例乞恩優恤詞》五篇文章。這些文章是藍思繼呈報即墨縣衙重申除豁塋地稅糧，照例優恤子孫，免僉收頭大戶雜泛，差派看守墳墓、時供祭掃等權利的公文。雖然這些文章文學性不強，但卻較爲詳細地記載了即墨藍氏家族享受的地方優撫政

策，也是即墨藍氏家族的重要文獻。

（三）文學復興期

即墨藍氏家族文學創作，經歷了第八世的短暫低迷期後，從第九世至十三世，進入了復興期。這也是繼藍章、「藍氏三鳳」父子之後，即墨藍氏家族文學創作的又一高峰期。據《即墨藍氏族譜》記載，這一時期藍氏家族從事文學創作的有二十六人：藍再茂、藍深、藍潤、藍漪、藍泜、藍泆、藍湄、藍溥、藍啓蕊、藍啓亮、藍啓肅、藍啓華、藍啓延、藍重祜、藍重轂、藍重蕃、藍昌後、藍昌倫、藍昌煜、藍中璥、藍中璨、藍中瑋、藍中琮、藍中珪、藍中高、藍中昱。其中以藍再茂、藍潤、藍湄、藍啓肅、藍啓華、藍啓蕊、藍昌倫、藍中珪、藍中高、藍中瑋等爲代表；詩文作品共計六十六卷（另撰修藍氏族譜二部），其中藍潤《聿修堂集》載入《四庫全書存目叢書》集部，藍啓肅《清貽居集》後爲《續修四庫全書》收錄。藍湄《素軒詩集》、藍啓蕊《逸筠軒詩集》、藍啓華《學步吟》、藍中高《海莊詩集》、藍中珪《紫雲閣詩》等在當時文壇上也都具有一定的影響。因藍再茂、藍潤、藍啓肅三人在第六章有專節論述，於茲不再贅述。

九世：藍再茂（略）

十世：藍潤（略）、藍湄、藍漪、藍泜、藍深、藍泆

藍湄，字伊水，號素軒，康熙己卯年（1699）歲貢生，官曲阜縣訓導。爲文古奧，詩則沖淡和雅，深爲宋澄嵐賞識，著有《素軒詩集》一卷。現有康熙年間，藍氏家族鈔本。卷首有藍重轂《素軒詩集序》，時間爲康熙乙酉年（1705）仲秋。2013 年，藍信寧在家藏鈔本的基礎上整理印發。該本收錄藍湄詩歌共 131 首：五言古篇 6 篇，五言律詩 79 首，七言律詩 29 首，五言絕句 6 首，七言絕句 10 首；詞 1 首。卷首有藍重轂的序言一篇。藍湄的詩歌被《即墨縣志》收錄 1 首：《山行》；《即墨詩乘》選錄 4 首：《聞雁》、《地僻》、《憶別》、《宿逸筠軒》；《國朝山左詩鈔》選錄《聞雁》（2 首）。

藍湄的詩歌內容豐富，包括曲阜任職期間詩歌、田園生活詩歌、師友唱和詩歌、人生體悟詩歌、遊覽觀光詩歌等。其詩歌以五言律詩見長，而其他諸體也各臻其妙。藍重轂在《素軒詩集》序言中稱：「吾族祖素軒公詩嘗見賞於宋澄嵐先生。澄嵐昌陽耆宿，倡明詩學。而公尤以五言近體見許，及今讀之，雍容而寬厚，沖淡而和雅，擬之於唐德乎初盛至七言律及古體各臻其

妙，曲阜諸作愈淡愈老」〔註13〕。

　　藍漪，藍世茂長子，字德充，號滄溟，明諸生。著有《耐寒齋詩稿》，現有藍氏家藏鈔本，共存詩歌26首：五言律詩9首，七言律詩6首，五言絕句5首，七言絕句6首。《即墨詩乘》收錄《靈巖望震澤》1首。

　　藍漪生活的時代，正處於明清交替之際，國家危亡，時局動盪。一方面，藍漪的詩歌中既有憂國憂民的情懷，又有奮發備戰的激情。如在與友人的贈別詩《贈楊晉生》：「際此艱危日，臨戎僅見君。欲寒群寇膽，先奮一人身。馬度千門月，戈揮萬里雲。功成草野望，誰與報高勳」中，詩人對國家危難，時事艱難深為憂慮。面對艱難的時事，希望友人能英勇鬥爭，保家衛國，表達了詩人責任意識和愛國情懷。在《送弟澄海守備金陵衛》中，同樣體現出詩人昂揚的鬥志，稱：「倚劍海波靜，揮戈江水平。願垂清白譽，不必說戎行。」另一方面，藍漪詩歌中既有詠史懷古的感慨，又有對民族英雄熱情謳歌。他的詠物懷古詩，如《姑蘇臺》、《采石磯望金陵》、《登虎丘塔望姑蘇臺舊址》、《詠岳武穆廟柏》。在《姑蘇臺》中有「當日風流帶笑看，美人花下意珊珊。於今花落人何處，滿地霜橫草木寒」之句，詩人通過對姑蘇臺的今昔的鮮明對比，表達了對歷史變遷，時代更迭的感歎，黍離之悲。其詩歌在抒發黍離之悲的同時，對忠臣良將進行了熱情謳歌，如《詠岳武穆廟柏》、《悼王御赤》、《悼左蘿石》。在《悼左蘿石》「社稷傾危見一人，中原天子已辭塵。金陵就道三千里，燕市停輦兩度春。形體雖銷新歲月，衣冠不改舊朝紳。臨刑屈膝猶南向，千古忠良弔漢臣」中，詩人高度讚揚了民族英雄左懋第不屈不撓的民族氣節和視死如歸的鬥爭精神。

　　此外，藍漪的詠物詩也頗有特色，如《詠水仙》：「名壓南江第一春，喜憑淨渚洗紅塵。花堆玉粟鳥偷眼，葉舞青萍魚逝蘋。風動含苞疑解語，霜偏弱體似依人。相期共作歲寒友，閱盡繁華溽素真」，詩歌用擬人手法生動形象地寫出了水仙形態、特徵，語言清新自然，詩風淡雅。

　　藍浤《射法》1卷，今佚；藍深《家訓》1卷，今佚；藍沐《詩稿》1卷，今存詩1首。

　　十一世：藍啟肅（略）、藍啟蕊、藍啟華、藍啟晃、藍啟亮、藍啟延

　　藍啟蕊，字子開，號元方，清諸生。以詩歌和書法見長，著有《逸筠軒

〔註13〕〔清〕藍重轂：《素軒詩集序》，《素軒詩集》，藍氏家印本，2013 年，第 1頁。

詩集》1 卷。其詩歌分別被地方志及各類詩集收錄:《即墨詩乘》選錄其詩歌
22 首,《即墨縣志》選錄其《天井山》1 首,《國朝山左詩鈔》選錄《出自城
東門》、《田家行》、《古詩》、《大明湖》4 首。現存藍氏家族十九世藍人玠手抄
本藍啓蕊詩集一冊。2013 年,藍氏家族第二十世藍信寧加以整理,編印了《逸
筠軒詩集》,這是目前收錄藍啓蕊詩歌最全的版本。藍信寧在《逸筠軒詩集序》
中稱:「受黃培文字獄」之累,啓藥公詩詞於時多毀,又歷經歲月境遷,今所
剩者無幾。幸民國間族伯仁玠抄錄啓藥公遺文尚存幾多,余檢點祖父藍水遺
卷,復輯其詩詞一二,得以編刊付梓。」〔註14〕該本收錄藍啓蕊詩歌四言古
篇 2 首,五言古篇 35 首,七言古詩 11 首,五言律篇 27 首,七言律篇 7 首,
五言絕句 12 首,七言絕句 16 首,共計 110 首。

藍啓蕊的詩歌,素以古雅清秀、韻味深遠著稱。宋繼澄對其詩歌大為讚
賞,曾親自為藍啓蕊的《逸筠軒詩集》作序,對其詩歌給予高度評價。

藍啓華,字子美,號季方,清諸生,著有《學步吟》1 卷、《餘堂集》4
卷、《白石居詩稿》。目前,《學步吟》有康熙癸卯年（1663）刻本,萊陽宋澄
嵐作序,高度評價了藍啓華的詩歌創作成就,稱:「藍季方年最少,以余與其
舅氏封岳（黃宗昌）日事倡和,奮然篤好,旬日中即具作者氣概,談言之下
輒多領悟,半歲來高深雅粹,凌時追古,所建之旗鼓未易當也。近體造盛唐,
古體亦駸駸欲求漢魏。吾以許之,人亦信之何其速成哉。以為詩有別才,固
有然者,以為非關學也,則非學無然矣。季方以其詩授梓,吾為之序如此。」
2013 年藍信寧重新整理編印了《學步吟》。卷首有《重刊學步吟序》、宋澄嵐
《學步吟序》。該書收錄藍啓華詩歌共計 109 首:五言古篇 7 首,七言古篇 3
首,五言律篇 57 首,七言律篇 12 首,五言絕句 8 首,七言絕句 22 首。卷尾
附藍啓華《餘堂集》（手抄本殘卷）。

藍啓華與藍啓蕊兄弟經常一起參與文學活動,與宋繼澄、宋璉過從甚密,
並參與了黃培丈石齋詩歌唱和,他們的交際範圍和詩歌內容基本一致。藍啓
華的詩歌兼備眾體,尤長於古體、近體。《即墨詩乘》收錄其詩歌 8 首,《國
朝山左詩鈔》收錄其詩歌 2 首。宋繼澄對藍啓華詩歌給予高度評價。他在《學
步吟序》中稱:「藍季方最少,以余與其舅氏封岳日事唱和,奮然篤好,旬日
中即具作者氣概,談言之下,輒多領悟,半歲來高深雅粹,凌時追古,所建

〔註14〕藍信寧:《新刊逸筠軒詩集序》,藍啓蕊《逸筠軒詩集》,藍氏家印本,2013
年,第 1 頁。

之旗鼓未易當也。近體造盛唐，古體亦駸駸欲求漢魏。」〔註15〕同時宋繼澄還對藍啓華的二十三首詩歌作了精到的點評：如評《閒詠》「作古體者惟季方近漢人」，評《感懷》「音節全乎漢，聲調全乎唐」，評《閨情》二首「妙作」，評《暮春別宋林寺表兄》「已居絕勝」，評《別離》「直爽」，評《宮詞》二首「絕佳」，評《寤寐》「古雅可愛」，評《紫騮馬》「占盛唐勝地」，評《塞下曲》「此作聲韻第一」，評《促織》二首「大家身份」，評《別林寺表兄》「絕勝」，評《又賦得子友舅深惜月如鉤句》「清切雅音」，評《春閨憶》「大好」，評《秋思》「妙」，評《邊庭四時怨》「四時怨可以爭勝前人」，評《折楊柳》「此首眞不可及」，評《秋閨怨》「是七言絕眼前第一人」。從中可見，宋繼澄對藍啓華的詩歌給予很高的評價。

另外，由於作品散佚嚴重，藍啓晃、藍啓亮、藍啓延三人著作存世數量極少，不足以窺視其文學成就，僅附錄於此。

藍啓晃，字復元，號惺菴，藍深嗣子（原爲藍潤次子，過繼給藍深爲子）。著有《文印堂語錄》，現存詩歌 3 首：《東莊亦園》、《靜思》、《雨中宿華樓》。

藍啓亮，字純元，號寅庵，廩生，蔭官貢生，著有《省可軒遺詩》一卷，現僅存詩歌 6 首：《贈吳采臣》、《寄徐方伯惺》、《贈高邑侯》、《送宋蒸翁之任廣平太守》、《懷舊二首》。

藍啓延，字益元，一字延陵，號退庵。著有《延陵文集》。現存詩歌 4 首：《祁山謁武后祠》、《醮使李公重建歷下亭徵詩因賦》、《詠山蘭》、《觀燕營巢》。

十二世：藍昌倫、藍重蕃、藍重祜、藍重穀、藍昌後、藍昌煜

藍昌倫，字斯廣，號彝庵。康熙丙申年（1716）歲貢生，官至壽張縣訓導，授修職佐郎，歿於官。即墨藍氏家乘記載，藍昌倫善吟詠，工文詞，而尤爲擅長繪畫，但傳者甚少。著有《靜愉齋詩草》。現存詩歌 14 首：古體詩 2 首，五律 9 首，七律 1 首，五絕 1 首，七絕 1 首。

另外，由於散佚嚴重，藍重蕃、藍重祜、藍重穀、藍昌後、藍昌煜五人作品存世數量極少，不足以窺視其文學成就，僅附錄於此。

藍重祜，字承錫，號淡成，又號蓬萊居士。廩貢生，正紅旗教習，考授

〔註15〕〔清〕宋繼澄：《學步吟序》，藍啓華《學步吟》，藍氏家印本，2013 年，第 2 頁。

知縣。著有《蓬萊遺詩》，現存七言律詩 2 首：《同潘明府登雲龍山步韻》、《孔讀秀子先生〈筆疇續語〉恭賦一律》。

藍重穀（1651～1724），字念貽，號息齋，清諸生。因兒子藍中玭贈堂邑縣訓導，享年七十四歲。藍重穀與同邑胡嶧陽相友善，諸城張雯稱其爲「有道仁人」。著有《即墨誌稿》六卷、《濠上雜著》1 卷、《餘澤續錄》2 卷。今僅存詩歌 2 首：《叔父（中翰公）新得佳石諸子君咸有贈詩命穀和之不敢辭則以俚言一律呈覽》、《和叔父（西和公）觀燕營巢韻》。

藍重蕃（1686～1762），字念宗，號半園，附監生。編修縣志、家乘，著有《東厓雜說》、《藍氏家乘》，今均已散佚。現存詩歌 1 首：《勉子孫》。

藍昌後，字斯貽，號西岩。康熙丁卯（1687 年）舉人，授文林郎，官德州學正，歿於官，宦績載《德州志》。著有《西岩遺詩》。現僅存五言律詩 1 首：《春初山遊》。

藍重煜，字憲武，諸生。著有《上錄詩草》一卷，現存詩歌 6 首：《磁州早發》、《雨窗閒眺》、《即事》、《七夕》、《憶家大人赴哈密軍》等。

十三世：藍中瑋、藍中珪、藍中高、藍中璨、藍中璈、藍中昱、藍中琮

藍中瑋，字奎葊，號墨溪山人，乾隆庚辰年（1760）歲貢生，著有《匣外集》一卷。2014 年，藍信寧在家抄本的基礎上，整理編印了藍中瑋《匣外集》。該書收錄了藍中瑋《匣外集自序》。在這篇序言中，藍中瑋集中闡述了自己對詩歌的見解。他說：「蓋考詩道之傳，忠孝二者而已矣，三百篇勿論已。歷漢魏以迄今茲，代有其人，非書破萬卷，不得爲詩人。即書破萬卷，亦非盡詩人。然則詩人，極耳目心思之用，成溫柔敦厚之教，豈徒事風雲月露，遂足稱一代詩人哉！」〔註16〕藍中瑋明確提出了詩歌創作，不能背離「忠孝」二字，強調了詩歌的教化作用。進一步指出，作爲詩人要博覽群書，不要僅僅流連於風花雪月，要力求實現詩歌的溫柔敦厚之教。同時，藍中瑋在序言中闡述了「詩窮而後工」的觀點。他說：「至於身丁喪亂，其鑱鏤哀怨之音，牢騷而不能遏，古今詩人，往往有此，此不惟其功力之深，才與學之富且厚，亦其人之志行存焉。故余知自量生平，未嘗肆力於詩也。然不平之鳴，豈盡能工，窮而後工，亦云詩人。」〔註17〕並以自身的經歷爲例，闡述了詩人的坎坷經歷對於增強詩歌的厚重感、深化詩歌的思想深度等方面的重

〔註16〕〔清〕藍中瑋：《匣外集》，藍氏家印本，2014 年，第 1 頁。
〔註17〕〔清〕藍中瑋：《匣外集》，藍氏家印本，2014 年，第 1 頁。

要作用。藍中瑋的這些觀點，不僅是他個人的詩歌創作的主張，也基本上是整個藍氏家族詩歌創作的指導思想。因此，可以說，藍中瑋的《匣外集自序》，是對即墨藍氏家族詩歌創作理論的高度概括，是一篇重要的詩歌創作的理論成果。

藍中瑋是一位高產詩人，藍信寧整理本《匣外集》共收錄他的詩歌 372首。從詩體上來看，涵蓋了五、七言古詩，五、七言律詩，五、七言絕句等。其中：五言古篇 57 首，七言古篇 70 首，五言律詩 44 首，五言排律 3首，七言律詩 88 首，五言絕句 23 首，七言絕句 87 首。從內容上來看，涵蓋了遊覽詩、交遊詩、閒適詩、悼亡詩、詠名勝詩、詠物詩、訓示詩、應酬詩等。遊覽詩，如《遊康成書院》、《山遊即事》、《早入天寧寺》、《宿嶗山慧炬院》；交遊詩，如《故人登第見過》、《贈王明府閒居》、《寄王生》、《寄山中友》；閒適詩，如《田園樂》；悼亡詩，如《憶亡友》、《哭老友王樹庵》；詠名勝詩，如《神清宮》、《大嶗觀》、《玉鱗口》、《上下宮》、《趵突泉》；詠物詩，如《盆梅》、《紅梅》、《詠鳥》、《詠燕》；訓示詩，如《新正示子侄》、《新正入學示諸生四首》、《訓女》；應酬詩，如《挽江母袁太君》、《賀江中通仲子新婚》等。

藍中珪，字汝封，乾隆庚子（1768）歲貢生，藍重蕃第四子，官至高苑縣訓導。著有《紫雲閣詩集》。有乾隆五十七年高苑縣學署刻本，今山東博物館有收藏。2012 年，藍信寧搜羅家藏抄本，整理出版了《紫雲閣詩》。篇首有藍信寧《重刊紫雲閣詩序》、清鞠懊的《紫雲閣詩序》，卷末附乾隆五十七年刻本影印件。該本共收錄藍中珪詩歌 168 首：五言古篇 21 首，七言古篇 10首，五言律篇 35 首，七言律詩 53 首，五言絕句 27 首，七言絕句 22 首；雜著 4 篇。《即墨詩乘》收錄藍中珪詩歌 4 首。

藍中珪詩文俱佳，尤其是詩歌創作方面成就更為突出。藍中珪命運多舛，生活坎坷。尤其是中年之後，境遇更是淒涼困頓。鞠懊《紫雲閣詩序》稱：「中年以還，遭際坎坷，幾無生人之樂，觸景傷懷，每有吐屬，如悲風蕭颯，冷雨悽楚，偶一展卷，輒為泣下。」〔註18〕多難的生活，使詩人對人生有著更為深刻的體悟。同時，藍中珪喜好交遊，曾與邑人郭廷翕等成立月社，吟詠不輟。藍信寧在《重刊紫雲閣詩序》中稱：「中珪公善文章，工詩賦，與邑內名士郭廷翕、郭炘、黃世宏、黃立世、黃植、周澤晉、周澤曾等結月社，互

〔註18〕〔清〕藍中珪：《紫雲閣詩》，藍氏家印本，2012 年，卷首。

有詩歌唱和。」〔註19〕因此，藍中珏的詩歌內容豐富，涵蓋詠史詩、詠物詩、遊覽詩、交遊詩、題畫詩、悼亡詩等。故而，鞠懊《紫雲閣詩序》稱藍中珏：「凡所經歷題詠頗富。」〔註20〕藍中珏詩體多樣，包含五言古篇、七言古篇、五言律詩、七言律詩、五言絕句、七言絕句等，尤其以古體詩歌見長。藍信寧在《重刊紫雲閣詩序》中又稱：「中珏公喜爲古體，文字簡練，詩尤溫醇可味。」〔註21〕

藍中高（1720～1778），字季登，號海莊，藍重蕃五子，乾隆癸酉年（1753）拔貢生，官至日照縣教諭，卒於官。著有《海莊詩集》一卷，《南遊草》一卷。現藍氏家族藏有藍中高清乾隆乙未年（1775）手抄本《海莊詩鈔》及其五世孫藍水手抄本《海莊詩集》。藍水《海莊詩集序》記述了藍中高詩歌的編排及收錄詩歌情況，稱：「家藏有乙未小春手抄《海莊集》一冊，按年編定，未分卷，起丙寅，終乙未，記二百餘首，茲全錄之，分上下卷。」〔註22〕2013 年，藍信寧重印《海莊詩集》。該本卷首有藍水《海莊詩集序》、藍信寧《重刊海莊詩集序》。共收錄藍中高詩歌 184 首：五言古詩 33 首，七言古詩 6 首，五言律篇 63 首（其中《春日有懷五首》，現僅存一首），七言律詩 41 首，五言絕句 4 首，七言絕句 37 首。《即墨詩乘》收錄 6 首，《國朝山左詩續鈔》收錄《晚過無錫》1 首。

另外，由於散佚嚴重，藍中璨等五人作品存世數量極少，不足以窺視其文學成就，僅附錄於此。

藍中璨，字璀玉，號芸圃，乾隆甲午（1774）貢生。著有《依雲居詩稿》，現存詩歌 4 首：《題解母楊太君節孝傳後》、《同人夜飲》、《贈友人》、《過馬鞍山》。

藍中璇《帶經堂詩》一卷已佚；藍中昱《文集》一卷，今佚；藍中琮《竹窗錄》一卷，已佚。

此外，本階段，藍中珏之妻宋氏，膠州貢生宋岳女。著有《詩稿》一卷。現僅存《挽郭冷亭夫人》1 首：「閨賢落落重西鄰，延貫聲同意轉親。爲賦哀蟬悲落葉，幾回踟躕最傷神。」表達了詩人與郭冷亭夫人之間的深厚友誼，以及失去摯友的無限哀傷。

〔註19〕〔清〕藍中珏：《紫雲閣詩》，藍氏家印本，2012 年，卷首。
〔註20〕〔清〕藍中珏：《紫雲閣詩》，藍氏家印本，2012 年，卷首。
〔註21〕〔清〕藍中珏：《紫雲閣詩》，藍氏家印本，2012 年，卷首。
〔註22〕藍水：《海莊詩集序》，《海莊詩集》，藍氏家印本，2013 年，第 1 頁。

（四）文學衰落期

即墨藍氏家族第十四至十九世時期，是藍氏家族文學創作的衰落期。據即墨藍氏族譜看，這一時期，即墨藍氏家族十四世藍順方等未見有作品存世，僅藍仕任之妻周氏存詩 1 首；十五至十九世藍榮煒、藍用和、藍均、藍曦、藍墱、藍璽、藍恒翥、藍恒矩、藍志藎、藍志芾、藍人鐸等 12 人有作品存世。作品共計 35 卷。但這一階段，即墨藍氏族人作品散佚情況最爲嚴重，藍均、藍曦、藍志蘊、藍志蕡等人作品幾乎喪失殆盡。僅有藍墱和藍恒矩作品存世數量較多，成就較高。

十四世：周氏（女）

周氏（女），歲貢藍仕任之妻，周來馨之女。著有《詩稿》一卷。現存詩歌一首《曉月》：「殘更初罷曉鐘鳴，弦影纖纖碧落横。已識薄光無朗照，漸從暗勢見餘明。蒼苔寂寞秋蛩急，寒浦荒涼宿雁驚。獨有深閨人憶遠，紗窗兀坐數歸程。」詩歌寫景抒情，通過描繪了曉月之下寧静、優美的景色，抒發了詩人憶遠思歸的情感。詩歌描寫細膩，語言清新，情感眞摯。

十五世：藍榮煒、藍用和

藍榮煒，字彤軒，清諸生。著有《芸窗閒吟》。現有藍氏家藏鈔本，存五律 5 首，七律 6 首，五絕 2 首，七絕 7 首，詞 2 首。

藍用和，字介軒，號長村，又號柳下居人。乾隆丙子年（1756）舉人，歷任齊河教諭、龍門縣知縣。爲官清正愛民，嘗平反冤獄，罰俸六月，以疾告歸，至無路費，紳耆義贐以金，乃得歸，著有《柳下文集》、《梅園遺詩》，《即墨縣志》有傳。《梅園遺詩》有藍氏家藏本。現存詩歌 53 首。《即墨詩乘》收錄 3 首：《月夜登齋外小峰》、《寄傅子時御》、《貽謀主人邀同博王二鴻臚遊東皐出城作》。

十六世：藍墱、藍均、藍曦

藍墱，清增生，字仙居，號小樓。著有《醉夢吟小草詩集》1 卷。現有藍氏家藏鈔本，存詩歌 51 首：五律 19 首，七律 9 首，五絕 4 首，七絕 19 首。其詩文，悱惻綿麗。

藍均，清附生，藍用和之子，著有《南溪詩草》1 卷。現有藍氏家藏鈔本，存詩歌 6 首：《鄉村道中》、《登舞旗埠有感步商民表兄原韻》、《七夕》、《溪上人家》、《春日閒吟》、《和景文叔夏日漫成》。其中五律 1 首，七律 1 首，五絕 1 首，七絕 3 首。

藍曦，清歲貢生，著有《文集》1卷，今已散佚。

十七世：藍恒翥、藍恒矩

藍恒翥，字翼文，號鳳池，清諸生，贈教諭，著有《菉猗亭詩草》1卷。現有藍氏家藏鈔本，存詩歌 19 首：五律 6 首，七律 2 首，五絕 4 首，七絕 7 首。

藍恒矩，清廩生，字子靜，清廩生，工書法，善詩賦，以教書爲業。著有《下車錄詩集》一卷。現有藍氏家藏鈔本，存詩歌 126 首。

十八世：藍志蘊、藍志莆、藍志賁

藍志蘊，字仲藻，號璞臣，光緒乙亥年恩科舉人，揀選知縣。著有《詩集》一卷。現存詩歌 2 首。

藍志莆，字健甫，光緒壬寅歲貢生，候選訓導，改指江蘇候補縣丞。著有《帶經堂詩草》。現存詩歌 11 首。

藍志賁，廩貢生，《醫學八法知新集》一卷，《四診新知合編》二卷，《醫案》一卷，《四診溫故合編》四卷。現均已散佚。

十九世：藍人鐸

藍人鐸，字振聲，鰲山衛廩貢生，試用教諭，例授修職郎，著有《詩集》一卷。現已散佚。

三、即墨藍氏家族文學創作的主要成就

從上文分析可見，在明清四百餘年間，即墨藍氏家族在文學方面的主要成就在於：培養了一批優秀家族文人；創作了大量高水平的文學作品；形成了鮮明的家族文學特色；幾度引領即墨文壇潮流，爲即墨文壇，乃至明清文壇注入一股清流。

（一）培養了一批出色的家族文人

即墨地區雖然歷史悠久，但其文學積澱薄弱，在一段很長時間內，其文學創作幾乎可以忽略不計。明清時期，即墨地區文學創作異軍突起，成爲齊魯地區文學創作的後起之秀。這其中，家族文人成爲文學創作的主體，尤其是即墨地區周、黃、藍、楊、郭五大家族是文學創作的主力軍。作爲即墨五大家族中發跡最早、持續最久的藍氏家族，培養了大批優秀的家族文人，成爲明清時期萊州府即墨地區最早以文學著稱的世家大族。從即墨藍氏家族文獻記載來看，藍氏家族一世藍文善、二世藍景初皆隱於農，藍氏三世祖藍福

盛、四世祖藍銅雖粗通文史，但都沒有文學創作活動。明清藍氏家族的文學創作，自明代中期五世祖藍章始，至清代末年十九世藍人鐸等止，持續時間長達四百餘年。期間，藍氏家族文學創作雖然經過高潮和低谷，但是持續發展，代不乏人，湧現出藍章、藍田、藍困、藍因、藍潤、藍啓肅、藍啓蕊、藍啓華、藍中高、藍中珪等爲代表的一百餘位家族文人。其中以藍章、藍田、藍潤、藍啓肅等最爲著名。邑人楊還吉在《勞山遺稿序》盛讚藍章：「惟不得已而有言，其言乃可傳，雖亡不亡也。讀《鹽政疏》，則黽菜之嘉謨也；序八陣圖，則方叔之壯猷也。題贈司寇碑陰，則瀧岡阡表也。雖哀集無多，而文辭燦如，其他詩歌亦並錄焉」。〔註23〕藍啓肅在《明少司寇兼御史中丞大勞山翁藍公年譜》評價藍章：「文章一規行正」。〔註24〕邑人楊還吉《重校北泉先生詩集序》中對藍田的文學成就和特色進行了總結：「即以詩論，明詩之盛，莫隆於嘉隆。嘉隆七子，尤推于鱗。先生語不經意而興象幽然。窺其意不有歷下，何論宗王。然後知其可傳者在此而不在彼也。」〔註25〕張鳳翔在《送即墨鄉進士藍玉甫氏下第東歸序》中稱藍田：「其爲詩，酷愛漢魏名作，而陶韋沈宋諸家擬之逼眞。其聲律也，清而婉典而奧出入少陵後山之間，而跌宕穎發有李之風焉。」〔註26〕對於藍啓肅文學成就，其子藍重蕃稱他：「文章詞賦援筆立就，下逮翰墨遊戲之藝，亦皆工絕，斯亦可謂淵源有素，不愧前人者矣。」〔註27〕由此可見，即墨藍氏家族文人不僅數量龐大，而且文學水平高、成就大，是一支出色的文學創作隊伍。

（二）創作了大量優秀的文學作品

即墨藍氏家族文學作品、著述共計 130 餘卷，包括詩詞、散文、學術著作等，可謂體裁多樣，內容豐富。藍信寧在《即墨藍氏詩乘序》中總結稱：「自明清至今，即墨藍氏善詩可考者有百餘人，四十餘人撰有著作，於詩文、地理、醫學、歷史等概有涉獵。」由於各種原因，即墨藍氏家族的文學作品大

〔註23〕〔清〕楊還吉：《勞山遺稿序》，《大嶗山人集》，藍氏家印本，1996 年，第 1 頁。

〔註24〕〔清〕藍啓肅：《清貽居集》，藍氏家印本，2012 年，第 105 頁。

〔註25〕〔清〕楊還吉：《重校北泉詩集序》，肖冰主編《藍田詩選》，青島出版社，1992 年，第 13 頁。

〔註26〕〔明〕張鳳翔：《送即墨鄉進士藍玉甫氏下第東歸序》，藍田《北泉集》，藍氏家印本，民國二十七年，第 3 頁。

〔註27〕〔清〕藍重蕃：《皇清鄉貢進士欽授內閣中書舍人先府君藍公行述》，《清貽居集》，藍氏家印本，2012 年，第 26 頁。

量流失：藍湄、藍中璈、藍中琮、藍中昱、藍志賁、藍曦等人作品全部丟失；藍洙《詩稿》1卷，現僅存詩歌《君馬黃》1首；藍啓晃《文印堂語錄》1卷，現存詩歌3首。文1篇，《義莊記》；藍啓亮《省可軒遺詩》1卷，現存詩歌6首；藍啓延《延陵文集》1卷，現存詩歌4首；藍重祐有《蓬萊遺詩》1卷，現存七言律詩2首；藍重穀今僅存詩歌3首。但整個家族現存詩歌仍有2215首，文章305篇。其中藍章的《八陣合變圖說》、藍田的《北泉集》被《四庫全書》等收錄，藍田的《藍御史集》十卷、《北泉草堂詩集》、《北泉文集》三種書被《四庫全書存目叢書》收錄，藍潤的《聿修堂集》被《四庫全書存目叢書》收錄，藍啓肅的《清貽居集》爲《續修四庫叢書》收錄。即墨地方縣志和各類文學作品選，也對即墨藍氏族人作品多有採擷：同治《即墨縣志》收錄藍氏的詩文就有22篇，著作27部。《即墨詩乘》收錄詩歌84首；《山左明詩鈔》選錄詩歌27首；《明詩紀事》、《國朝詩別裁集》也對即墨藍氏族人著作多有收錄。此外，藍啓華、藍啓蕊的文學成就也比較突出。明末清初萊陽名士宋繼澄對藍啓華倍加賞識，他曾藍啓華《學步吟》作序，高度評價，並對23首詩歌作了精到的點評。

（三）形成了特色鮮明的文學風格

即墨藍氏家族文學在長期發展過程中，遵循著藍氏家族獨特的創作傳統，形成了鮮明的家族文學特色。

1、從體裁上看

即墨藍氏家族文人作品，主要有詩歌、散文和詞等文學體裁。無論從創作的人員、作品數量，還是文學成就來看，成就最大的是詩歌，其次是散文，而詞和其他文學形式作品成就甚微。首先，就從事創作的人員來看，即墨藍氏家族從事文學創作的文人近百人，姓名可知的50人，有作品存世的42人。其中除藍思繼、藍溥外，40人有詩歌作品存世。但僅有20人撰寫過文章，目前只有10人有文章存世。而有詞創作的文人更是少得可憐，僅3人有詞作品存世；其次，就作品數量來看，上文提到即墨藍氏家族現存詩歌2215首，文章305篇，詞僅有8首；再次，從文學成就來看，即墨藍氏家族詩歌成就最大，尤其是藍章、藍田、藍潤、藍湄、藍啓肅、藍啓蕊、藍啓華成就突出，在即墨文壇，乃至明清文壇上都具有較大影響。而在散文方面的成就主要集中於藍章、藍田、藍潤3人，他們的文章內容豐富，語言凝練，文風典雅。而藍氏家族的詞作品數量極少，成就不高。

2、從內容上看

即墨藍氏家族的文學活動主要集中在詩文創作方面。詩歌用以描寫個人生活、抒發個人情感；而文章則用以上疏奏事、交遊書信、墓誌行述等爲主。在科舉興族的明清時期，即墨藍氏族人對詩歌創作重視不夠，將之視爲末技。藍章就曾教導兒子藍田：「丈夫生而當振拔流俗，雕蟲小藝，壯夫所恥，汝其勉之。」〔註28〕認爲詩文創作是個人的小事，是雕蟲小技，大丈夫應當重視通過科舉走上仕途。清人鞠懷在《紫雲閣詩序》中稱藍中珪：「凡所經歷題詠頗富，多散佚，不自收拾，蓋先生務實學，詩歌乃其餘技耳。」〔註29〕儘管即墨藍氏家族對文學創作重視不足，但是由於藍氏家族堅持詩書傳家，培養了眾多的文人，並且族人一直有吟詠唱和的傳統，故而即墨藍氏家族文學仍然能取得較高的成就。只是，就即墨藍氏族人創作來看，藍氏族人基本都將詩歌創作看成個人消遣活動，其文章也多是應用性較強的作品。詩歌內容包括描寫家鄉風物、遊覽名勝、記述生活、敍事抒情、詠史題物、交遊唱和等方面，主要圍繞著詩人個人生活和感情世界。在即墨藍氏家族詩歌中，我們幾乎看不到反映民生疾苦、揭露社會矛盾、抨擊時政得失的內容。以藍啓肅詩歌爲例，現存詩歌98首，其中與友人唱和詩歌45首，描寫家居生活的16首，敍事抒情15首，遊覽詩歌11首，另有少量的詠史題物詩歌。但是未見涉及社會問題的詩歌。即墨藍氏家族其他族人的詩歌創作也是如此。

從即墨藍氏族人的文章來看，現存的305篇文章：如藍章現存文章16篇：奏疏5篇，序1篇，家傳1篇，記6篇，墓誌銘3篇；據民國二十七年藍水整理印發的藍田《北泉集》中收錄藍田文章121篇：疏1篇，序言17篇，記11篇，帳詞7篇，行狀3篇，傳2篇，墓誌銘13篇，祭文10篇，雜文24篇，書33篇。另有佚文存目共計46篇：序16篇，表1篇，墓誌、銘、碑銘等9篇，頌1篇，題跋7篇，小傳1篇，書11篇。藍潤現存文章140篇：制草39篇，疏3篇，序17篇，引4篇，記10篇，檄文1篇，約1篇，墓誌3篇，傳1篇，銘10篇，祭文2篇，書啓27篇，家言22篇。從中可見，即墨藍氏族人文章，內容主要包括奏疏、信函、祭文、墓誌等，基本上是應用性文章，很少有寫景抒情等文學性較強的作品。

〔註28〕〔明〕藍思繼：《書先侍御集後》，藍潤《餘澤錄》，順治十六年，藍氏家刻本，卷三，第84頁。

〔註29〕〔清〕鞠懷：《紫雲閣詩序》，《紫雲閣詩》，藍氏家印本，2012年，卷首。

3、從語言上看

即墨藍氏族人的文章，語言凝練，風格典雅。詩文有的放矢，不發虛言。楊還吉稱讚藍章的文章：「自世之人獵取聲華，動以著傳爲先，然有之無能補，無之奚所損，雖不亡亡也。惟不得已而有言，其言乃可傳，雖亡不亡也。」〔註30〕張鳳翼在《送即墨鄉進士藍玉甫氏下第東歸序》中對藍田文章給予高度評價，稱：「至其製作文，則得左之瞻深，得莊之曠而典。而豪放瑰奇，如司馬子長、韓退之。隨其所感，而各出一機軸焉。固非規規行墨者。」《續修四庫全書總目提要》亦盛讚藍啓肅：「孝友足以維風，文章足以模世。」〔註31〕

（四）幾度引領即墨文學創作潮流

即墨藍氏家族，作爲即墨地區發跡最早的文化家族，藍氏族人藍章、藍田、藍啓肅等數次引領即墨地區文學創作的潮流。藍章作爲明清時期即墨五大家族的第一位進士，也是即墨地區文學創作最早的文人之一。他的文學創作，不僅開啓了即墨藍氏家族文學創作的傳統，對整個即墨地區的文學發展都具有重要影響。而藍田青出於藍，在文學創作方面成就更高。明代中葉，即墨地區詩壇冷落，藍田積極參與外地詩社，開展詩歌創作活動，在明中葉即墨詩壇上獨樹一幟。韓梅在博士論文《明清山左即墨地區望族文化與詩歌研究》中稱：「明中期的詩壇，藍田一枝獨秀，即墨本地稱得上結社唱和的活動基本沒有，詩人參與的是外地諸人所結之詩社。」〔註32〕而藍啓肅是「詩案」之後即墨詩壇的先導。發生在即墨地區的「黃培詩案」，堪稱是清代初年北方最大的文字獄案。在「黃培詩案」的震懾下，即墨文人緘口不言詩歌，即墨詩壇一度沈寂。馮文炌在《清貽居集序》中稱：「嗚呼！墨自詩案而後，貼括之士搖手噤口，相與不言詩者數十年。」〔註33〕而藍啓肅在「黃培詩案」之後，淡化詩歌言志和教化的功能，巧妙避開朝廷禁忌和敏感話題，將詩歌

〔註30〕〔清〕楊還吉：《勞山遺稿序》，《大嶗山人集》，藍氏家印本，1996 年，第 1 頁。

〔註31〕藍信寧：《清貽居集序》，《清貽居集》，藍氏家印本，2012 年，第 1 頁引《續修四庫全書總目提要》。

〔註32〕韓梅：《明清山左即墨地區望族文化與詩歌研究》，山東大學博士論文，2013 年，第 90 頁。

〔註33〕〔清〕馮文炌：《清貽居集序》，《清貽居集》，藍氏家印本，2012 年，第 3 頁。

創作引入詩人個人生活領域，並帶頭進行詩歌創作，從而打破即墨詩壇數十年的沈寂局面。藍啓肅的詩歌裏幾乎沒有黍離之悲、亡國之恨，沒有社會矛盾、政治鬥爭等內容。他的詩歌只涉及到詩人私人生活領域，圍繞詩人自己的生活、交遊、體驗，寫景記事，描物造境，抒發性靈。做到了不談國事，不談民生，不臧否時政，不推行說教，沒有政治功利目的。藍啓肅既避開了朝廷的文化禁制，又引領詩歌創作新風，開啓了即墨詩歌創作高潮，成爲「黃培詩案」之後即墨詩壇的先導。這在文字獄盛行，文化高壓統治之下，不僅需要才華，更需要智慧和勇氣。所以馮文炌稱讚藍啓肅：「先生起而以古文詞自任，網羅百氏，摛風挍雅，卒能卓然成一家言，爲後學倡，豈不偉哉！」〔註 34〕由此可見，即墨藍氏家族文學創作活動，一直成爲即墨文學創作的重要組成部分，幾度引領即墨文學發展潮流。

（五）為明清文壇注入一股清流

明清兩代，是我國古代文學發展最爲紛雜的時期。從國家政治方面來看，一方面爲了鞏固統治，壓制反抗，明清兩代均大興文字獄，控制文人思想。使文人創作謹小愼微，不敢越雷池一步；另一方面，爲籠絡人才，兩代都注重科舉取士，並將四書五經作爲規定科考內容，確定八股文形式，束縛文學創作。張鳳翔在《送即墨鄉進士藍玉甫氏下第東歸序》中對這種狀況作了描述，稱：「近世文人學士，類多剽竊裝綴，排比成篇，號之於人，曰：『此舉業也，可以取進士第矣。』上求下應，用是取高第階通顯者不少，以故舉世沿習爲通規。」〔註 35〕從文學本身來看，明清時期文學流派紛呈，文學理論層出，文學創作在各種理論和框架的束縛下，曲折地發展。

即墨藍氏家族地處即墨小城，雖然部分族人與明清文壇接觸較多，受到當時文壇的影響，但多數文人閒處田居，耕讀持家。故而，即墨藍氏家族文人詩歌，反映社會現實、民族矛盾、國計民生的內容較少，現實主義因素和歷史厚重感相對薄弱。但正是由於這些原因，詩人才把注意力和創作範圍鎖定自己的生活圈內，注重發現和描繪家鄉的自然、人文景觀和生活中的美好事物，並將自己的生活感受和情感體驗融入詩歌創作。即墨及周邊地區，歷

〔註 34〕〔清〕馮文炌：《清貽居集序》，《清貽居集》，藍氏家印本，2012 年，第 3 頁。

〔註 35〕〔明〕張鳳翔：《送即墨鄉進士藍玉甫氏下第東歸序》，藍田《北泉集》，藍氏家印本，民國二十七年，第 3 頁。

史悠久，人文薈萃，名勝眾多。嶗山、蓬萊閣、華樓山、金液泉、玉女盆、南天門、松風口、八仙墩、丹霞壁、鶴山、獅子峰、華嚴寺、上清宮等名勝和自然景觀都深深吸引著詩人，爲詩人詩歌創作提供了豐富的素材。即墨藍氏族人詩歌創作，立足即墨，放情山水，寫景記事，參悟人生；不隨風，不泥古，獨闢蹊徑，抒發性情；兼師眾長，不拘格套。他們的詩歌，不僅描繪了即墨乃至周圍地區優美的自然景觀、豐富的人文名勝，反映了即墨地區的文化特色；同時以細緻的描繪手法營造了平和、恬淡的意境，形成了自己鮮明的特色。在繁雜紛擾的明清文壇，即墨藍氏家族以自己富有特色的詩文創作，爲即墨文壇乃至明清文壇注入一股清流。

表 4-1　即墨藍氏家族著述作品及存佚情況統計表

序號	朝代	世次	姓名	著作／卷數	收錄情況	現存情況
1	明代	五世	藍　章	《嶗山遺稿》1 卷	《山左明詩鈔》收錄詩歌 5 首，《明詩紀事》收錄詩歌 2 首，《即墨詩乘》收錄詩歌 5 首。同治版《即墨縣志藝文志》收錄文章 3 篇	現有 1996 年藍槓之整理初本《大嶗山人集》，存詩歌 8 首，文 17 篇
				《西征題稿》10 卷		
				《西巡錄》10 卷		
				《行稿》數卷		
				《武略總要》1 卷		
				《八陣圖說》1 卷	《四庫全書》全文收錄	《四庫全書》本，2012 年藍氏家印本
2	明代	六世	藍　田	《奏疏》50 餘條		僅存《糾劾姦佞大臣疏》1 篇
				《藍侍御集》2 卷	《山東文獻集成》第二輯第 27 冊	稿本，現藏山東省博物館
				《藍御史集》10 卷	齊魯書社 1997 年出版《四庫全書存目叢書》集部別集第 83 冊收錄了這三種書	明萬曆十五年藍思紹刻本
				《北泉草堂詩集》		清鈔本，復旦大學圖書館藏（收錄詩歌 287 首）
				《北泉文集》		清鈔本，現藏天津圖書館藏（收錄文章 158 篇）
				《東歸倡和集》1 卷		明崇禎刻本，現藏國家圖書館
				《白齋表話》2 卷		已佚

				《隨筆》1卷		已佚
				《續筆》1卷		已佚
3	明代		藍　困	《巨峰詩集》1卷	《山左明詩鈔》收錄《秋日》2首，《即墨詩乘》收錄《秋日》（其二）和《題畫》	藍氏家藏鈔本，存詩22首
4			藍　因	《京兆詩集》1卷	《山左明詩鈔》收錄2首，《即墨詩乘》收錄4首	現存家藏鈔本，存有詩歌20首
5	明代	七世	藍柱孫	《少泉遺詩》1卷	《山左明詩鈔》收詩3首，《即墨詩乘》收詩6首	藍氏家藏鈔本，現存詩歌15首
6			藍史孫	《守泉遺詩》1卷	《即墨詩乘》收詩4首，《山左明詩鈔》收詩5首	現存《守泉詩集》家藏鈔本，有詩歌26首
				《四朝恩命錄》1卷		已佚
7	明代	八世	藍思繼	《爲乞恩復賜除豁塋地詞》（與藍思緒共撰）《爲比例乞恩優恤詞》《爲恩蒙優恤詞》《爲乞恩俯賜除豁塋地詞》《爲比例乞恩復除塋稅詞》書《四朝恩名錄》後		藍氏家藏鈔本
8	明代	九世	藍再茂	《讞牘初刻》2卷		已佚
				《實政錄》4卷		已佚
				《世廌堂集》1卷	《即墨縣志》收錄《山居》，《即墨詩乘》收錄《山居即事》，《國朝山左續鈔補鈔》收錄《送何少尹致政歸里》	藍氏家藏《封太史公遺詩》鈔本，存詩22首
				《家訓》1卷		已佚
				撰修《即墨藍氏族》		
9	明代	十世	藍潀	《耐寒齋詩》1卷	《即墨詩乘》收錄《靈巖望震澤》1首	現有藍氏家藏鈔本，共存詩歌26首
10			藍涺	《射法》1卷		已佚
11	清代	十世	藍深	《家訓》1卷		已佚

				《即墨藍氏族譜》		
12		十世	藍　潤	《奏疏》1 卷		已佚
				《督學實錄》1 卷		已佚
				《視閩紀略》1 卷		已佚
				《入粵條議》1 卷		已佚
				《臬政紀略》1 卷		已佚
				《聿修堂集》4 卷	《聿修堂集》載入清《四庫全書》集部存目中	北京圖書館藏清鈔本。齊魯書社將其收錄到《四庫全書存目叢書》集部第 213 冊。詩歌 99 首，制草 39 篇，疏 3 篇，序 17 篇，引 4 篇，記 10 篇，檄文 1 篇，約 1 篇，墓誌 3 篇，傳 1 篇，銘 10 篇，祭文 2 篇，書啓 27 篇，家言 22 篇
				《餘澤錄》四卷（附錄 1 卷）		清順治十六年(1659)刻本，現藏山東博物館
				《東郊吟》1 卷		《東莊遺跡詩》一卷，山東博物館藏清乾隆三十三年藍中璨鈔本
				《玉署吟》1 卷		
13	清代	十世	藍　淎	《詩稿》1 卷		現僅存詩歌《君馬黃》1 首
14			藍　湄	《素軒詩集》1 卷	《即墨縣志》收錄《山行》1 首，《即墨詩乘》選錄四首，《國朝山左詩鈔》選錄《聞雁》（2 首）	現有 2013 年藍氏家印本，收錄詩歌共 131 首
15		十世	藍　溥	康熙二十一年參與撰修家譜並撰寫《即墨藍氏族譜序》；《重建家廟記事》。		現有藍氏家藏鈔本
16	清代	十一世	藍啓蕊	《逸筠軒詩》1 卷	《即墨縣志》選錄《天井山》一首；《即墨詩乘》選錄 22 首；《國朝山左詩鈔》選錄 4 首	有藍氏家藏鈔本及 2013 年藍氏家印本現存詩歌 110 首

17		藍啓晃	《文印堂語錄》1 卷		現存詩歌 3 首、文 1 篇
18		藍啓亮	《省可軒遺詩》1 卷		現有藍氏家藏鈔本，存詩歌 6 首
19		藍啓華	《學步吟》1 卷	《即墨詩乘》收錄 8 首，《國朝山左詩鈔》收錄 2 首	現有藍氏家藏鈔本及 2013 年藍氏家印本，存詩歌 109 首
			《餘堂集》4 卷		現有藍氏家藏手鈔本，存文章 14 篇
20		藍啓肅	《清貽居集》4 卷	《續修四庫全書》收錄該書。《即墨縣志》收錄《鰲山晚發》、《觀海》2 首；《即墨詩乘》收錄收錄 7 首；《國朝山左詩鈔》收錄 2 首；《國朝詩別裁集》收錄《送郭華野總制湖廣》1 首	2012 年，即墨藍氏第二十世藍信寧整理出版了藍啓肅《清貽居集》。現存詩歌僅 98 首，文章 6 篇
21		藍啓延	《延陵文集》1 卷		現有藍氏家藏鈔本，存詩歌 4 首
22	十二世	藍重祜	《蓬萊遺詩》1 卷		現有藍氏家藏鈔本，存七言律詩 2 首
23		藍重穀	《即墨志稿》6 卷		已佚
			《濠上雜著》1 卷		現有藍氏家藏鈔本，僅存詩歌 3 首
			《餘澤續錄》2 卷		現存山東博物館
24		藍昌後	《西岩遺集》1 卷	《即墨詩乘》和《國朝山左詩鈔》均收錄《春初山遊》	現有藍氏家藏鈔本，僅存《春初山遊》1 首
25		藍昌倫	《靜愉齋詩》1 卷		現有藍氏家藏鈔本，存詩歌 14 首
26		藍昌煜	《上錄詩草》1 卷		現有藍氏家藏鈔本，存詩歌 6 首
27		藍重蕃	《東厓雜著》2 卷		已佚（現存詩歌 1 首）
			《藍氏家乘》2 卷		已佚
28	清代	十三世 藍中璥	《帶經堂詩》1 卷		已佚
29		藍中璨	《依雲居詩草》1 卷		現有藍氏家藏鈔本，存詩 4 首

30		藍中瑋	《匣外集》1 卷		現有藍氏家印本，存詩歌 372 首
31		藍中琮	《竹窗錄》1 卷		已佚
32		藍中珪	《紫雲閣詩》1 卷	《即墨詩乘》收錄 4 首	乾隆五十七年高苑縣學署刻本，今山東博物館收藏。另有 2012 年藍氏家印本。現存詩歌 168 首，雜文 4 篇
33		藍中高	《海莊詩集》1 卷	《即墨詩乘》收錄 6 首，《國朝山左詩續鈔》收錄《晚過無錫》1 首	清乾隆乙未年鈔本《海莊詩集》及其五世孫藍水鈔本《海莊詩集》。2013 年，藍中高七世孫藍信寧重印《海莊詩集》。現存詩歌 184 首
			《南遊草》1 卷		已佚
34		藍中昱	《文集》1 卷		已佚
35	十五世	藍榮煒	《芸窗閒吟》1 卷		現存詩歌 20 首，詞 2 首
36		藍用和	《柳下文集》1 卷	《即墨詩乘》收錄 3 首	現有藍氏家藏鈔本，存詩歌 53 首
			《梅園遺詩》1 卷		
37	十六世	藍　均	《南溪詩草》1 卷		現有藍氏家藏鈔本，存詩歌 6 首
38		藍　曦	《文集》1 卷		已佚
39		藍　墫	《醉夢吟小草詩集》1 卷		現有藍氏家藏鈔本，存詩歌 51 首
40		藍　璽	《文集》1 卷		已佚
41	十七世	藍恒燾	《菉猗亭詩草》1 卷		現有藍氏家藏鈔本，存詩歌 19 首
42		藍恒矩	《下車錄詩集》1 卷		現有藍氏家藏鈔本，存詩歌 126 首
43	十七世	藍恒估	《藍氏先跡述略》1 冊		記述藍氏家族先賢事蹟
44	清代 十八世	藍志蕙	《論語講義》1 卷		已佚
			《文稿》1 卷		已佚

			《詩草》1 卷		現有藍氏家藏鈔本，存詩歌 2 首
45			藍志弗	《帶經堂詩草》1 卷		現有藍氏家藏鈔本，存詩歌 74 首
46			藍志賁	《醫學八法知新集》1 卷		已佚
				《四診新知合編》2 卷		已佚
				《四診溫故合編》4 卷		已佚
				《醫案》1 卷		已佚
47			藍志蘊	《詩集》1 卷		現有藍氏家藏鈔本，存詩歌 2 首
48		十九世	藍人鐸	《詩集》1 卷		現有藍氏家藏鈔本，存首歌 1 首
49	清代	十三世	周氏（女）	《詩稿》1 卷		現有藍氏家藏鈔本存詩歌 1 首
50		十三世	宋氏（女）	《詩稿》1 卷		現存詩歌 1 首，有藍氏家藏鈔本

第二節　即墨藍氏家族的書畫成就

一、即墨藍氏家族書畫成就概況

　　作爲文化世家，即墨藍氏家族除在文學方面取得巨大成就外，其家族書畫方面也取得了較大成就，湧現出一批頗有影響的書畫人才。其中以藍章、藍田、藍因、藍芝、藍啓華、藍啓肅、藍啓蕊、藍榮爕、藍恒矩、藍恒瓚、藍升旭、藍人玠、藍仁慶等爲代表。但是，由於家族文獻及作品大量散佚，即墨藍氏家族存世的書畫作品已是鳳毛麟角，難得一見。如今，我們已經無從深入分析藍氏族人書畫方面的具體成就，僅可從藍氏家族文獻點點滴滴的記載中，窺見藍氏家族書畫創作的概況。

二、即墨藍氏書畫成就的代表人物

　　在即墨藍氏家族文獻記載中，藍氏家族有十餘人以書畫擅長。而實際上，即墨藍氏家族注重家族文化教育，族人多博通廣涉，才藝俱佳。擅長書

畫者遠不止這些人，只是家族文獻中記載缺略而已。在有所記載的這些人中，多是已無作品存世。有存世的作品也多是依靠題字石刻，或者是手抄作品集等得以留存下來。這些有限的資料，遠不能反映藍氏家族書畫家的成就全貌。

五世：藍章

藍章，不僅在科舉、仕宦、文學等方面成就突出，其書法造詣也相當精湛。其書法作品存世極少。僅可從即墨藍氏家族華陽書院遺跡中見到其題字。即墨《藍氏家乘》記載，明正德十二年（1512），藍章致仕歸里，創建華陽書院，延請名儒，開展家族教育。華陽書院建於華陽山麓，佔地畝餘，依山面水，環境優雅。書院分東西兩排，各三間，名之曰「望月樓」、「紫雲閣」，北端、最高懸崖處爲「文昌閣」。山頂刻有「羽化登仙」四字；書院南面溪邊石上刻有「談經地」、「枕石漱流」、「曲水流觴」等字；東下石上刻有「松關」、「八仙臺」、「仙境」等字。這些字均出自藍章之手。

六世：藍田、藍因

藍田，自幼聰慧，勤奮好學，博聞強識，他不僅博通經史子集，旁究稗官野史，而且熟悉天文律曆、善詩對韻律、牛經馬譜，於琴棋書畫也無所不精。藍田的書畫作品，存世的不多。目前，我們能見到有山水花鳥畫兩幅，靜物畫一幅，現藏於即墨市博物館。一幅是遠景山水景物畫，一幅是紙本蘭石圖。其山水畫風格淡雅，筆觸細膩，佈局合理，疏密有致，信筆潑墨點染，不拘格套。其蘭石圖，淡墨淺色，枯石疏花，別有趣味，屬於典型文人畫風格作品。其靜物畫《聖王無疆》，結構簡潔，佈局合理，含義雋永。總起來看，藍田的畫雖然用筆、技法方面未必精到，但是其作品水墨淋漓、氣韻生動，寫景抒情，不加粉飾，有率眞灑脫之質，全無驕飾粉墨之姿，別具一格。

藍田的書法作品，一是其在繪畫作品上的題字。現存宋代六君子圖題記一篇，記 18 行，273 字，今存即墨市博物館。藍田山水畫一幅，上有題字記104 字；一是泰山題字石刻、嶗山題字石刻。明世宗嘉靖十八年（1539），藍田登泰山，留下「東萊藍田至」石刻。藍田書法作品秉承魏晉遺風，博採前人所長，用筆俊邁豪放，兼通諸體，又頗具個人風格。

藍因，不僅以文學著稱，其書法作品也頗見功力。《別駕公傳》記載：「別駕公諱因，字徽甫，號東泉，侍郎公第三子。生有異質，又勤問學，詩文書

法皆能入妙」。〔註36〕藍水在《下巨峰》中也稱：「藍因，御史田弟，以蔭歷官知縣府判，特工擘窠大書，似李北海，不露鋒棱，渾如鐵鑄。」〔註37〕可惜，其書法作品蕩然無存，今已無從考論。

七世：藍芝

藍芝，明代人，藍竟之子藍國的長子，以孝聞於鄉里，事蹟見載於縣志。他精通陰陽術，善於作畫。清同治版《即墨縣志·懿行》篇記載：「藍芝，字子瑞，號鶴山，國長子。陰陽訓術，工畫、性至孝。母卒，葬鶴山，廬墓三年。」〔註38〕但未見其書畫作品眞跡存世。

九世：藍再茂

藍再茂，字清初，號雨蒼，官至南皮縣令。嶗山華陽書院舊址現存其「重遊舊地」題字。

十一世：藍啟蕊、藍啟華、藍啟肅

藍啓蕊，字子元，號元方，諸生，善書與詩，尤精於鑒藏書畫器物。也未見其書法作品眞跡存世。

藍啓華，字子美，號季方，清庠生，善詩文，工書法，能作斗大書。鄞縣董曉山《即墨五友記》記載稱：「余晤子厚（黃珀）前一日，坐季芳（藍啓華）書室，上下古今，且以詩、古文示予，蓋聞其少即了了，弱不勝衣，而一足稍病跛，顧腕力獨健，能作斗大書。」〔註39〕未見其書法作品眞跡存世。

藍啓肅，原名啓冕，字恭元，號惕庵，康熙二十五年舉人。他不僅善詩文，而且工藝書法。其從弟藍啓延《皇清鄉貢進士欽授內閣中書舍人藍公年譜》稱：「伯兄（藍啓肅）自幼工書法」〔註40〕，邑人周毓正《中翰藍公傳》稱他：「書法學《蘭亭帖》」〔註41〕，楊玠《中翰藍公傳》也稱他：「工書法，作三折筆往往秀拔，比歸試牘，行卷光怪充牣，文采風流，照映鄉邦。」〔註42〕足見其自幼學習書法，造詣精深。今存其題藍再茂墓誌銘題簽「先大

〔註36〕《別駕公小傳》，《藍氏族譜》不分卷，河北大學圖書館藏清鈔本，第163頁。
〔註37〕藍水：《下巨峰》，《嶗山志》，藍氏家印本，1996年，第43頁。
〔註38〕〔清〕林溥：同治版《即墨縣志》，中國和平出版社，2005年點校本，卷九，第260頁。
〔註39〕藍信寧：《重刊學步吟序》，藍啓華《學步吟》，藍氏家印本，2013年，卷首。
〔註40〕〔清〕藍啓肅：《清貽居集》，2012年，第19頁。
〔註41〕〔清〕藍啓肅：《清貽居集》，2012年，第12頁。
〔註42〕〔清〕藍啓肅：《清貽居集》，2012年，第7頁。

夫墓誌銘」一行。

十二世：藍昌倫

藍昌倫，字斯廣，號彝庵。康熙丙申年（1716）貢生，官壽張縣訓導，勒授修職佐郎。家乘載：公善文詞，工吟詠，而繪事尤為擅長，論者謂氣魄沉雄，當不在法黃山之下，然以歿於官，而傳者甚少。現有雍正五年，藍昌倫為同學友江峽〔註43〕作《文端先生小傳》一篇，為其真跡。通篇正楷，字體端莊俊秀。青島博物館存其繪畫一幅。

十三世：藍中高、藍中珪

藍中高：字季登，號海莊，乾隆癸酉年（1753）拔貢生，官日照縣教諭，卒於官。他擅長書法，現存乾隆乙未年（1775）鈔本《海莊詩集》一冊，從中可見其書法風格。

藍中珪：字汝封，乾隆戊子（1768）歲貢生，官高苑縣訓導。長於書法，現有少量康熙三十九年正月藍中珪日記存世，從中可見其書法之大概，其字跡秀逸端莊。

十五世：藍榮變

藍榮變，藍希方長子，字梅埠，工書畫，為候選布政司庫大使。今未見有書畫作品存世。

十七世：藍恒矩、藍恒瓚、藍恒法

藍恒矩，藍田十一世孫，字子靜，善詩文，工書法。其書法以顏楷為本，書體雄厚勁健，氣韻生動，遒勁有力。

藍恒瓚，藍田十一世孫，字淑玉，清附生。藍恒瓚秉承家族的優良學風，他的繪畫繼承了宋代畫院的風格，既尚工又取意，清新、典雅，處處流露出文人畫的氣質，作品多以表現梅、蘭、竹、菊四種植物為主，加以山石和題跋，使個人面貌、意趣、審美、技法、才華充分地顯露出來。即墨市博物館存有其繪畫作品。藍恒瓚的書法以漢碑為主，以禮器碑和張遷碑、曹全碑為根基。他的作品在漢碑的實踐上加入了石刻的筆意，纖美之中多了幾分陽剛之氣。

〔註43〕江峽，字靜寺，號友松，明代即墨人，為藍昌倫友人。他一生科途不順，卻能安貧樂道，教導鄉鄰子弟，不遺餘力，深受邑人敬仰，死後友人諡曰「文端」。

十九世：藍人玠、藍仁慶、藍升旭

藍人玠，藍田十三世孫，宣統辛亥師範科舉人，是清末民初著名學者，書法家。民初任即墨縣勸學所所長，師範講習所所長。參與 1927 年和 1948 年兩次纂編縣志工作，惜因多種原因邑志未成。同時，藍人玠致力於藍氏家族文獻的整理，手抄多部先人著作及文獻，使得藍氏文化得以保存下來，也因此留下了較多的書法作品。

藍仁慶，自幼聰敏好學，飽讀詩文，畫藝甚高，其畫作多為日本收藏，人稱「即墨三才」。

藍升旭（1857～1934），字曉峰，石門人，清秀才，善長柳體書法。

此外，就現存的家族成果來看，藍氏家族的學術著作可謂是鳳毛麟角，而且均已散佚。根據家族文獻記載，藍氏族人中大概只有藍田、藍湑、藍志蓋、藍志賁四人曾有學術著作問世，但是非常可惜，竟然全部散佚，難以論述藍氏家族學術成就。現僅將名目附錄如下，藉以窺見藍氏家族學術著作概況 [註44]。

六世：藍田

《白齋表話》二卷，已佚。

《隨筆》一卷，已佚。

《續筆》一卷，已佚。

十世：藍湑

《射法》一卷，已佚。

十八世：藍志蓋

《論語講義》一卷，已佚。

十八世：藍志賁

《醫學八法知新集》一卷，已佚。

《四診新知合編》二卷，已佚。

《四診溫故合編》四卷，已佚。

《醫案》一卷，已佚。

〔註44〕由於相關著作都已散佚，其具體內容不可得知，僅可從篇目名稱推測其大概為學術著作。